Nicky Cruz

ZUM SIEGEN BERUFEN

cmf

Verlag C.M. Fliß
Lütt Kollau 17, 2000 Hamburg 61

Titel der Originalausgabe: Destined to win
Übersetzung: Ingo Rothkirch
Umschlag: Wepler & Burfeind
Satz: Convertex, Aachen
Druck: Printed in Germany
1. Auflage 1992

ISBN 3-922349-70-6

INHALT

VORWORT

Nachdem ich nun 26 Jahre im Dienst stehe, bin ich für genau jene zerstörerischen Kräfte anfällig geworden, mit denen ich mich in diesem Buch beschäftigen möchte.

Ich habe viel gesehen, und ich glaube, daß die Zeit gekommen ist, Entscheidungen zu treffen.

Wir können den fortgeschrittenen Zustand der Verderbtheit in unserer Mitte mit einem Achselzucken abtun oder aber den Weg Gottes gehen. Ich kann nicht anders, als mich für das zweite zu entscheiden. Das heißt natürlich nicht, daß ich fehlerlos wäre und niemals vor Gott gesündigt hätte. Es passiert mir leider immer noch oft genug. Aber ich habe mir zumindest Klarheit darüber verschafft, welchen Weg ich einschlagen will. Das ist nicht immer leicht, denn die Konsequenzen sind oft genug schmerzvoll. Den Weg Gottes zu wählen, bedeutet keineswegs immer Glanz und Gloria. Es gibt Zeiten, da heißt es Opfer zu bringen.

Bei meinen Reisen um die Welt habe ich gesehen, in welchem Zustand sich das Volk Gottes heute befindet. Ich habe den Wandel in der Kirche und bei den christlichen Organisationen gesehen. Ich habe den Aufstieg der Charismatischen Bewegung miterlebt. Ich war dabei, als man das Wohlstandsevangelium zu verkünden begann. Ich war Teil der christlichen Fernseharbeit und der christlichen Musikszene, und ich habe dabei beobachten können, wie sich die evangelistische Botschaft allmählich verändert hat. Die Bedrohung durch das, was ich »christlichen

Humanismus« nenne, ist gewachsen. Bei all dem habe ich allerdings viel zu lange geschwiegen. Ich kann den Druck des Heiligen Geistes auf mein dem Zerbruch nahen Herzen nicht mehr aushalten. Mein Geist sträubt sich unter Schmerzen, und ich kann mich der Tränen nicht mehr erwehren.

Mein Wunsch ist es, etwas von meinen Erfahrungen weiterzugeben und dazu beizutragen, daß wir den Weg zum Sieg erkennen. Wir sind immerhin ein mächtiges Heer und dazu bestimmt, Eroberer zu sein. Mit den uns gestellten Aufgaben werden wir wachsen. Es mag so aussehen, als seien wir bereits geschlagen. Aber wir sind längst noch nicht am Ende. Die Christen brauchen keineswegs mit gesenktem Kopf umherzugehen. Wir sollten uns nicht unterkriegen lassen, sondern aufstehen und die Herrlichkeit Gottes verkörpern, so daß die Welt eine ernst zu nehmende Alternative zu sehen bekommt. Lassen wir uns nicht zum Schweigen verurteilen, und lassen wir den Mut nicht sinken, sondern seien wir stark und tapfer, weil wir wissen, die Schlacht gehört uns.

Gott hat verheißen, daß trotz aller Fehler, trotz Leid, Schmerz und Verfolgung uns der Sieg in Christus, unserem Herrn, gehört. Geschwister, wir werden gewinnen. Gepriesen sei sein heiliger Name dafür!

WIR HABEN EIN PROBLEM!

Während ich den jungen Pastor bei seiner Predigt beobachte, gehen mir tausend Dinge durch den Kopf. Er spricht eine so klare Sprache. Seine Botschaft heißt: »Wach auf, mißratene Gemeinde!«

»Geschwister«, sagt er, »dort draußen ist eine heidnische Welt, und die braucht euch. Erhebt euch also von euren bequemen Kirchenbänken! Sie stirbt! Sie arrangiert sich mit den falschen Christussen. Sie verfällt der Zauberei und der Astrologie! Und ihr könnt etwas dagegen tun! Bringt die Freude Jesu zu den Hungrigen, zu den Obdachlosen, zu den Wutentbrannten. Wacht auf! Ihr habt doch die Antworten. Teilt sie anderen mit! Setzt euren Glauben in die Tat um!«

Der Pastor ist ganz in seinem Element, und er fängt an, den kürzlich verstorbenen Keith Green zu zitieren:

> Seht ihr sie? Seht ihr all die Menschen, wie sie versinken?
> Macht es euch nichts aus?
> Laßt ihr's zu, daß sie weitersinken?
> Wie könnt ihr nur so tot sein –
> Wo ihr doch so wohl genährt?
> Jesus stand vom Grab auf –
> Und ihr . . . ihr kommt noch nicht mal aus dem Bett!

Ich möchte am liebsten aufspringen und »Ja!« schreien. Doch ich bleibe sitzen und zittere vor Aufregung. Ich werde noch früh genug an der Reihe sein.

Ich verstehe ja die Erregung diese jungen Mannes. Ich kann mich erinnern: Auch ich war einmal ganz eingenommen von dem jugendlichen Sturm und Drang, ganz allein die Welt für Jesus gewinnen zu wollen. Ich konnte nicht anders, als Jesus zu predigen. Die Erlösung, die ich gerade erfahren hatte, war etwas so Erregendes für mich. Ich war wild entschlossen, auszubrechen und meine mordenden Freunde zu retten, die immer noch in Brooklyns Asphaltdschungel litten und starben.

Heute abend kann ich den Zorn dieses Pastors nachempfinden. Seine Worte treffen auf taube Ohren – und er weiß es. Dieses wunderschöne Kirchengebäude ist ein Leichenschauhaus. Unbewegt starren die Leute den ernsten jungen Mann an. Man spürt es, daß sie etwas anderes hören wollen. Sie möchten, daß ich endlich aufstehe, ich, der Superstar, der zu Besuch ist. Sie erwarten, daß ich über Banden spreche, über Straßenkämpfe in New York und all die Dinge, die sich dort schon vor drei Jahrzehnten abgespielt haben.

Sie wollen spannende Geschichten – Milch für Baby-Christen und kein Fleisch für reife Gläubige, die sie eigentlich sind oder es sein könnten, wenn sie nur ihre geistlichen Hände ausstrecken und ihren Glauben neu einsetzen würden.

Ich kenne seine Ungeduld. Aber nur der Heilige Geist kann diese Herzen aufschließen, und das allein durch leidenschaftliches Gebet. Heute abend ist keine Salbung auf diesem vorwärtsdrängenden jungen Pastor, auch wenn er noch soviel Enthusiasmus und Engagement mitbringt. Die Menschen fühlen sich unwohl bei der Schuld, die er auf sie gelegt hat. In ihren Kirchenbänken denken sie sich gerade Entschuldigungen aus. Sie sagen sich,

- daß nur einige wenige zur Evangelisation berufen sind.

- daß Evangelisation eine ganz bestimmte geistliche Gabe ist, und wenn man die nicht hat, dann hat man sie eben nicht.

- daß alle Botschaften außer »Wohlstand, Wohlstand, Wohlstand« viel zu negativ sind, als daß man ihnen Beachtung schenken sollte. Gott will uns doch mit seinen Reichtümern beschenken . . . und das ist alles, was zählt!

Und es wird weiter vorgebracht:

- Diejenigen, die nicht berufen sind, das Evangelium zu verbreiten, sollten schön zu Hause bleiben und denen da draußen das Geld schicken.

- Durch das Zeugnisgeben tritt man Menschen schnell zu nahe, die anderen Glaubenssystemen anhängen. Wer sind wir denn schließlich, daß wir einem Mormonen vorhalten könnten, Joseph Smith sei ein falscher Prophet gewesen, der von einem Engel des Lichts direkt aus der Hölle betrogen wurde? Wie kommen Sie oder ich zu der Behauptung, Buddha oder die Gründerin der Christlichen Wissenschaft, Mary Baker Eddy, oder der indische Mystiker Krishna seien auf dieselbe Lüge hereingefallen, die die Schlange schon Eva auftischte, nämlich, daß jeder von uns so weise wie Gott sein könne?

Mein Gebet ist, daß es nur wenige in diesem überfüllten Kirchenraum sein mögen, die sich mit der ganz großen Lüge entschuldigen,

- es gebe viele Wege zur Wahrheit und entgegen der christlichen Botschaft bestehe die Menschheit nicht aus erlösungsbedürftigen Sündern. Aber auch Jesus sei nicht der einzige Weg zum ewigen Leben oder zur kosmischen Erleuchtung. Solch eine Sicht sei viel zu engstirnig und bedeute die Beschneidung der Rechte anderer!

Unsere Kirche wird mit solchen Lügen ganz sanft eingeschläfert und schließlich zur Kapitulation gezwungen. Satan hat seinen letzten Sturmangriff begonnen, und die Kirche ist ihm – so schläfrig, unvorbereitet und ungerüstet – auf den Leim gegangen.

»Na und?« sagen Sie vielleicht. »Das ist doch nichts Neues.« Es stimmt schon, bereits ganz zu Anfang, als sich das Evangelium von Jerusalem in die damals bekannte Welt auszubreiten begann, hatte der Verfall schon eingesetzt. In Apostelgeschichte 20 warnt Paulus die Ältesten der Gemeinde von Ephesus:

Denn das weiß ich, daß nach meinem Abschied reißende Wölfe zu euch kommen werden, die die Herde nicht verschonen werden. Auch aus eurer Mitte werden Männer aufstehen, die Verkehrtes lehren, um die Jünger an sich zu ziehen. Darum seid wachsam und denkt daran, daß ich drei Jahre lang Tag und Nacht nicht abgelassen habe, einen jeden unter Tränen zu ermahnen (20,29-31).

Die Briefschreiber im Neuen Testament werden nicht müde, davon zu berichten, wie viele Brüder schnell wieder für das Evangelium verdorben wurden. Überall in seinen Briefen bekämpft Paulus die falschen Lehrer und Profiteure. Jakobus und Johannes äußern sich mit aller Schärfe über die falschen und nachlässigen Lehrer. Und doch ist der Kampf immer heftiger geworden. In diesen letzten Tagen der Gemeinde auf der Erde wird, so glaube ich, zum letzten großen Angriff geblasen. Wie die Bibel verkündet, hat das Volk Gottes eine große Mission zu erfüllen – hinauszugehen in die Welt und das Evangelium jedermann zu verkündigen.

Doch Satan ist fest entschlossen, dem Einhalt zu gebieten. Er haßt besonders jenes Geschöpf Gottes, das »nach seinem (Gottes) Bilde« gemacht worden ist – den Menschen. Ihn versucht er verbissen bis zum letzten Augenblick, da er selbst auf ewig in die Grube fahren muß, zu schwächen, auf Abwege zu bringen und zu vernichten. Satan kann immer noch auf so manches Mittel zurückgreifen – Haß, Gerüchte, Verwirrung, Habgier, Stolz, Zorn –, um nur ein paar zu nennen. Und bei diesem letzten Sturmangriff setzt er alles ein. Als Beispiel denken wir nur an das heimtückische Lügengeflecht der gottlosen Esoterik.

Ich hätte weinen mögen, als vor geraumer Zeit herauskam, daß selbst die First Lady der Vereinigten Staaten sich intensiv mit Astrologie beschäftigt. Jedes übernatürliche Schauen, das nicht von Gott kommt, ist uns strikt verboten. Als Israels König Saul zu einer Hexe ging, wurde ihm augenblicklich das Königreich genommen. Und er starb wenige Stunden später! Doch hier ist nun Nancy Reagan, die darauf besteht, daß Präsident Reagans täglicher Terminkalender nach dem aufgehenden Mars und dem untergehenden Pluto – oder wie man da sagt – gestaltet wird.

Es ist noch gar nicht lange her, da ließ eine bekannte Schauspielerin in ihrem vielgelesenen Buch und in einem Fernsehfilm verlauten, die Reinkarnation sei real und das Okkulte ein Heidenspaß!

Gleichzeitig erschüttern handfeste Skandale die Grundfesten der Kirche im Westen. Einige der bekanntesten Redner – von schlimmer Sünde eingeholt – waren nicht bereit, sich der Autorität jener Institutionen unterzuordnen, denen sie sich mit ihren Glaubenswerken angeschlossen hatten.

Die Folge war, daß die Finanzmittel für so manche evangelistische Arbeit nur noch spärlich flossen. Die Medien stellten nun dummdreist fest, Bürgerkrieg sei ausgebrochen – Christen gegen Christen –, und die Radiosprecher und Kolumnisten sprechen inzwischen scherzend vom »Heiligen Krieg«.

Als man im Fernsehen unter Vertretern christlicher Werke eigentlich über die politische Zukunft Pat Robertsons sprechen wollte, war schnell ein anderes Thema aktuell. Es kam zu einer für den Zuschauer völlig unverständlichen theologischen Debatte über biblische Irrtumslosigkeit und über Geistesgaben, während sich die weltlichen Gastgeber zurücklehnten und dem Geraufe zuschauten.

Wir sind ein Haus, das schlimm zerstritten ist. Immer öfter werden wir Opfer von Klatschkolumnisten, denen es geradewegs gelegen kommt, wenn wir uns wie Dummköpfe aufführen. Während wir uns also gegenseitig die Augen auskratzen, greift uns unser eigentlicher Feind so heftig wie noch nie an. Er weiß ganz genau: Wenn wir ihn mehr beachten würden, könnten wir ihn in die Flucht schlagen.

Es ist höchste Zeit, daß wir Zauberei und alles Okkulte mit Gottes Augen sehen. Er ist ein eifersüchtiger Gott. Ohne Unterlaß greift er mit seiner souveränen Macht majestätisch und wunderbar in das Leben eines jeden von uns ein. Wir sprechen dann von Gebetserhörung.

Doch wenn wir solche Kraftwirkungen von einer anderen Quelle als unserem Schöpfer annehmen oder woanders danach suchen, dann brechen wir seine unwandelbaren Gesetze, von denen überall im Alten und im Neuen Testament die Rede ist.

Wie konkret sind diese göttlichen Regeln? Sehen wir uns einmal 5. Mose 18,9-10 an:

> Wenn du in das Land kommst, das dir der HERR, dein Gott, geben wird, so sollst du nicht lernen, die Greuel dieser Völker zu tun, daß nicht jemand unter dir gefunden werde, der . . . Wahrsagerei, Hellseherei, geheime Künste oder Zauberei treibt.

Bis zu dem Augenblick, da ich dies schreibe, haben 28000 Hexen gefastet und viele Monate lang zu ihrem finsteren, falschen Gott um die Entehrung und den Fall der Evangelisten dieser Welt gebetet. Woher ich das weiß? Die Hexen haben es mir selbst gesagt!

Sollten wir aber ihretwegen vor Angst zittern? Nein, auf keinen Fall! Keine einzige Waffe, die sie gegen Gottes gehorsame Kinder schmieden, wird je ihren Zweck erfüllen. Nichts von dem, was sie tun, kann die Gläubigen anrühren, die im Willen des Vaters leben. Doch bei denen, die ungeschützt sind, können sie durchaus Schaden anrichten.

Wie steht es aber mit den Gläubigen, die in Rebellion leben und nicht im Willen Gottes? Was ist mit denen, die sich weigern, dem großen Aussendungsbefehl zu gehorchen, das Evangelium zu verbreiten – in ihren Häusern, in der Nachbarschaft, in der Schule, am Arbeitsplatz, in ihrer Stadt, ihrem Land und in der Welt?

Was ist mit denen, die sich mit ihrer Unmoral groß in Szene setzen und niemandem gehorchen? Was geschieht mit Gläubigen, die ihre Augen vor dem geistlichen Sturm um sie herum verschließen und weiterhin nach Geld, Wohlstand und materiellem Gewinn streben, statt nach den Dingen Gottes zu suchen?

Wir sollten niemals vergessen, was der Vater bei den Israeliten zuließ. Dies ist seine Verheißung in 1. Samuel 12,20-22:

> . . . weicht nicht vom HERRN ab, sondern dient dem HERRN von ganzem Herzen und folgt nicht den nichtigen Götzen nach, denn sie nützen nicht und können nicht erretten, weil sie nichtig sind. Der HERR verstößt sein Volk nicht um seines großen Namens willen, denn es hat dem HERRN gefallen, euch zu seinem Volk zu machen.

Gehen wir nun im selben Kapitel zurück zu Vers 15. Nehmen wir diese Warnung, die immer wieder in der Bibel auftaucht, sehr ernst:

> Werdet ihr aber der Stimme des HERRN nicht gehorchen, sondern seinem Munde ungehorsam sein, so wird die Hand des HERRN gegen euch sein, wie gegen eure Väter.

Das ist ganz schön ernst gemeint, damit sollten wir nicht spaßen.

Über die Jahrhunderte ist unsere so großartige christliche Bruderschaft in viele kleine wirkungslose Grüppchen streitsüchtiger Kleinkrämer zersplittert, die wild entschlossen sind, sich gegenseitig den Kopf zu waschen, statt sich zusammenzutun und das Evangelium zu verbreiten. Unser Versagen heute bricht einem zunehmend das Herz. Während wir uns gegenseitig das Leben schwermachen und uns in den Rücken fallen, kommen Luzifers Mächte an allen Fronten voran, ohne auf Widerstand von geistlichen Gebetskämpfern zu stoßen, die er außerordentlich fürchtet. Woran liegt es denn nun, daß das Reich Gottes auf der Erde nicht umkehrt und »wie ein Mann« in die Schlacht zieht?

Laden Sie doch einmal Geistliche und Laien von den griechisch Orthodoxen, von den Baptisten, den Pfingstlern, den Freien Evangelischen Gemeinden, von den Lutheranern, den Adventisten und den Katholiken ein, sich in einem Raum zu versammeln. Und dann fordern Sie sie auf, einen Plan für die Weltevangelisation zu entwerfen.

Ich habe gerade diese Richtungen genannt, weil man wohl bei allen davon ausgehen kann, daß sie Gottes Werk schöpferisch und wirkungsvoll vorantreiben wollen. Es ist töricht, etwas anderes anzunehmen. Doch es ist ebenso naiv, zu glauben, solch eine Veranstaltung würde lange dauern. Schon gleich zu Anfang würden einige Teilnehmer wutentbrannt davonlaufen, weil sie sich keineswegs mit bestimmten Leuten im selben Raum aufhalten wollten.

Und mit den Vorschlägen der Leute, die bleiben, würde man schnell auf der Stelle treten, wenn erst einmal folgende Frage zur Sprache kommt:

»Was sagen wir denn den Verlorenen, was sie tun müssen, um gerettet zu werden?«

Die teuflische Unterwanderung zeigt Wirkung. Viele Christen hassen ihre Brüder. Und mit den Folgen haben wir es nun zu tun:

Die Leiter unserer jüngsten Generation von Christen sind in Schulen unterrichtet worden, in denen Gott nicht mehr gefragt ist, und aufgewachsen vor Fernsehschirmen, die nichts Moralisches mehr bieten, dafür aber umso mehr das Okkulte verherrlichen. Abhängigkeit von unserem großen, allmächtigen Gott – tägliche Abhängigkeit, die bedeutet, wirklich alles aus seiner Hand zu nehmen – wird in Schulen und auf dem Bildschirm lächerlich gemacht und selten noch zu Hause und in der Kirche gelehrt.

Unsere Generation ist einer ständigen Berieselung mit diabolischem Humanismus ausgesetzt, daß nur noch wenige die Lügen dahinter ausmachen können: Jeder sei für sich selbst das Maß aller Dinge. Wir könnten alles erreichen, was wir wollen, wenn wir nur genug an uns selbst glauben würden. Christlicher Fundamentalismus sei bedrohlicher Fanatismus, den man fürchten müsse.

Das vergebliche Mühen des jungen Pastors geht mir sehr nahe. Die Versammelten starren ihn an. Es ist die typische Nachkriegsgeneration, aufgewachsen in einer Gesellschaft, die ihre christlichen Wurzeln schon verleugnet hat. Da sitzen sie mit ihren stolzen Eltern und mit ihren so wohlgenährt ausschauenden eigenen Kindern. Niemand wird leugnen können, daß hier nur lauter wohlanständige Leute sitzen, die vom Heiligen Geist geführt werden wollen. Doch das, was sie einmal als Botschaft gehört haben, ist in ihren allzu menschlichen Herzen verdorben worden.

Ich sehe die Weißhaarigen – Überlebende der großen Wirtschaftsflaute –, die voller Angst sind, ein Dieb könnte bei ihnen einbrechen und ihnen ihr Hab und Gut nehmen. Es sind wohl gute Christen, und doch sind sie an Besitztümer gebunden. Es herrscht unter ihnen immer noch die Furcht, ein neuer Zusammenbruch könnte sie wieder mittellos dastehen lassen.

Kennen sie denn nicht die Verheißungen des Herrn, daß wir es nicht nötig haben werden zu betteln – daß, wenn wir vertrauen und keine Angst haben, wir mit all unseren Bedürfnissen versorgt sein werden und daß er uns auf keinen Fall zum Sterben in die Wüste schicken wird?

Ich sehe zielstrebige Berufsaufsteiger im mittleren Alter; ich sehe junge erfolgsorientierte Spezialisten; ich sehe sozial engagierte junge Leute in modischer Kleidung, und ich wünsche mir nichts sehnlicher, als daß gerade diese jungen Menschen von ihren Eltern dazu angehalten werden, die Verlorenen und Verwundeten aufzusuchen und ihnen Jesus zu bringen.

Es schmerzt mich, wenn ich auf diese Masse schaue. Ich weiß einfach, daß in all diesen karriereorientierten Familien das öffentliche Zeugnis für Jesus eher als unschicklich empfunden wird. Die unausgesprochene Strategie ist, alles herunterzuspielen. Man hängt nichts an die große Glocke: Behaltet die Botschaft von der Erlösung schön für euch. Es könnte sonst peinlich für euch werden. Peinlich!?

Was ist denn da bloß geschehen? Die Christen im Westen müssen doch heute gar nicht befürchten, den Löwen vorgeworfen oder nach Sibirien verbannt zu werden. Was sie aber fürchten, ist die gesellschaftliche Ächtung. Der Missionsbefehl hat bei ihnen nur noch folgenden Wortlaut:

> Darum geht hin und macht es genauso wie all die Leute und hofft darauf, sie mit eurer Wohlanständigkeit gleich so zu beeindrucken, daß sie von selbst auf Jesus zu sprechen kommen. Dann müßt ihr es erst gar nicht tun. Wenn sie erst einmal Interesse zeigen, dann sorgt dafür, daß sie »dran« bleiben. Fallt niemand auf den Wecker! Macht euch beliebt. Ihr müßt schließlich an euer Ansehen, eure Karriere und eure Zukunft denken.

Während der erregte junge Pastor mit allem Ernst weiterpredigt, merke ich plötzlich, daß ich vor Zorn mit geballter Faust dasitze.

Ich zittere am ganzen Körper, und kalter Schweiß steht mir auf der Stirn, so, als sei ich von einem Alptraum erwacht. Ich habe das Gefühl, ich sollte heute abend nicht reden und statt dessen den jungen Mann ermuntern weiterzupredigen. Doch ich tue es nicht. Ich stehe vielmehr auf, als er mich vorstellt. Ich zittere vor Erregung. Irgend etwas will mich zurückhalten. »Hört doch auf diesen guten Mann Gottes!« Das will ich ihnen zurufen. Doch dann habe ich das Gefühl, als wolle mich der Heilige Geist zur Umsicht mahnen. Ich soll wohl doch nach vorn gehen und eine Geschichte erzählen.

Genau deswegen sind sie ja schließlich alle hergekommen – für eine Geschichte und keine Predigt.

Soll ich ihnen nun das alte Zeug erzählen, davon, wie ich als wutschnaubender und mordlustiger Teenager eine Straßenbande von 200 Leuten anführte und wie mich David Wilkerson zu Jesus führte und ich es plötzlich einfach nicht mehr fertigbrachte, das Opfer zu stehlen, das er mich und meine ausgeflippten Freunde hatte einsammeln lassen?

Die Geschichte ist einfach nicht mehr neu. Gott benutzt sie zwar immer noch auf ganz wunderbare Weise, um die Verlorenen an verschiedensten Orten zu retten – in Polen, Miami, England, Detroit, Mexiko. Aber hier?

Ich bete still, der Heilige Geist möge diese Menschen doch anrühren, so daß sie das Anliegen meines Herzens mitbekommen. Ich weiß einfach, daß ich hier nicht Verdammnis und Schuld predigen darf, wie ich es vielleicht aus eigener Kraft und Weisheit und aus meinem Zorn heraus getan hätte.

Plötzlich spüre ich, was der Herr haben will: Ich soll eine ganz andere Geschichte erzählen.

Ich erzähle von meinen erst kürzlich gemachten Reisen nach Deutschland und Brasilien, wo Hexerei wie eine mächtige Flut das Land einnimmt. Ich erzähle von den kontroversen Begegnungen, die ich mit satanischen Führern in Holland hatte, wo mich fünf ihrer Hohenpriester zur Diskussion herausforderten. Doch es kam damals anders: Die Kraft Gottes durchfuhr den Saal, und zwei der Satansführer fielen aus Furcht vor dem allmächtigen Gott auf ihre Knie und übergaben ihr Leben Jesus, während ihre Freunde kreischten und heulten und das Weite suchten.

Ich will über einen Abend berichten, den ich in der Dritten Welt erlebte, als eingeborene Medizinmänner aus allen Richtungen zu unserer gewaltigen Evangelisation im Nationalstadion herbeiströmten und das Böse dämonischer Geister herabriefen, um unsere Gottesdienste zu zerstören. Doch die Majestät und Macht unseres wahren Schöpfers erfüllte damals den Platz und warf die Zauberer zu Boden, so daß es die Menge nicht mehr auf ihren Sitzen hielt. Da war Fassungslosigkeit über die unmißverständliche Machterweisung dessen, der stärker ist als der Prinz der Finsternis.

Ich habe Tränen in den Augen, als ich feststelle, daß Leben in die tote Versammlung kommt. Ich merke, sie mögen Wundergeschichten. O Herr, sage ich ganz leise, berühre doch ihre selbstsüchtigen Herzen. Ich spüre, daß sie unterhalten werden wollen. Sie erwarten von mir jetzt einen Altarruf und daß ich ihnen in der nächsten halben Stunde die Hände auflege und die Kraft des Herrn sie niederwirft und sie so am Boden »im Geist ruhen« können.

Aber der Heilige Geist sagt nein. Diesmal nicht. Diese Versammlung hier ist nicht wie die Ungläubigen, von denen Jesus in Johannes 4,48 sagt: »Wenn ihr nicht Zeichen und Wunder seht, so glaubt ihr nicht.« Nein, diese Leute hier haben Zeichen und Wunder gesehen. Sie glauben. Es ist hier keine christliche Wunderschau nötig. Sie müssen vielmehr handfeste geistliche Nahrung vorgesetzt bekommen. Ich bete, daß sie eins erkennen mögen: Sie können – nein, müssen – die Welt verändern. Das ist doch unsere Aufgabe. Aber ich muß vorsichtig sein; ich darf nicht zuviel Schuld auf diese Nichtstuer und nach Segen haschenden Christen häufen.

Ich möchte mit ihnen über Heiligkeit sprechen, über das Sehnen nach der Geisteshaltung Christi, aber auch darüber, daß wir unseren Blick auf Jesus richten und dabei entdecken können, daß wir uns über nichts mehr Sorgen machen müssen, auch nicht darüber, wie wir evangelisieren oder den Satan bekämpfen sollen. Wenn wir uns im Willen des Vaters bewegen, dann wird er uns nach seinem Plan in allem Wegbereiter sein. Mir fällt Hebräer 6,1-3 ein:

Darum wollen wir jetzt lassen, was am Anfang über Christus zu lehren ist, und uns zum Vollkommenen wenden; wir wollen nicht abermals den Grund legen mit der Umkehr von den toten Werken, mit dem Glauben an Gott ... Das wollen wir tun, wenn Gott es zuläßt.

Aber wie fange ich es jetzt an? Soll ich manipulieren und die Leute auf diese Weise zum Handeln zwingen? Soll ich mit Tricks und besonderen Kniffen arbeiten? Evangelisation – aus Eigensucht betrieben – kann nämlich richtig Spaß machen. Soll ich etwa ihrer Selbstsucht, mit der sie nur nach Wohlergehen trachten, entgegenkommen? Soll ich sie dadurch motivieren, daß ich ihnen erzähle, wie aufregend es ist, wenn ein guter Freund Jesus annimmt, und welch unbeschreibliche Freude der Seele schmeichelt, wenn man jemand zu Jesus führt? Nein, das würde nicht den Absichten des Vaters entsprechen.

Statt dessen erzähle ich von einer anderen gewaltigen Evangelisation. Diesmal war Satans Agent ein ehemaliger Rivale aus meiner Jugendbande. Er trug mir noch immer nach, daß ich für seine schlimmen Narben durch Schnittwunden im Gesicht verantwortlich war.

Ich erzähle, wie er mir von Stadt zu Stadt nachgeschlichen war, als ich in den sechziger Jahren evangelisierte. Ich erzähle, daß es für ihn nur noch einen Grund zum Leben gab – mich umzubringen, und wie ich ihm eines Abends Jesus predigte, als er sich in einer großen Menschenmenge versteckte. Ich erzähle, wie er den Herrn an jenem Abend fand, daß er dem Altarruf folgte und daß ich die Pistole unter seinem Mantel spürte, als wir uns in die Arme fielen, die er mitgebracht hatte, um mich vor den Tausenden damit niederzustrecken.

Versteht das die Versammlung heute abend überhaupt? Verstehen die Leute, daß Gott uns vor den fürchterlichsten Übeln bewahrt, wenn wir gehorsam sind? Verstehen sie, wie groß die Freude ist, wenn die gewalttätigsten Feinde zu Brüdern in Christus verwandelt werden, die nun Gott preisen, weil der Heilige Geist am Werk war?

Ich weiß, daß meine Frau Gloria mich zu Hause auf ihren Knien im Gebet trägt und Fürbitte hält für diese schläfrige Gemeinde und für die anderen überall in der Welt. Sie betet dafür, daß der Herr das Leben dieser Menschen anrühren möge, daß sie auf sein Drängen achten mögen, das Anliegen des Vaters voranzutreiben.

Ich versuche einfach, in der Gelassenheit zu entspannen, daß Gott alle Fäden in der Hand hält. Diese träge Masse da vor mir ist ja gar nicht mein eigenes Problem. Mir muß es darum gehen, daß ich gehorsam bin, wenn der Herr mir zeigt, wie ich sein Diener in dem geistlichen Krieg sein kann, den er führen muß.

Es ist ein Krieg, in dem der Sieg ganz sicher uns dann gehört, wenn wir nur unsere Waffenrüstung anlegen und auf die Stimme unseres Befehlshabers hören. Wir müssen uns nur am Riemen reißen und ihm gehorchen, wenn wir im Angesicht des Feindes viel lieber das Weite suchen wollen. Die Finsternis kann doch den Krieg gar nicht mehr gewinnen, höchstens hier und da noch einmal eine Schlacht.

Nun erzähle ich von meiner Mutter, die bei uns zu Hause in Puerto Rico Wodu-Priesterin war. Ich erzähle von ihren schrecklichen Worten, die mich tief trafen, als ich acht Jahre alt war: »Ich hasse dich, Nicky.« Das waren zwar nur Worte, aber sie gingen mir nicht mehr aus dem Sinn. Sie verhöhnten und quälten mich jahrelang, bis ich eines Abends mein Herz Jesus übergab. Ein Mann, dem ich geschworen hatte, ihn zu töten, weigerte sich einfach, mir seine Liebe zu entziehen. Ich verfluchte ihn, verschloß mich seinen Worten und schlug ihn mit seinem vergebungsbereit lächelnden Gesicht gegen eine Mauer.

David Wilkersons Liebe hat mich für immer verwandelt. Ohne sie hätte ich niemals der Liebe Jesu getraut. Hätte er mir Verdammnis gepredigt, hätte ich ihn wahrscheinlich doch noch umgebracht, nur um ihm zu zeigen, wer der Boß ist: »Ich gehe also in die Hölle, Prediger?« hätte ich gesagt. »Das weiß ich doch längst! Und hier habe ich was für dich, Prediger. Du wirst noch vor mir da sein!«

Immer wieder hätte ich auf ihn abgedrückt und dabei gelacht. Ich hätte die Gesichter meiner Freunde mit seinem Blut beschmiert und seine Leiche in die Gosse gestoßen.

Jetzt werden die Leute im Saal plötzlich lebendig.

»Es gibt zu wenige David Wilkersons heute nacht dort draußen auf den Straßen!« rufe ich aus. »Das Christsein ist so bequem geworden! Dort draußen wird uns angst und bange, da verstecken wir uns lieber hier!«

Nun erzähle ich vom schönsten Augenblick in meinem Leben, als ich meine Mutter zu Jesus führte. Wie hatte sie sich zu ihrem Vorteil verändert! Ich berichte davon, wie sie dem Herrn 26 Jahre lang diente – nun eine respektierte und von allen geliebte Frau Gottes im ländlichen Puerto Rico. Das größte Glücksgefühl überkommt mich aber, so erzähle ich, wenn mir bewußt wird, daß ich die Ewigkeit im Himmel mit ihr verbringen werde.

Ich habe Tränen in den Augen, und mein Blick schweift über die Zuhörer. Wie verblüfft bin ich, als ich sehe, daß Menschen auf die Knie gegangen sind. Junge Leute versuchen ihre Tränen zu unterdrücken. Kinder umarmen ihre Eltern.

Ich meine, mein Herz müßte zerspringen. Ich sehe vor mir mögliche Evangelisten, die vor dem Herrn zerbrochen sind und ihre tiefe Sehnsucht nach der Wiedererweckung durch den Vater herausweinen.

»Wollt ihr ihm dienen?« frage ich in die Runde. »Seid ihr bereit, für ihn auf den Straßen zu kämpfen? Der letzte Krieg ist ausgebrochen. Wir brauchen Verstärkung! Wollt ihr euer Leben für ihn geben?«

Die Gänge haben sich gefüllt. Ich bete mit Großmüttern, mit Zehnjährigen, mit kaufmännischen Angestellten und Pastoren.

»Ja«, antworten sie, »ich will kämpfen. Zeig uns, wie wir's machen müssen.« »Ich werde es versuchen«, raune ich. »Der erste Schritt ist: Schaut nicht mehr auf mich. Bittet Jesus, es euch zu zeigen. Und er wird es tun.«

Das ist eine so entscheidende Lektion für den christlichen Kämpfer, der zur Reife gelangen will.

Menschen werden euch immer wieder enttäuschen. Wir alle haben Fehler. Die Freude an der Gemeinschaft mit anderen Christen ist andererseits unverzichtbar und wird dazu beitragen, daß ihr stark werdet. Gute christliche Beziehungen sind so wichtig. Doch göttliche Vollkommenheit erwartet nur von Gott allein. Kein einziger Christ ist Christus. Menschen werden dich fallenlassen. Und das wird wehtun!

Aber Jesus wird niemals versagen.

DONS ZEUGNIS

Grau und düster lag der Strand da, als der Laienprediger die Scheinwerfer seines 35000 Dollar teuren BMW-Coupés ausschaltete und wartete. Drüben bei den Pfählen am Pier schlenderte einer von jenen Jugendlichen entlang, denen man schon von weitem ansieht, daß sie genug Geld zur Verfügung haben. Gemächlich überquerte der Junge den Sandstrand. Er trug Kopfhörer über seiner Baseballmütze, und mit seinen zweifarbigen, hochgeschnürten Tennisschuhen schlurfte er nun einen mit Abfall übersäten Weg entlang.

»Heh, du«, grüßte der Laienprediger und hielt eine 5-Dollar-Note heraus. »Was macht die Kunst?«

Es war der Gruß eines Mannes, der nicht mehr der Jüngste war, der aber doch versucht, sich »cool« zu geben und dabei in den Jargon seiner Jugend zurückfiel. »Alles klar, Don«, raunte dieses halbe Kind mit einem spöttischen Unterton und kramte in der Tasche seiner knielangen Surfershorts.

Der Evangelist verstaute eilends acht kleine Glasfläschchen, die ihm der Junge hereingereicht hatte. Für den Prediger war das Gespräch jetzt schnell beendet. Er hatte es plötzlich sehr eilig. Mit aufheulendem Motor setzte er sein Auto zurück. Im Mondlicht konnte der junge Dealer gerade noch den Aufkleber vorn am Nummernschild entziffern: »Jesus ist mein Kopilot«.

Der Junge spöttelte hinter ihm her, aber der Evangelist hörte es nicht mehr. Auf einem dunklen Parkplatz mischte er »Crack« – Kokain zum Rauchen –, das er gerade erworben hatte, mit dem Tabak einer Zigarette. Hastig inhalierte er den so wirksamen

Rauch. Auf einmal legte sich wieder ein friedliches Lächeln auf sein Gesicht. Jetzt war alles wieder im Lot, alles war ok. Don lehnte den Kopf zurück an die Kopfstütze, und er fing an, vor sich hin zu lachen. Sein Selbstvertrauen war wieder da. Er fühlte sich wohl und stark.

Don war, was man landläufig als Erfolgsmensch bezeichnet. Er konnte hart arbeiten, und er hatte sich mit viel Fleiß zum Eigentümer einer Dachdeckerfirma hochgearbeitet, die er sich aus eigener Kraft und ohne finanzielle Mittel erworben hatte. Er war stolz darauf, zu den »Yuppies« – den jungen Aufsteigern – zu gehören. Er fuhr schicke Autos. Er lebte mit seiner Familie in einem wildromantischen Landhaus, das auf einem teuren Strandgrundstück stand. Er hatte zwei kleine Töchter, die ihm immer wieder eine große Freude waren. Seine Frau hatte früher mit ihm zusammen bei Wind und Wetter auf den Dächern geschuftet, doch nun ließ er Angestellte für sich arbeiten, und er besaß einen Lastwagenpark, zwei Lagerhäuser und eine Klempnerwerkstatt.

Don konnte deswegen ein sehr beeindruckendes Zeugnis geben, das er mit seinem freundlich klingenden Akzent als Gastredner auf Männergebetsfrühstücken und ähnlichen Veranstaltungen gab.

In der letzten Zeit war er jedoch in einen Teufelskreis geraten. Es ging ihm darum, daß sein Zeugnis immer spannend blieb und die tollsten Dinge enthielt.

Schließlich fing er an, seine finanziellen Erfolge besser darzustellen, als sie waren. Die Leute waren einfach begierig darauf, von seinen immensen Erfolgen zu hören. Mußte er nicht stets ein guter Zeuge sein? Man erwartete, immer ausgefallenere und bessere Geschichten über Gottes so großartige Macht und über seine Segnungen zu hören.

Don fing an, die Wundergeschichten anderer Leute »auszuborgen«. Die Einzelheiten schmückte er noch ein bißchen aus, und schon war es seine Geschichte.

Irgendein kleines Mädchen, das auf Krücken ging, war nun plötzlich seine Großmutter im Rollstuhl. Und ihr verkrüppelter und dann geheilter Fuß war jetzt ein verkürzter Arm, der 12 cm wuchs.

Die Aussage eines solchen Zeugnisses werde damit ja nicht verändert, redete er sich ein. Der Glaube der Leute werde doch durch die ausgeschmückten Geschichten nur gestärkt.

Doch jetzt saß Don allein am Strand, durch die Sucht gequält, vom Auf und Ab seines Wohlbefindens und von den Schuldgefühlen, die sich mit jedem Rausch einstellten. Don wußte ja, daß das Crackrauchen nicht richtig war. Aber er war ja schon mit Drogen großgeworden. Vor einigen Monaten hatte er sich dann entschlossen, diese eine kleine Sünde durchgehen zu lassen. Schließlich, so sagte er sich, tue er niemand damit weh. Und er brauche den Rausch eben.

Nun wurde die ganze Sache aber teuer. Im Verlauf der nächsten Monate plünderte er heimlich seine wenigen Ersparnisse.

Er brauchte immer mehr, schließlich 40-50 Dollar täglich, um halbwegs dem Druck standhalten zu können, seine Dachdeckerkolonnen nach Terminvereinbarungen arbeiten zu lassen, neue Angebote zu machen und alles daranzusetzen, niedrigere Kostenvoranschläge als die Konkurrenz bieten zu können. Und dann war da noch sein geistlicher Dienst, der die Wochenenden ausfüllte.

Doch dann bekam Don ein weiteres Problem. Er fand den Rausch viel schöner, wenn er das Kokain als reinsten »Freebase«-Extrakt rauchte. Das war zwar viel teurer, und er mußte mit einer Lötlampe und mit ziemlich feuergefährlichen Chemikalien hantieren, damit das Kokain stärker wirkte.

Ja, er wußte, daß der Komiker John Belushi durch »Freebasing« umgekommen war.

Er hatte davon gehört, daß der Schauspieler Richard Pryor plötzlich als menschliche Fackel dastand, als die Chemikalien explodierten, und daß es Monate gedauert hatte, bis durch plastische Chirurgie sein Gesicht wiederhergestellt war.

Don hatte wegen seines Drogenproblems gebetet und dabei den starken Eindruck bekommen, Gott habe nichts dagegen.

Allerdings gab Don dann doch zu, daß Gott seine Sucht keineswegs ausdrücklich gebilligt hatte. Don war sich dennoch sicher, daß Gott ihn noch liebte und sich zeitweilig mit der Sucht abgefunden hatte.

Das war natürlich völlig falsch. Auf hartnäckiges Hinterfragen hätte Don wohl zugeben müssen, daß Gott keineswegs ausdrücklich bereit war, angesichts dieser Sucht ein Auge zuzudrücken.

Don versuchte oft, unter dem Einfluß des Kokains mit Gott zu reden. Doch niemals waren diese Gebete so frei und freudig wie damals, als er gerade Christ geworden war. Trotzdem hatte Don immer das Gefühl, daß Gott ihm zuhörte. Er wußte: Gott liebt ihn.

Doch er ahnte, daß er trotzdem ganz auf sich gestellt war – zwar geliebt, aber doch ungeschützt, so als würde Gott sagen: »Ich werde dich nicht hindern, an deinem privaten, selbstzerstörerischen Tun festzuhalten. Erwarte aber nicht meinen Segen für dein Leben, während du dich gegen meinen Willen auflehnst, den du kennst. Ich werde dich nicht vor den Folgen deiner Sünde schützen.«

Hätte Gott aber Don geholfen, wenn er willens gewesen wäre, mit dem Drogenkonsum aufzuhören? Ja! Und das wußte Don, auch wenn diese Droge noch so süchtig macht.

Man hört immer wieder, daß Menschen schon nach dem ersten Kontakt mit dem Gift wie mit Tentakeln fest umklammert werden. Der Entzug ist eine Qual, und die Fachleute sagen, ein Abhängiger komme niemals mehr von einer psychologischen Abhängigkeit frei. Ein latentes Verlangen nach der chemisch bewirkten Ruhigstellung bleibe bestehen. In Augenblicken, da man sich schwach, ängstlich und unfähig fühle, erinnere man sich schnell wieder daran, daß ein bißchen Koks alles gleich viel besser aussehen läßt.

Ja, Don wußte, daß Gott ihn befreien konnte. Er war in einer vielköpfigen Familie, in einem der ärmsten Viertel einer großen Hafenstadt aufgewachsen. Der Vater hatte den Lebensunterhalt für die Familie durch den Handel mit Narkotika verdient. Im Gegensatz zu den in Film und Fernsehen immer wieder dargestellten Dealern des Jet-sets, die das süße Leben genießen, war Dons Vater eher ein engstirniger, boshafter Mann, der sein Geld und sein Leben verschleuderte, während er andererseits seinen Kunden den chemischen Tod verkaufte.

Er war kaum drei Jahre alt, da fing Don schon an, sich mit seinem Vater und mit seinen Onkeln zu betrinken, indem er darum bettelte, die Reste aus ihren Gläsern austrinken zu dürfen, worauf er dann verrückt spielte und die anderen sich über seinen Unfug ausschütteten vor Lachen. Wann er das erste Mal »high« durch Marihuana war, ist ihm entfallen. Das einzige, woran er sich erinnern kann, ist der Vorfall, als seine Schwester ihrem noch ganz kleinen Bruder Rauch ins Gesicht blies und und sich einen Spaß daraus machte, den kleinen Kerl durch die Wohnung torkeln zu lassen.

Drogen waren also schon immer Teil seines Lebens gewesen, und doch war es damals nicht zu einer richtigen Abhängigkeit gekommen. Das sei etwas für Idioten und typische Verlierer, hatte sein Vater immer wieder gesagt. Junkies seien wandelnde Leichen, denen man nur vor ihrer Beerdigung Tausende von Dollars aus der Tasche ziehe.

Als Jugendlicher hatte Don Unmengen von Drogen verkauft – an Fremde und an Freunde. Zu ihnen brachen die Kontakte gewöhnlich ab, wenn die Droge die Herrschaft über ihr Leben übernahm und sie Diebe, Einbrecher, Straßenräuber, Prostituierte oder kleine Betrüger wurden, um ihre Sucht zu finanzieren. Während er dann eines Tages eine seiner kurzen Haftstrafen absaß – das ist die unerfreuliche Seite des Dealens –, hörte Don von Jesus. Er übergab sein Leben dem Herrn, kehrte seiner spottenden Familie den Rücken und nahm für einen Hungerlohn eine ganz niedrige körperliche Arbeit als Dachdecker an.

Dabei begegnete ihm Julie, die auch früher abhängig gewesen war und die nun ebenfalls als Dachdeckerin arbeitete. Die beiden verliebten sich, und sie weihten ihr gemeinsames Leben dem Herrn. Und der segnete ihren Neuanfang mit einer eigenen Dachdeckerkolonne.

Der durchschlagende Erfolg stellte sich allerdings nur mühsam ein. Es fiel ihnen nichts in den Schoß. Es bedeutete harte Arbeit, genaues Planen und hohe Konzentration. Dann fing Don an, gegen diese Herausforderungen etwas von dem Zeug zu nehmen, mit dem er aufgewachsen war. Als er Crack wieder probierte, vernahm er die leise Warnung, daß das eine Mal schon einmal zuviel sei und daß er nicht in der Lage sein werde, es mit dem einen Mal bewenden zu lassen. Aber er hörte nicht auf die leise Stimme. Er meinte, alles unter Kontrolle zu haben.

Hatte er nicht ein großartiges Zeugnis: Aufgewachsen bei einem Drogenhändler, errettet durch Gottes Gnade, gesegnet mit finanziellem Erfolg?

Aber Dons Leben geriet abermals auf die schiefe Bahn, und das ist kaum verständlich für jemand, der das Drogenmilieu nicht kennt. Don fing an, sich mit Freunden zu berauschen, von denen er wußte, daß sie ihn bestahlen. Oft genug bestahl er auch sich selbst, brach in sein eigenes Lagerhaus ein, um ein Werkstück, das 700 Dollar wert war, für 100 Dollar in Crack umzusetzen.

Eines Tages wurde dann alles, was er noch nicht gestohlen hatte, vom Gerichtsvollzieher geholt. Die Hauseigentümer machten Pfandrechte auf das geltend, was übriggeblieben war, um Mietrückstände von vielen Monaten auszugleichen. Julie hatte ihn aus dem Haus geworfen, nachdem sie heimgekommen war und ihn dabei erwischte, wie er und ein paar Freunde die Stereoanlage auf ein Auto luden. Er hatte sich eine ganze Woche lang nicht blicken lassen, doch in dieser Zeit waren die Mikrowelle, der Videorecorder und der große Fernseher verschwunden. Jedesmal, wenn Julie außer Haus war und heimkehrte, war wieder etwas nicht mehr an seinem Platz.

Nein, nein, Drogensucht tue niemand weh, hatte er doch gesagt. Sie sei ein Vergehen ohne Opfer, in das die Regierung gefälligst nicht ihre Nase hineinstecken solle – so meinte er damals.

Es wird Sie überraschen, aber Dons Geschichte hat doch noch ein Happy-End. Es vergingen allerdings noch zwei Jahre. Julie mußte das Haus aufgeben, als sie die monatlichen Abzahlungen nicht mehr aufbringen konnte. Sie verlor die Autos. Sie verlor alles außer der Wohnzimmereinrichtung. Damit zog sie in ein unmöbliertes Wohnmobil, das ein Mitglied ihrer Gemeinde für sie ausfindig gemacht hatte.

Sie versuchte, wieder als Dachdeckerin zu arbeiten, aber sie war nicht mehr gerüstet für solch ein anstrengendes und hartes Leben. Statt dessen fing sie an, als Putzfrau zu arbeiten, und das brachte ihr mehr ein, als sie dachte.

Don tauchte immer gleich mehrere Monate unter. Manchmal rief er aus Colorado an, manchmal aus Texas oder aus Kanada. Jedesmal wollte er sich wieder mit ihr versöhnen und Geld von ihr borgen. Tatsächlich versuchte er auch ein paarmal, in ein Rehabilitationsprogramm hineinzukommen, doch er hatte eben die Tausende von Dollars nicht, die für die Aufnahme verlangt wurden. Die ganze Zeit suchte er den Herrn und bat um seine Barmherzigkeit. Gleichzeitig appellierte Gott immer wieder an sein Gewissen: Häng dich nicht mehr an die Drogen, versuch doch einmal von mir abhängig zu sein.

»Nein«, weinte Don, »ich bin nicht stark genug.« »Das macht nichts,« redete der Herr zu seinem Herzen. »Ich bin dafür stark. Vertraue mir.«

Und dann stellte sich Don dem Entzug. Er machte es ganz allein, ohne Freunde, an einem Strand in Südtexas. Anschließend fuhr er per Anhalter nach Hause. Aber Julie redete kein Wort mehr mit ihm. Sie drohte, die Polizei zu rufen, als er sie an einem ihrer Arbeitsplätze abfing.

Sie glaubte seinen flehentlichen Versprechungen nicht mehr, diesmal werde alles anders laufen. Im Herzen glaubte sie es vielleicht, aber ihr Verstand sträubte sich und schrie: »Nein, Julie, nein! Wie oft hast du das schon früher gehört? Wie oft hat er dir das Blaue vom Himmel versprochen? Wie oft hat er dich mit frommen Sprüchen aus seinem Repertoire belogen, um dein Herz doch noch weich zu kriegen? Nein, Julie, nein!«

Und dann hat sie doch nachgegeben. Als sie in dem winzigen schlichten Wohnraum ihres Domizils niederknieten, bat Don um Vergebung. Und auch Julie tat desgleichen. Sie gelobten noch einmal Jesus ihre Treue und fingen noch einmal neu an.

Gibt es wirklich ein Happy-End für die beiden? Ich bin davon überzeugt. Natürlich wird es auch wieder Probleme geben. Das hat u.a. auch mit unserem christlichen Leben zu tun. Der Weg des gläubigen Gehorsams ist nicht immer leicht.

Doch größer ist der, der in uns ist, als der, der in der Welt ist. Unsere Hoffnung gründet sich auf keinen Geringeren als Jesus Christus und auf seine Gerechtigkeit.

Was können aber nun Sie und ich von Don lernen?

Erstens wünsche ich mir, daß die geistlichen Leiter erkennen, was passiert, wenn wir jemand zu voreilig in den Dienst drängen. Wir müssen die unsinnige Hektik vermeiden, mit der wir so schnell wie möglich christliche Berühmtheiten hervorbringen wollen, bevor das geistliche Wachstum überhaupt eingesetzt hat.

Zweitens hoffe ich, daß Sie es einsehen werden: Wir können uns keine »kleinen« Sünden leisten, »die ja niemand wehtun«. Satan wird Sie schon in die Falle locken, so wie er Don mit einem kleinen harmlosen Rausch zur Bewältigung des Tages in die Falle gelockt hat. Hat er nicht auch David verführt, als dieser auf dem Dach seines Palastes stand und die Frau seines Nachbarn verstohlen beim Bad beobachtete?

Genauso hat er auch so manch einen von meinen und Ihren christlichen Geschwistern mit dem fürchterlichen Schmutz der Pornographie gefangen. Vielleicht erinnern Sie sich an die Berichte über einen international geachteten Lehrer, der von der üblen Faszination gefesselt war, schmutzige Bilder zu betrachten. Eines Tages wurde er dann in einem schmuddeligen Motel überrascht, als er eine Prostituierte fotografierte. Das gab dann Schlagzeilen in der nächsten Woche, und monatelang scheute man sich nicht, jede Einzelheit seiner Sünde zu verbreiten.

Wir sind alle nicht gefeit vor Satans verderblichen Einflüssen. Wir haben alle unsere Schwächen. Der Herr hat uns zwar verheißen, daß wir die Kraft aufbringen werden, jeder Versuchung zu widerstehen, doch Satan versucht seinerseits, soviel wie möglich für sich dabei herauszuholen.

Manchmal fängt er es behutsam an. Die Versuchung schleicht sich in unser Leben ein: Regelmäßig ein Schlückchen Wein vor dem Zubettgehen; ein bißchen Marihuana, um mit Freunden nach der Arbeit zu entspannen; auf einer Fete ein bißchen Koks genommen, nur um mal zu probieren.

Aber so etwas ist eben immer verheerend, wenn man den Dingen seinen Lauf läßt. Wenn Sie weiterhin ein Leben führen, das sich nur an Spaß und Vergnügen orientiert, dann werden Sie genau dieses Leben lang ein Suchender bleiben. Sind Sie nur darauf aus, die Gelüste Ihres Körpers zu befriedigen, so werden gerade die Sie schließlich beherrschen und steuern. Sie werden Ihren Wirkungskreis, Ihren Dienst und Ihre Seele einengen. Und das ist das Problem: Don steht nicht allein. Unsere Gemeinden sind voller Dons. Nur nehmen nicht alle Kokain.

WIR BRINGEN UNSER HAUS IN ORDNUNG

Einem Artikel in der Dallas Times Herald zufolge sind Prediger für die meisten Amerikaner unehrlich, unaufrichtig, ohne besondere Beziehung zu Gott und vor allem nicht vertrauenswürdig im Umgang mit Geld.

Der Meinungsforscher George Gallup spricht auf einem Gebetsfrühstück mit 1100 Teilnehmern in St. Paul davon, daß die Vereinigten Staaten an einer »schweren geistlichen Krankheit« litten. Das Vertrauen den Evangelisten gegenüber nehme in beängstigendem Maße ab.

Vielleicht kennen Sie ja den schon klassisch gewordenen Zeitungsbericht von Ann Landers, in dem sie beschreibt, wie eine Frau vor dem Besuch des Pastors das Haus auf den Kopf stellt. Als sie schon unter der Dusche steht, fällt ihr ein, daß sie vergessen hat, Kaffee zu besorgen. Sie eilt zum Telefon und ruft ihre Nachbarin an. »Er wird jede Minute hier sein«, jammert sie. »Kannst du mir schnell welchen rüberbringen?« »Na klar«, ruft die Nachbarin. »Ich komme gleich über den Rasen. Sei du an der Haustür.« Nur wenige Augenblicke später läutet es. Die Hausfrau – noch so, wie sie unter der Dusche war – schnappt sich schnell ein Küchenhandtuch und hält es sich vor, als sie die Tür öffnet und eilfertig sagt: »Ach, Schatz, ich bin ja so froh, daß du gekommen bist.«

Doch statt der Nachbarin, die den Kaffee bringen sollte, steht der Pastor auf der Veranda und faßt sich verlegen an die Brille.

»Oh, Verzeihung«, stammelt er und eilt zu seinem Auto. »Ich komme nächste Woche wieder, wenn meine Frau mitkommen kann!«

Das hört sich zwar komisch an, aber wenn man als Pastor betroffen ist, dann findet man das nicht so lustig. Solche Vorfälle ereignen sich zwar nicht jeden Tag, aber meistens sind sie dann auch nicht so harmlos.

Viele Pastoren machen deshalb auch in den Abendstunden keine Besuche, wenn ihre Frauen nicht dabei sind. Ich kenne einen, der sogar seine Kinder immer mitnimmt – besonders wenn ihn noch zu mitternächtlicher Stunde ein Anruf von einer Frau erreicht, bei der es nötig ist, daß er vorbeikommt und seelsorgerlich tätig wird.

Ich habe einmal eine Gemeinde besucht, die den traurigen Ruf hatte, ein Heilig-Geist-Krankenhaus für in Ungnade gefallene Pastoren zu sein, die man sexueller Verfehlungen überführt hatte. Der Hauptpastor dort mußte durch die schwersten Zeiten seines Lebens gehen, als er fast alles wegen einer Reihe ehebrecherischer Beziehungen verlor. Deshalb bringt er auch das nötige Verständnis auf, wenn ein Kollege mit einem Möbelwagen vorfährt und die Kinder hinten in seinem Kombi weinen, während die betrogene Ehefrau mit aschfahlem Gesicht nägelkauend auf dem Beifahrersitz hockt.

Sehr oft arbeiten solche ausgeschiedenen Prediger dann für eine Baufirma in ihrer Stadt und plagen sich ein gutes Jahr bei Wind und Wetter ab. Manche suchen sich selbst irgendwoanders einen Job, während andere in den geistlichen Dienst zurückkehren. Zuvor müssen allerdings noch viele Monate der persönlichen Einkehr vergehen. Da muß erst die eigene, private Wüste durchwandert werden, damit sie ganz allmählich ihre Wiederherstellung erfahren und einen Lebensstil praktischer Heiligkeit im täglichen Leben annehmen.

Gerade in der Zeit, da ich dieses Buch schreibe, steht die Gemeinde mitten in der Auseinandersetzung um die öffentlich gewordenen Verfehlungen bekannter Evangelisten und prominenter Lehrer. Schockierendste Sünden werden vor aller Augen von den Sendeanstalten ausgiebig behandelt. Und ich kann Ihnen sagen, daß das Schlimmste noch nicht überstanden ist.

So manches große Glaubenswerk wird durch die gleiche Feuerprobe gehen müssen, wenn ihre Leiter nicht Buße tun und ihre finanziellen Sünden, ihre sexuellen Irrwege und ihre Betrügereien bekennen. Dies ist zum Teil prophetisch gesprochen, doch ich rede auch darüber als einer, der solche Sünden aus persönlicher Anschauung kennt. Ich erzähle nicht gerne, daß ich in zwei Fällen, an die ich hier konkret denke, gezögert und gezögert und meine Bestürzung für mich behalten habe, statt die Schuldigen zur Rede zu stellen. In einem Fall weigerte ich mich, im christlichen Fernsehen dieses Bruders jemals wieder aufzutreten. Ich lehnte es einfach ab, was ich dort sah und hörte.

Ich hatte das Gefühl, den Bruder nicht gut genug zu kennen, als daß ich ihn hätte zur Rede stellen können. Die Rolle eines Jeremia ist mir einfach nicht geläufig genug.

Im anderen Fall hat mich zunehmend bekümmert, daß der gesegnete Dienst eines lieben Bruders durch die Gier nach Macht und Geld zu verkommen drohte. Ich werde Ihnen den Namen dieses Bruders nicht nennen, aber ich schäme mich, zugeben zu müssen, daß ich gezögert und gezögert habe. Und dann konnte ich nicht länger warten. Ich schrieb ihm einen langen Brief, in dem ich ihm meine Besorgnisse sehr ausführlich mitteilte. Und was geschah daraufhin?

Seine Frau rief mich aus dem Ausland an, wo die beiden gerade Tausende zu Jesus führten. Sie weinte, als sie eingestand, daß mein Gefühl mich nicht betrogen hatte. Dann kam mein Bruder in Christo an den Apparat und dankte mir dafür, daß ich mich um sie gekümmert hatte. Wir beteten zusammen, und wir unterhielten uns über Gottes Vergebung. Wir sprachen über seinen unstillbaren Zorn jenen gegenüber, die sich seiner Autorität widersetzen und sich über seine Gesetze lustig machen.

Heute ist mein Mitstreiter für das Evangelium alles andere als vollkommen, aber ich sehe deutliche Zeichen dafür, daß er sich meinen brüderlichen Rat zu Herzen genommen hat. Ich bete anhaltend für ihn, und ich werde ganz sicher weiter Gemeinschaft mit ihm pflegen. Vielleicht wird mich der Herr weiterhin benutzen, um auf das Leben dieses mächtigen Mannes Einfluß auszuüben. Genausogut bereitet er aber vielleicht auch ein Wort für mich durch diesen Bruder vor.

Ich kann einfach nicht mehr die Hände in den Schoß legen, während christliche Werke um uns herum zusammenbrechen.

Aber Nicky – so sagen Sie vielleicht –, wie steht es denn mit der Warnung von Paulus in Epheser 5,3-7?

> Von Unzucht aber und jeder Art Unreinigkeit oder Habsucht soll bei euch nicht einmal die Rede sein, wie es sich für die Heiligen gehört. Auch schandbare und närrische oder lose Reden stehen euch nicht an, sondern vielmehr Danksagung. Denn das sollt ihr wissen, daß kein Unzüchtiger oder Unreiner oder Habsüchtiger – das sind Götzendiener – ein Erbteil hat im Reich Christi und Gottes. Laßt euch von niemandem verführen mit leeren Worten; denn um dieser Dinge willen kommt der Zorn Gottes über die Kinder des Ungehorsams. Darum seid nicht ihre Mitgenossen.

Ich weiß sehr wohl, daß diese Schriftstelle sehr ernst genommen werden muß. Doch bedenken Sie, daß sie vom unbußfertigen Sünder spricht.

Wenn mein christlicher Bruder – jener Evangelist – sich unverhohlen der Autorität des Herrn widersetzt hätte und wenn er sich darüber lustig gemacht hätte, daß er seine Handlungen einer Reinigung unterziehen sollte, dann wäre mir nichts weiter übriggeblieben, als mich von ihm zu trennen. Wenn mein Bruder aber auf dem Weg der Besserung ist, dann steht es mir nicht zu, ihm den Kopf zu waschen, ihn wegen vergangener, längst vergebener Sünden zu brandmarken oder irgend etwas anderes zu unternehmen, was ihn zu Fall bringen könnte.

Wir haben es mit genug unbußfertigen Sündern zu tun, da müssen wir nicht auch noch jene demütigen, die sich längst vom Bösen abgewandt haben. Denken wir nur daran, wie Gott auf die Umkehr Ninives reagierte. Er vergab, wo Jona sich noch weigerte.

Ich kann Ihnen gar nicht sagen, wie sehr es mich erschreckt, all die Schändlichkeiten wahrzunehmen, die Satan wohl über kurz oder lang Christus und seiner Gemeinde anlasten wird. Ich will hier gar nicht aufzählen, was es da an scheußlichen Gerüchten über Sünden geben wird.

Aber ich rufe Sie dazu auf, im Gebet für unsere Geschwister einzustehen. Wirklich verheerende Anwürfe sind da zu erwarten.

Herr, ich bete, daß diese Gerüchte sich als Lügen herausstellen mögen! Wenn sie aber der Wahrheit entsprechen sollten, Vater, dann mach doch, daß all jene, die sich so verfehlt haben, vor dir auf ihre Knie gehen und ernsthaft Buße tun. Du hast jedem von uns die schlimmsten Sünden vergeben, ohne daß du uns vor denen, die uns lieben, die uns Freunde und Geschwister sind, und vor einer uns hämisch beobachtenden Welt bloßgestellt hättest. So laß es doch wieder geschehen, Herr! Du hast dein schreckliches Gericht vor Ninive zurückgehalten. Verfahre doch auch heute so bei deinen Dienern, Herr. Wir wissen, daß du ein vergebender Gott bist – du vergibst wirklich, wenn du ernsthafte Buße vorfindest!

Verschone, Herr, all jene Männer und Frauen Gottes, die wir lieben, respektieren und denen wir vertrauen. Wirke du so auf sie ein, daß sie ihre Sünden einsehen, wenn es denn welche gibt, und daß sie dich im stillen in aller Demut neu suchen! Laß diese erneute Schmach, die Satan, nach allem, was ich sehe, deinem Volk antun will, an uns vorübergehen. Führe uns zu neuer Heiligkeit, Vater. Entfache in uns das Verlangen, dir gleich zu sein! Ich bitte dies in Jesu Namen. Amen.

Während ich dies hier aufschreibe, schaut mir meine geliebte Frau Gloria über die Schulter und liest mit. Dabei flüstert sie: »Liebe, Nicky, Liebe. Schreib nicht im Zorn. Lehre in Liebe.« Sie hat ja so recht. Der Herr hat eine Botschaft zur Buße und Heiligkeit auf mein Herz gelegt. Und Gottes Liebe ist mächtig. Er ist so geduldig mit uns – trotz unserer gewaltigen Sünde – wenn wir ihn suchen und uns vor ihm demütigen – aber ihm auch gehorchen.

Ich kann aber nicht länger schweigen. Ich habe viel zu lange abgewartet. Ich glaube, wir stehen in der Gefahr, Gottes schrecklichen Zorn am eigenen Leib zu erfahren. Laßt es uns niemals vergessen, was er den Menschen in den Tagen Noahs tat. Es stimmt zwar, daß er versprochen hat, die Erde niemals mehr durch Wasser zu zerstören. Doch wir sollten uns vergegenwärtigen, was er mit Sodom und Gomorrah viele Jahre nach der Flut tat.

Dort war die Sünde so groß, daß Abraham nicht einmal zwei Gerechte fand. Und so goß Gott seinen fürchterlichen Zorn über ihnen aus und löschte die zwei Städte so vollständig mit seiner himmlischen Macht aus, daß ihr Standort nach traditioneller Auffassung heute am tiefsten Punkt der Erdoberfläche – im Toten Meer – zu finden ist.

Denken wir daran, wie Gott mit Ninive umging.

Nachdem Jona endlich gehorcht und den Zorn Gottes gepredigt hatte, taten die Leute von Ninive Buße und wandten sich Jahwe zu. Und unser liebender Gott hielt sein schreckliches Gericht zurück. Statt dessen segnete er, was vormals ein verderbtes und verkehrtes Volk war!

Ja, Gloria hat recht. Die Antwort ist Liebe.

Es ist die Liebe, die eine Mutter mit gebrochenem Herzen auf die Knie treibt, um Fürbitte zu tun für einen rebellischen Teenager. Das ist wahre Anteilnahme und die Bereitschaft, sich zu kümmern.

Vielleicht zweifeln Sie an der Wirksamkeit solch eines Gebetes. Lassen Sie mich deshalb eine Geschichte erzählen von jemand, der solch eine Last auf sich nahm. Es ist eine Geschichte, die ich schon vor geraumer Zeit gehört habe. Leider kann ich mich deshalb nicht an jede Einzelheit oder den Namen des Betreffenden erinnern.

Hier nun die Geschichte, wie sie mir erzählt wurde.

JESUS LIEBT MICH GANZ GEWISS . . .

Sie war Lesbierin, eine Frau mittleren Alters, und des Lebens überdrüssig. Sie hatte alles ausprobiert, was sich ihr bot, und war nun soweit, einen Revolver an die Schläfe zu drücken und Selbstmord zu begehen.

Als sie die Pistole in ihrer Hand spürte, wurde ihr der Gedanke, hier und jetzt alles hinzuwerfen, immer vertrauter. Vorbei wäre es mit ihren ewigen Geldschwierigkeiten – mit den zahlreichen Kreditkartenkonten und mit dem Finanzamt. Zu ihrer Arbeitsstelle, die sie haßte, brauchte sie auch nicht mehr zu gehen, dort, wo es keine Zukunft für sie gab. Sie würde allem entfliehen – ihren Nachbarn, die sie beschimpften, ihrer verkommenen Wohnung, ihrer verzweifelten und unglücklichen Suche nach menschlichen Kontakten und . . . – die Liste ist hier längst nicht zu Ende.

Drogen waren keine Antwort auf ihre tiefe Verzweiflung, und Sex war es auch nicht. Doch genausowenig gaben ihr die Partys etwas, die Bars oder die östlichen Religionen, die sie ausprobiert hatte, und auch nicht die neun Jahre ihres akademischen Höhenfluges. Das Leben bedeutete ihr nichts mehr. Es war eine morbide, kosmische Komödie – eine Oper der schrägen Töne – ein Theaterstück mit dürftiger Handlung. Nun war es soweit, daß sie den Vorhang fallen lassen wollte.

Sie kniete im Badezimmer bei sich zu Hause und starrte auf den Revolver. Schließlich schaute sie hinauf zur Decke und fragte – ohne recht zu wissen, wen – warum sie es denn nicht fertigbringe, sich endlich das Leben zu nehmen.

»Das Ganze ist doch ein einziger schlechter Scherz«, fluchte sie laut. »Ich habe doch wirklich alles ausprobiert.«

Nein, nicht alles. Das begriff sie plötzlich. Ganz aus der Versenkung ihrer Erinnerungen kam es hervor – ein Kinderliedchen: »Jesus liebt mich ganz gewiß, denn die Bibel sagt mir dies ...«

»Na gut, ich werd's ausprobieren«, sagte sie zu sich selbst. »Aber wenn es wieder nichts weiter als schöner Schein ist, dann komme ich hierher zurück und erledige meinen Job.«

Und, um es kurz zu machen, sie schaltete ihren Fernseher ein und suchte irgendeine von diesen »religiösen« Programmen, und da schaute sie auch schon den »700 Club«. Die Geschichte, die in dieser Sendung vorgestellt wurde, war sehr interessant und hatte eine christliche Botschaft. Der Gastgeber erläuterte den Heilsplan Gottes und führte die Zuschauer durch ein Gebet zur Buße.

Ganz leise sprach sie es nach und fing ein neues Leben an.

Der Ausgang dieser Geschichte ist noch unglaublicher. Diese Frau erfuhr einige Monate später, daß eine Jugendfreundin 25 Jahre lang täglich für sie gebetet hatte.

Als sie nämlich in ihre Heimatstadt zurückgekehrt war, begegnete sie zufällig ihrer Freundin aus Kindertagen, und dabei erfuhr sie, daß ihre Spielgefährtin von damals eine göttliche Bürde für sie empfunden hatte.

Bei der Freundin hatte sie immer auf einer längeren Liste von Gebetsanliegen gestanden. Und immer wieder war sie an die erste Stelle gerückt worden, obwohl sich die beiden schon lange zuvor aus den Augen verloren hatten.

Die Freundin wußte gar nicht, wofür sie konkret beten sollte, nur, daß der Herr ihre Gefährtin von damals in sein Reich bringen möge.

Heute ist diese Frau davon überzeugt, daß sie ihre Rettung den Gebeten der Freundin zu verdanken hat. Es war kein Zufall, so sagt sie, daß ihr gerade die Worte »Jesus liebt mich« in den Sinn kamen, als sie drauf und dran war, mit ihrer Pistole abzudrücken.

Es war nicht »Glück«, daß sie damals den christlichen Sender hereinbekam und fast augenblicklich zu einem Umkehrgebet angeleitet wurde.

Satan hatte schon fast gewonnen, nachdem er Jahrzehnte versucht hatte, ihre Seele zu ergaunern. Er hatte seine Fallen immer sehr mit Bedacht ausgelegt, und sie war in die meisten davon bereitwillig hineingetreten. Als er dann schon einen seiner freien Plätze des Schreckens in der Hölle für ein weiteres Opfer vorbereitete, wurde ihm durch die treuen Gebete einer gläubigen Kämpferin der Sieg vor der Nase weggeschnappt.

Was war aber der Beweggrund für diese Gebete? Es war selbstlose Liebe.

Mit ihrer unbequemen Art hatte diese Frau es jedem schwergemacht, sie gern zu haben. Sie verletzte jeden, der sich je um sie gekümmert hat. Sie wollte kein Mitleid, und noch weniger hätte sie jemand geduldet, der 25 Jahre lang treu für sie beten wollte.

Wie kann man solch einen Menschen überhaupt lieben? Wie können wir eine Gebetslast für – sagen wir – Evangelisten empfinden, die uns auf irgendeine Weise gekränkt haben? Oder für Terroristen – für Frauenschänder im Gefängnis – für Menschen, die uns übers Ohr gehauen haben – für den Teenager von nebenan, der seine abscheuliche Musik bei voller Lautstärke hört, während wir am Sonntag unseren Mittagsschlaf halten wollen?

Die Schrift sagt uns, daß wir denen Gutes tun sollen, die uns beleidigen. Manchmal ist der Gedanke richtig verlockend, daß, wenn wir gut zu unseren Feinden sind, wir ihnen »feurige Kohlen (der Schuld und Verwirrung) aufs Haupt häufen«, so wie die Bibel sagt.

Wenn das allerdings unser Motiv ist, dann wird es nicht gutgehen.

Tragen Sie statt dessen die Nöte des anderen vor den Thron Gottes und bitten Sie darum, daß der Betreffende soviel wie möglich die Segnungen Gottes empfängt – die ewige Erlösung sicherlich eingeschlossen. Dann müssen Sie allerdings auch bereit und willens sein, ein Teil dieser Lösung zu werden, falls die Weisung des Herrn entsprechend an Sie ergeht.

Beten Sie für Ihren Gegner täglich oder gar mehrmals am Tag, und Sie werden bemerken, wie grundlegend sich Ihre Einstellung ihm gegenüber verändert. Sie werden jemand sein, der sich kümmert. Und das wird Sie Ihres allzu kritischen Geistes überführen, den Sie anderen gegenüber hegen.

Haben Sie ernste Schwierigkeiten mit jemand? Hat man Sie beleidigt? Waren diese Menschen gemein zu Ihnen?

Dann spielen Sie nicht den demütigen Super-Heiligen und beten ach so selbstlos für sie. Zählen Sie dem Herrn nicht ihre Sünden auf, und beten Sie auch nicht um Gerechtigkeit in dieser Angelegenheit.

Bitten Sie vielmehr den Herrn darum, Ihnen beiden zu vergeben. Das ist nicht immer leicht, besonders wenn Sie sich selbst keiner Schuld bewußt sind. Doch wenn Sie ganz ehrlich vor sich selbst sind, dann dämmert es Ihnen gewiß, daß der andere die Dinge, die zum Streit geführt haben, vielleicht ganz anders sieht.

Bitten Sie deshalb den Herrn, Ihnen beiden zu vergeben. Ich garantiere Ihnen, daß Ihr Herz sich dem Bruder gegenüber, mit dem Sie im Streit liegen, erweichen läßt, wenn Sie in aller Ernsthaftigkeit wenigstens ein paar Tage lang beten. Ganz allmählich werden Sie die Dinge auch ein kleines Stück weit so sehen, wie der andere sie sieht. Und Sie selbst werden auch nicht mehr so hartnäckig auf Ihrem Standpunkt beharren.

Sie werden möglicherweise sogar die Kraft finden, dem biblischen Gebot zu folgen und zum Bruder hinzugehen, um sich zu entschuldigen und die Angelegenheit zu bereinigen. Ich kenne eine Reihe von guten Gründen dafür. Doch ich will den entscheidendsten nennen. Vielleicht berufen Sie sich ja auch gern auf die Schriftstelle Markus 11,22-24:

> Und Jesus . . . sprach zu ihnen: Habt Glauben an Gott! Wahrlich, ich sage euch: Wer zu diesem Berge spräche: Heb dich und wirf dich ins Meer! und zweifelte nicht in seinem Herzen, sondern glaubte, daß es geschehen werde, was er sagt, so wird's ihm geschehen. Darum sage ich euch: Alles, was ihr bittet in eurem Gebet, glaubt nur, daß ihr's empfangt, so wird's euch zuteil werden.

Was für eine herrliche Verheißung! Doch lesen Sie den Vers, der nun folgt:

> Und wenn ihr steht und betet, so vergebt, wenn ihr etwas gegen jemanden habt, damit auch euer Vater im Himmel euch vergebe eure Übertretungen.

Haben Sie eine Gebetsliste? Führen Sie ein Gebetstagebuch? Wenn nicht, dann richten Sie sich so etwas ein. Wenn Ihnen irgend etwas oder irgend jemand sehr zu schaffen macht, dann setzen Sie die Angelegenheit auf die Liste. Beten Sie täglich wegen der Situation. Suchen Sie die Führung des Herrn. Bitten Sie ihn, den Berg hinwegzuheben, den Sie als Mensch nicht von der Stelle bewegen können.

Können Sie denn aber als betender Freund, der zu Hause sitzt, überhaupt etwas bewirken? Der Apostel Paulus scheint jedenfalls davon überzeugt gewesen zu sein. In Römer 15,30-33 schrieb er den Christen in Italien:

> Ich ermahne euch aber, liebe Brüder, durch unseren Herrn Jesus Christus und durch die Liebe des Geistes, daß ihr mir kämpfen helft durch eure Gebete für mich zu Gott, damit ich errettet werde von den Ungläubigen in Judäa und mein Dienst, den ich für Jerusalem tue, den Heiligen willkommen sei, damit ich mit Freuden zu euch komme nach Gottes Willen und mich mit euch erquicke. Der Gott des Friedens aber sei mit euch allen! Amen.

Wissen Sie eigentlich, wer Sie dringend als Gebetskämpfer braucht? Es ist Ihr Pastor.

Auf jeden unaufrichtigen, heuchlerischen Prediger, Pastor oder Evangelisten kommen hundert ernstmeinende Männer Gottes, die nach Gottes Wahrheit hungern und die entschieden sind, die Verlorenen zu gewinnen. Nur wenige sind halbwegs perfekt. Alle sind Menschen. Alle haben Schwächen. Und alle brauchen dringend mein und Ihr engagiertes Gebet.

Worum soll es in diesen Gebeten gehen?

Um Stärkung und um Schutz vor Furcht und Zweifel. Ich beobachte heute so viele Pastoren, die unter schrecklicher Versagensangst leiden, auch wenn sie es nicht zeigen. Viele befürchten auch, daß sie nicht immer die Antworten auf Fragen parat haben, die wir Ihnen rund um die Uhr stellen.

Sie sind doch schließlich auch nur Menschen – wie Sie und ich.

Beten Sie für sie, und haben Sie sie einfach lieb. Bedenken Sie, daß die meisten lukrativere Karrieren aufgegeben haben, um dem Ruf Gottes auf ihrem Leben zu folgen. Bitten Sie den Herrn, ihnen dies neu zu schenken: Frieden, Offenheit, Freiheit, Weisheit und Freude.

Bitten Sie um Kraft gegen die schlimmen Versuchungen, die Satan zu gern Gottes Leitern in den Weg legt. Beten Sie, daß sie auch geschützt sind vor Satans falschen Anklägern.

Das Gebet ist eine so mächtige Waffe. Oft ist es die einzige Einwirkungsmöglichkeit überhaupt, ganz besonders auch dann, wenn auf unserem Herzen die Gebetslast für einen unerretteten Ehepartner liegt; oder wenn es uns um Frieden in Nordirland, um den Hunger in der Welt oder um die Kinder in unserer Gemeinde geht.

BRAVE GEMEINDEKINDER

Das Predigen ist nicht Jonathans Berufung. Er glaubt, er sei vom Herrn für die christliche Jugendarbeit berufen worden. In der Woche ist er Geschäftsmann, und am Wochenende betreut er das Jugendprogramm einer großen Gemeinde, deren Pastoren – mehrere an der Zahl – landesweit geschätzt werden und an zahlreichen Seminaren, Kongressen und Konferenzen teilnehmen.

Auch wenn er nur ehrenamtlich tätig ist, so betreut er immerhin eine große Sonntagsschule, eine vorbildliche Teenager-Evangelisation, eine emsige »Junior-Gemeinde« und einen wöchentlichen Familienabend, an dem es die verschiedensten Angebote gibt: BASIC für Teenager, Ranger-Treff, Spiele, ein Jugendchor, ein Jugendorchester und eine Tanzgruppe. Und doch ist sein Unmut bei der Arbeit ständig gewachsen.

»Diese Woche«, so erzählte er den Ältesten der Gemeinde, »entschuldigte sich der Vater einer meiner hoffnungsvollsten Jungen dafür, daß sein Sohn ziemlich freche Lümmel aus der Nachbarschaft zur Gemeinde mitgebracht hatte. Diese Kinder seien sehr frech und würden ständig stören. Da sie auch seinen Sohn zu einem Zappelphilipp machen würden, verständigte mich der Vater, daß sein Sohn sie nicht mehr mitbringen würde.«

Jonathan schwieg einen Moment und runzelte die Stirn. Zum Ätestenrat waren an diesem Abend immerhin 45 Männer gekommen. Man hatte mit der üblichen dreißigminütigen Anbetungszeit angefangen, an der jeder Mann der Gemeinde teilnehmen durfte. Nun war man zum geschäftlichen Teil übergegangen. Nur die Ältesten haben dort Stimmrecht, aber jedermann kann das Wort ergreifen. Die Ältesten, einschließlich Jonathan, sind von den anderen Männern gewählt worden.

»Männer der Gemeinde«, fuhr Jonathan fort, »wenn wir meinen, schwierige Situationen so am besten meistern zu können, dann kommen wir in ernste geistliche Probleme, die es verhindern werden, daß unsere Gemeinde so wächst, wie sie könnte.«

Die ehrgeizigen Pläne der Gemeinde für ein schnelles Wachstum waren allgemein bekannt.

»Sind wir denn vielleicht wirklich nur imstande, unseren lieben und braven Gemeindekindern zu dienen?« fragte er. »Ich fürchte, daß dies im Augenblick der Fall ist. Und selbst mit ihnen werden wir ja kaum fertig.«

Das Jugendprogramm brauche Hilfe, so erklärte er. Es sei die ganz praktische Mitarbeit von Zusatzkräften in den Gruppen nötig. Aber auf die Äußerung seines Anliegens gab es nur Schweigen. Es gefiel den Männern gar nicht, was da von ihnen erwartet wurde – daß sie Kinder betreuen sollten. Immerhin waren sie doch die gestandenen Männer der Gemeinde – die Ältesten.

»Ihr Männer«, sagte Jonathan, »wenn wir uns hier nicht aufraffen können, in einer Notlage Abhilfe zu schaffen, dann dürfen wir auch nicht mehr groß herausstellen, wie sehr sich unsere Gemeinde der Kinder annimmt. Wir müssen aufhören, so zu tun, als täten wir alles Nötige für eine ausgezeichnete Kinderarbeit. Tatsache ist, daß unser Angebot am Mittwoch für die Grundschulkinder immer dürftiger wird, weil immer weniger für den nötigen Einsatz bereit sind.«

In den Wochen davor hatte er immer wieder den Ältestenrat auf das Problem aufmerksam gemacht, daß zwei Frauen alles taten, die Ranger-Arbeit für 125 Acht- bis Elfjährige in Gang zu halten, für die nach Jonathans Schätzung mindestens 15 Mitarbeiter nötig wären, um alle Möglichkeiten der geistlichen Arbeit auszuschöpfen.

Doch seine Aufrufe zur Mitarbeit waren auf taube Ohren gestoßen. Das Ergebnis war, daß die Rangerarbeit kurz davorstand, eingestellt zu werden. Die zwei Frauen waren erschöpft, ausgebrannt und zunehmend frustriert wegen der Probleme mit der Disziplin, die einfach auftreten, wenn zu wenige Erwachsene zu vielen Kindern etwas beibringen wollen.

»Wir haben mittwochs einen ausgezeichneten Frauenabend«, sagte Jonathan. »Doch was ist das Ende vom Lied? Nur wenige wollen mithelfen. Und dann haben wir einen Ältestenrat von hohem Niveau, zu dem alle Männer der Gemeinde eingeladen sind. Da will keiner fehlen. Aber was ist, wenn es darum geht, den Kindern zu helfen? Wir setzen uns zwar ein, aber egoistisch.«

Er machte eine Pause und schaute in die Runde der Männer. Alle warteten gespannt.

»Ich finde, es ist geradezu grotesk – wenn es nicht gar eine verbrecherische Lüge direkt vom großen Betrüger ist –«, sagte er mit erhobener Stimme, »daß die Männer in dieser Gemeinde glauben, Kinder fallen in den Verantwortungsbereich der Frauen!

Zeigt mir irgendeine Stelle im Alten oder Neuen Testament, die das belegt. Zeigt mir, wo der junge Samuel oder der zwölfjährige Jesus Frauen im Tempel aufgesucht haben. Zeigt mir, wo der junge David von Frauen gesalbt oder unterrichtet wurde. Liebe Freunde, das ist nicht geschehen!«

Er machte eine Pause, um seine Worte wirken zu lassen.

»Uns sind vielversprechende junge Leute anvertraut worden, wie wir sie kaum einmal hatten. Wir vergeuden aber, was wertvoll für unsere Zukunft ist, wenn wir nicht beim Herrn herausfinden, wo er jeden von uns gebrauchen will, um die zukünftige Leiterschaft dieser Gemeinde heranzubilden.«

Im Saal war es nun ganz still.

»Ich brauche eure Hilfe«, sagte er. »Ich brauche Männer, die auch Lehrer sind, Vorbilder im Gruppenunterricht für diese jungen Leute, damit sie ihnen zeigen, wie man anbetet, dient, liebt und andere zu Gott führt.

Einige werden das eine oder andere lassen müssen, woran sie sonst gern teilnehmen würden. Bei mir ist das so, daß ich kaum mal eine Predigt zu hören bekomme. Andere von uns werden vielleicht noch etwas mehr opfern müssen. Ich würde mich also sehr freuen, wenn es einige unter euch gäbe, die bei der Arbeit mit unseren Kindern noch nicht Hand angelegt haben, nun aber dazu bereit sind. Ich bin davon überzeugt, daß das sehr bald ein ausgesprochen erfüllender und auf Dauer angelegter Dienst für euch sein wird.

Eine große Zahl unserer Kinder hat Zuwendung bitter nötig. Es wird euch warm ums Herz werden, wenn ihr einmal mitbekommt, mit wie wenig Aufwand man schon viel in ihrem Leben verändern kann. Ich versichere euch, daß die Beschäftigung mit ihnen keine vertane Zeit ist. Wir haben es mit Prachtexemplaren von Kindern zu tun, und uns ist die große Verantwortung übertragen worden, sie im Sinne des Herrn zu erziehen.«

Wie reagierte nun der Ältestenrat auf diese Rede? Jonathan wurde zurechtgewiesen, weil er ein so düsteres Bild gezeichnet hatte. Er sei zu ihnen gekommen, so meinten die anderen, mit Vorwürfen, Schuldzuweisungen, mit Zorn und mit einem Bericht, der schlimmer gewesen sei als der der israelitischen Kundschafter, die Kanaans Riesen fürchteten.

Der Hauptpastor sagte zu Jonathan, er habe den falschen Zeitpunkt gewählt. Wenn das Problem wirklich so drängend gewesen wäre, dann hätte man im Rat längst davon gehört. Schließlich, so meinte der Pastor, gebe es drängendere Fragen auf der Tagesordnung, und schließlich wäre es besser gewesen, wenn Jonathan die Angelegenheit positiver und zu einer anderen Zeit dargelegt hätte. Darüber hinaus habe er, der Hauptpastor, beobachtet, daß Jonathan in dieser Frage innerlich viel zu aufgebracht gewesen sei.

Sie können sich vorstellen, daß Jonathan tatsächlich nach dieser Zusammenkunft aufgebracht war. Doch das machte ihn blind für einen schweren Fehler, den er selbst begangen hatte.

Er hatte es versäumt, nach der Weisheit des Vaters im Himmel zu fragen, als er sich darauf vorbereitete, die Männer seiner Gemeinde mit dem Problem zu konfrontieren. Statt also ein Heer von Mitarbeitern heranzuziehen, schlug Jonathan nur Alarm und verwirrte die schläfrige Herde. Schafe wollen mit Wölfen nichts zu tun haben. Sie grasen viel lieber friedlich auf der Weide.

Die Männer vom Ältestenrat fühlten sich einfach nicht berufen, kleinen Kindern zu dienen. Da wollten sie doch schon lieber über den Haushalt debattieren, Evangelisationsseminare planen und Sitzungen abhalten, die dem eigenen Ego so guttun, wo alles so positiv ist und man sich ständig gegenseitig Führungsqualität und Geistlichkeit bescheinigt.

Jonathan erreichte nicht viel, dadurch, daß er in einem Anfall gerechtfertigter Niedergeschlagenheit Schuld auf die anderen lud. Er war ohne Befehl und Salbung seines Oberkommandierenden in die Schlacht gezogen.

Am Ende hat dann aber doch noch etwas geholfen. Es war das Gebet.

Das Problem mit dem Kinderprogramm begann sich zu klären, als Jonathan anfing, mit aller Hingabe jeden Morgen für die Kinder seiner Gemeinde zu beten.

Der Herr schickte eine Gruppe von Frauen, die sich der Fürbitte anschlossen. Sie bestürmten den Herrn, die richtigen Mitarbeiter zu schicken, dort das Gewissen anzurühren, wo es möglich war, die Herzen der Kinder weit zu machen und die Kinder für die Frauen und Männer der Gemeinde zu einem Hauptanliegen zu machen.

Wie sah das Ergebnis aus? Ganz spontan fing eine größere Gruppe von Männern in der Gemeinde an, mit den Kindern zu arbeiten. Die Teilnehmerzahl in den Kindergruppen explodierte. Und der Gottesdienstbesuch ging dadurch einem neuen Höhepunkt entgegen. Gemeindekinder brachten andere Kinder mit, die noch in keiner Kirche gewesen waren. Und diese kamen wieder mit Eltern, Geschwistern, Onkel, Tanten, Schulfreunden und Großeltern. Natürlich gab es immer noch Probleme, doch am Ende gehörte dem Herrn der Sieg.

Wäre das Problem aber überhaupt durch Gebet gelöst worden, wenn nicht vorher jemand dagewesen wäre, der Alarm geschlagen hat?

SCHLAGT ALARM!

Singen Sie auch manchmal den wunderschönen Chorus »Hallelujah«? Es ist jener schlichte, sanfte Favorit unter den Gemeindeliedern, der nur aus dem einen Wort »Hallelujah« besteht, das sieben- oder achtmal wiederholt wird und zu einer sanften, andachtsvollen Melodie gesungen wird.

Wissen Sie eigentlich, wer es geschrieben hat?

Eine Geschichte erzählt, daß eine Gruppe katholischer Schwestern in Ohio zu einer Gebetsversammlung zusammengetroffen war und daß ihnen das Lied während einer Zeit spontanen Lobpreises direkt aus dem Herzen kam.

Jedoch auch ein lieber Christ aus New York erzählt davon, daß er Tag und Nacht darum bat, vom Herrn »ein neues Lied« geschenkt zu bekommen. Und dann ist ihm, wie er berichtet, mitten auf der Autobahn dieser bekannte Chorus im Geist gekommen.

Man sollte es nicht meinen, aber über den Ursprung dieses Liedes gibt es tatsächlich verschiedene Berichte. Bill und Gloria Gaither haben es dann in eines ihrer wunderschönen Musicals hineingearbeitet. Die Aufnahme wurde millionenfach verkauft, und es soll das erste christliche Album sein, das eine Goldene Schallplatte erhielt.

Wahr ist, daß jemand ganz anderes die Urheberrechte besitzt. Und der erzählt eine noch auferbauendere Geschichte, wie es zur Komposition dieses Liedes kam. Nach all dem, was ich an Geschichten gehört habe, kann ich mich nur wundern, wie unser himmlischer Vater auf wunderbare Art dafür gesorgt hat, daß sich dieses Lied wie ein Lauffeuer unter seinem Volk verbreitet hat.

Das Lied erreichte überall Brüder und Schwestern im Herrn und brachte Heilung und Frieden mit und ein neues Verlangen nach seiner Anbetung in Ehrfurcht und Heiligkeit.

Es entspricht also ganz und gar der Botschaft Gottes an sein Volk durch die Geschichte hindurch. Viele hören Gottes Stimme; bei manchen wird die Zunge gelöst; andere harren aus und werden dann mit Freude erfüllt, wenn sie jenes Wort – Hallelujah – hören, das sie zusammen mit anderen Männern und Frauen anstimmen.

Doch manchmal lautet die Botschaft auch, daß die Trompete zu blasen sei, auch wenn der Ruf zur Schlacht so gar nichts Auferbauendes und zur Selbstverwirklichung Beitragendes an sich hat.

Ich habe dieses Buch geschrieben, weil ich davon überzeugt bin, daß es gilt, den Kindern Gottes von heute eine Reihe von dringenden Warnungen zu übermitteln. All das liegt mir brennend auf dem Herzen, aber ich muß mit Gottes Weisheit und in seinem Zeitplan schreiben. Sonst werden Sie als Leser gar nicht wahrnehmen, was der Herr ausgesprochen haben will und was er nach meiner Überzeugung bereits zu den Herzen von Kanzeln und durch andere Bücher überall in der Welt sagen läßt.

Ich möchte nicht, daß dieses Buch schockiert. Ich möchte aber, daß Sie wissen: es sind 3000 Menschen, die dafür beten, daß die wahre Botschaft auf den noch verbleibenden ca. 150 Seiten auch gehört wird und eine Bestätigung dessen ist, was Sie bereits woanders gehört haben. Ich bebe innerlich vor Furcht bei dem Gedanken, einige von Ihnen könnten meinen, dies sei ein weiteres christliches Buch, das Sie das Fürchten lehren will und das vor der Verschwörung des Schreckens durch den Menschen warnt.

Nein, ich will einfach darauf vertrauen, daß Sie mich nicht mißverstehen werden. Vielleicht hilft es, wenn wir alle zusammen – Sie, meine Verleger und ich – gemeinsam dieses ernste Anliegen vor den Herrn bringen:

Vater, mach mir Herz, Augen und Geist weit für Nickys schlichte Botschaft. Er ist nur ein Mensch. Er findet nicht immer die passenden Worte. Und seine Verleger machen auch nicht immer alles richtig. Doch durch die Kraft deines stärkenden Geistes hilf mir zu verstehen. In Jesu Namen. Amen.

Warum haben wir solch ein Gebet hier überhaupt eingefügt? In Psalm 127,1 lesen wir folgende Warnung: »Wenn der Herr nicht die Stadt behütet, so wacht der Wächter umsonst.« Das heißt also, daß ohne Fürbitte und ohne Suche nach dem Willen des Herrn im Gebet der Alarm nicht gehört wird, und in der Herde entsteht nur Verwirrung.

Es ist schon Tradition im Volk Gottes, daß es seine Propheten steinigt. Und der Verderber fährt mit seinem Angriff fort, ohne auf Widerstand zu stoßen. Wenn Sie nicht mit Hingabe auf den Knien beten, können Sie nur mäßigen Erfolg mit Ihrem Alarmruf ernten; vielleicht scheitern Sie sogar völlig. Der Gebetskämpfer trägt irdische Dinge hinauf in himmlische Sphären. Die Schlacht ist weit mehr als ein Kampf unter Menschen von Fleisch und Blut. Engelheere treten auf den Plan. Und der Herr schließt sich dem Kampf zwischen Gut und Böse an. Und wissen Sie auch, wer immer gewinnt? Es ist der wahre Beherrscher des Universums, unser Gott. Zu oft meinen wir, das Gebet sei eine zu einfache Lösung. Es ist ja so schnell getan und eigentlich gar nichts Besonderes. Doch es kann durchaus harte Arbeit bedeuten – eine Tatsache, die viele von uns gar nicht wahrhaben wollen. Da nehmen wir die Dinge doch schon viel lieber in unsere eigenen menschlichen Hände. Wir stürzen uns in irdischen Aktionismus, wo wir eigentlich auf unseren Knien verharren sollten. Nun stellt sich aber die Frage, wie wir denn Alarm schlagen sollen?

In 4. Mose 13,27-14,9 werden uns zwei Arten vorgestellt, wie man warnen kann: Die zehn israelitischen Kundschafter, die voller Zweifel waren, äußerten sich auf die eine Weise, während die zwei glaubensstarken Spione, Josua und Kaleb, einen ganz anderen Weg einschlugen.

Vielleicht erinnern Sie sich: Mose hatte sie alle ins Verheißene Land vorausgeschickt, damit sie auskundschaften sollten, was vor ihnen lag.

Hier zunächst der Bericht der zehn:

Wir sind in das Land gekommen, in das ihr uns sandtet; es fließt wirklich Milch und Honig darin, und dies sind seine Früchte. Aber stark ist das Volk, das darin wohnt, und die Städte sind befestigt und sehr groß; und wir sahen dort auch Anaks Söhne. Es wohnen die Amalekiter im Südland, die Hetiter und Jebusiter und Amoriter wohnen auf dem Gebirge, die Kanaaniter aber wohnen am Meer und am Jordan.

Und nun lesen wir, wie der Mitkundschafter Kaleb sich äußerte:

Laßt uns hinaufziehen und das Land einnehmen, denn wir können es überwältigen.

Aber da wandten die anderen Kundschafter mit Nachdruck ein:

Wir vermögen nicht hinaufzuziehen gegen dies Volk, denn sie sind uns zu stark. Das Land, durch das wir gegangen sind, um es zu erkunden, frißt seine Bewohner, und alles Volk, das wir darin sahen, sind Leute von großer Länge. Wir sahen dort auch Riesen, Anaks Söhne aus dem Geschlecht der Riesen, und wir waren in unseren Augen wie Heuschrecken und waren es auch in ihren Augen.

Worauf Kaleb und Josua zornig erwiderten:

Das Land, das wir durchzogen haben, um es zu erkunden, ist sehr gut. Wenn der HERR uns gnädig ist, so wird er uns in dies Land bringen und es uns geben, ein Land, darin Milch und Honig fließt. Fallt nur nicht ab von dem HERRN und fürchtet euch vor dem Volk dieses Landes nicht, denn wir wollen sie wie Brot auffressen. Es ist ihr Schutz von ihnen gewichen, der HERR aber ist mit uns. Fürchtet euch nicht vor ihnen.

Haben Josua und Kaleb etwa die Schwierigkeiten verdrängt? Nein. Sie erkannten zwar an, daß vor ihnen eine gewaltige Herausforderung lag, aber sie lieferten gleich einen Plan, wie man vorzugehen hätte. Sie wiesen auf die Stärke des Herrn hin und auch auf sein Gebot, das Land einzunehmen, und sie taten alles, um den anderen die Furcht zu nehmen.

Ich meine, daß dies die Art ist, wie auch wir mit Problemen umgehen sollten. Und das ist es auch, was ich mit diesem Buch zu erreichen versuche. Wir müssen zum Handeln aufrufen, aber dabei immer die Lösungswege des Herrn suchen und diese zusammen mit unserer Darlegung des Problems vorbringen. Wir sind keine große Hilfe, wenn wir selbst auch noch zusätzlich ein Teil des Problems werden. Wollen wir nicht lieber ein Teil der Lösung sein?

Wie aber das? Bevor wir etwas in Angriff nehmen, müssen wir den Herrn suchen und auf seine Anweisungen hören, und die können ganz unterschiedlich aussehen: Mal ist es das sanfte Pochen an die Herzenstür, mal die innere Gewißheit im Geist, mal die klare Erlaubnis loszugehen und mal die besänftigende Mahnung zur Geduld.

Der Herr kennt schon Entwicklungen, die uns selbst oft noch verborgen sind. Und er durchschaut, was Menschen sich noch so klug ausdenken. Vertrauen wir ihm also. Warten wir, bis er sich äußert, ob wir eilends ins Verheißene Land aufbrechen sollen oder ob wir mit äußerster Vorsicht vorzugehen haben, weil sich das, womit wir es zu tun bekommen, möglicherweise als etwas anderes entpuppt, als wir zuvor noch meinten.

REDEN WIR NOCH IN WEISHEIT UND LIEBE?

Fernsehüberwachungskameras schwenken hin und her und überschauen den hellerleuchteten Saal der Korrespondenzabteilung eines christlichen Werkes. Tausende von Briefen werden in Windeseile geschickt geöffnet und die Geldscheine daraus entfernt. Über Transportbänder gelangen Umschläge und Briefe in einen anderen Raum. Dort sitzen Mitarbeiter an Bildschirmen, nehmen sich Briefe vom Förderband und drücken entsprechende Tasten an ihrem Computer, um »persönliche« Antwortschreiben zu produzieren.

Da kommt vielleicht ein Brief von einer gewissen Familie Horowitz, John und Jane, die um Heilung für Amy bittet. Die Schreibkraft tippt die Namen der Familie Horowitz ein, dann das Wort »Heilung«. Nun liest sie den Brief noch einmal durch, findet aber keinen Hinweis darauf, wer Amy ist. Die Mitarbeiterin gibt deshalb statt des Verwandtschaftsgrades den neutralen Begriff: »die Sie lieb haben« und das Geschlecht »weiblich« ein. Dann folgt noch der Name Amy, und schon kommt der nächste Brief an die Reihe.

Gleichzeitig spuckt der leistungsstarke Computer des Glaubenswerkes Tausende von Briefen aus. Mitten in diesem Stapel befindet sich der »persönliche« Brief an Mr. und Mrs. Horowitz, einer von tausend anderen, die dadurch entstanden sind, daß eine Schreibkraft für wenige Augenblicke die eingehenden Briefe überfliegt.

Liebe Glaubenspartner John und Jane Horowitz,

meine geliebte Frau und ich freuen uns, Ihren so netten Brief heute hier in unserem internationalen Gebetszimmer vorgefunden zu haben. Amy ist uns zu einem echten Anliegen geworden. Unser Glaubenswerk ruht auf so treuen Freunden, wie Sie es sind, auf Menschen, auf die wir uns mit unserem großen finanziellen Bedarf verlassen können. Ich habe zu meiner Frau gesagt: Jesus sei Dank für Menschen wie die Familie Horowitz, und Jesus sei Dank, daß wir für Ihre Amy beten dürfen.
Ich möchte einfach, daß Sie wissen: meine Frau und ich haben den Herrn gebeten, doch auf wunderbare Weise die zu heilen, die Sie lieb haben, ja, unsere inbrünstigen Gebete für Amy zu erhören. So treten wir also vor den Thron des Allmächtigen:
Herr, du kennst die Situation von Amy. Im Glauben sprechen wir Heilung in Amys Leben. Heilung, Herr, im Namen Jesu von Nazareth. Amen und noch einmal Amen.
Bevor ich schließe, möchte ich Ihnen noch etwas mitteilen: Während ich so für Amy betete, spürte ich plötzlich, daß der Herr mir mit ganzer Entschiedenheit etwas aufs Herz legte: Sie werden teilhaben an dem großen Wunder, daß 12 Millionen Dollar für unsere neue Fernsehstation zusammenkommen. Der Herr sagt Ihnen, daß Sie mindestens 100 Dollar spenden sollen, auch wenn das Opfer groß sein wird. Die Verheißung ist jedenfalls wunderbar. Sind denn nicht die Felder weiß zur Ernte? Ich weiß einfach, daß ich auch diesmal – wie so viele Male zuvor – auf Ihre Treue rechnen kann. Der Herr sei gepriesen für Freunde wie die Familie Horowitz.

In seinem Dienst Ihre Freunde und Partner . . .

Wenn Sie solche Briefe schon erhalten haben, dann haben Sie wahrscheinlich schon geahnt, daß hier irgend etwas nicht stimmt. Aber ist es denn falsch, wenn ein Evangelist vorgibt, Ihr guter Brieffreund zu sein? Ist etwas Sündiges daran, wenn er Ihnen weismacht, er bete über Ihre Nöte, wenn er tatsächlich Ihren Brief überhaupt nicht zu Gesicht bekommt? Sollten Sie oder ich uns gegen etwas aussprechen, was wir für Betrug halten?

Ist es recht, wenn solch ein geistlicher Lehrer – weil er meint, der gute Zweck heilige die Mittel – Ihnen erzählt, während er gebetet habe, habe ihm der Herr einen bestimmten Geldbetrag eingegeben, den Sie schicken sollen, obwohl er doch in Wirklichkeit überhaupt nicht für Sie gebetet und der Herr auch nicht zu ihm gesprochen hat?

Was sagt die Bibel dazu?

Betrachten Sie einmal das Wort von Paulus an die Gemeinde in Korinth zu den Briefen, die er ihnen zuvor geschrieben hatte.

> Denn das ist unser Ruhm – und dafür zeugt auch unser Gewissen –, daß wir in dieser Welt, vor allem euch gegenüber, in der Aufrichtigkeit und Lauterkeit, wie Gott sie schenkt, gehandelt haben, nicht aufgrund menschlicher Weisheit, sondern aufgrund göttlicher Gnade. Und wenn wir euch schreiben, meinen wir nichts anderes, als was ihr lest und versteht (2. Kor. 1,12-13).

Gewissen – Aufrichtigkeit – Lauterkeit – wie Gott sie schenkt – wir meinen nichts anderes! Es steht nichts zwischen den Zeilen.

Nehmen Sie sich nun noch einmal den Computerbrief vor. Wie Sie feststellen werden, ist er von vorn bis hinten eine einzige schlimme Lüge.

Aber das ist noch nicht alles. Der Prediger, der solche Briefe verschickt, tritt im Fernsehen auf und erzählt den Zuschauern, daß er und seine Frau zu jedem einzelnen Brief beten! Liebe Freunde, schon bei meinem vergleichsweise bescheidenen Glaubenswerk kann ich nicht so tun, als sei ich in der Lage, alle eingehende Post selbst zu lesen. Ich habe eine gute, gläubige Mannschaft, die alles liest. Oft genug übergeben sie mir dann schon Briefe, die meine besondere Aufmerksamkeit erfordern. Aber wenn ich einen Brief versende, der eine persönliche Botschaft oder einen Rat oder eine Ermunterung enthält, dann können Sie sicher sein, daß ich persönlich dahinterstehe!

Ich weiß, es betrübt Sie, wenn Sie solche Lügenbriefe bei guten, allzu vertrauensseligen Freunden auf dem Couchtisch liegen sehen, die gar nicht argwöhnen, daß solch ein Schreiben eine Scharlatanerie ist.

Ich bin sicher, daß wir alle treue Spender kennen, die tatsächlich glauben, sie seien persönliche Freunde oder wöchentliche Briefpartner von Leuten, die solche Briefe verschicken. Sie gehen davon aus, daß ihre persönlichen Nöte ein tägliches Gebetsanliegen für den Evangelisten, seine Frau und die internationale Mannschaft ist.

Ich habe tatsächlich schon gesehen, daß solche schamlosen, vom Computer zusammengestellten und unterschriebenen Briefe gerahmt an der Wand hingen und einen hochgeschätzten Besitz darstellten.

Wie sollen wir uns da verhalten? Offen gesagt, ich mache eher selten den Mund auf und sage solchen Spendern die Wahrheit. Es wäre für sie ein harter Schlag, wenn sie erführen, daß das Ganze eine große Lüge ist. Das wäre zu schmerzlich. So etwas ist und bleibt eine Abscheulichkeit, die direkt aus der Hölle kommt, ein Gaukelspiel, das raffinierter eingefädelt ist, als es sich Werbeprofis ausdenken könnten. Es ist Lug und Trug!

Das Ganze hat aber noch eine andere schlimme Seite: Einer dieser Evangelisten wird regelmäßig von seinen sogenannten »Brieffreunden« in der Erwartung aufgesucht, daß er Zeit mit ihnen verbringt.

Weil er aber ein so vielbeschäftigter Diener am Evangelium ist, hat er es sich zum Prinzip gemacht, niemanden vorzulassen. Ich weiß das, weil in den Lokalblättern hin und wieder herzzerreißende Geschichten von solchen Vorfällen erscheinen. Ich erinnere mich da an eine Großmutter aus Taiwan, die jeden Pfennig beiseite gelegt hatte, um ihr Gebetsanliegen schließlich persönlich vorbringen zu können. Doch dieser Mann war nicht bereit, sie zu empfangen, selbst als der Vorfall in der örtlichen Presse ziemlich viel Staub aufwirbelte. Seine Antwort darauf war, daß er sich nichts von den ungläubigen Medien diktieren lasse.

Und was ist zu der dreisten Lüge zu sagen, daß beim Gebet für Amys Heilung dem Evangelisten von Gott mitgeteilt worden sei, diese Leute sollten 100 Dollar schicken?

Abertausende von Briefen dieser Art werden verschickt, gedruckt vom Computer. Hat der Herr etwa dem Computer während der Gebetszeit gesagt, der Spender solle 100 Dollar schicken?

Natürlich nicht! Wie könnte der Herr ein Glaubenswerk weiterhin segnen, das auf solchen Lügen aufgebaut ist? Einige Werke haben so ausgeklügelte EDV-Anlagen, daß die einmal eingegangenen Spenden jedes einzelnen genauestens erfaßt werden, so daß der Computer für jeden »Partner« einen optimalen Spendenaufruf erstellen kann.

Ich kenne ein Ehepaar, das fleißig 500 Dollar für die Reparatur der Veranda vor dem Haus zusammengespart hatte. Dann aber bekamen die beiden einen Brief von ihrem bevorzugten Computer-Brieffreund. Von ihm erfuhren sie, daß der Herr ihm aufs Herz gelegt habe, sie sollten doch 1000 Dollar schicken. Die guten Leute waren wie vor den Kopf geschlagen. Sie hätten sich die restlichen 500 Dollar leihen müssen. Aber sie wagten es auch nicht, einem Wort des Herrn ungehorsam zu sein!

Wie oft sind Sie schon von einem offensichtlich unehrlichen Spendenaufruf unangenehm berührt gewesen? Und wie oft haben Sie dem Absender geschrieben, daß Sie keinen Pfennig mehr spenden würden, weil Sie dieses oder jenes Problem mit seinen Methoden, mit seiner Botschaft oder mit seinem Lebensstil hätten? Wahrscheinlich haben Sie es noch nie getan.

Sind Sie überhaupt im Recht, wenn Sie solchen Kapriolen eine Absage erteilen? Jesus jedenfalls rügte ständig die religiösen Blender seiner Tage.

> Seht euch vor vor den Schriftgelehrten, die gern in langen Gewändern gehen und lassen sich auf dem Markt grüßen und sitzen gern obenan in den Synagogen und am Tisch beim Mahl; sie fressen die Häuser der Witwen und verrichten zum Schein lange Gebete. Die werden ein um so härteres Urteil empfangen (Mk. 12,38-40).

> Ihr seid's, die ihr euch selbst rechtfertigt vor den Menschen; aber Gott kennt euer Herz; denn das, was hoch ist bei den Menschen, das ist ein Greuel vor Gott (Lk. 16,15).

Warum sollten Sie denen schreiben, die Sie so aufdringlich um Geld bitten?

Sie werden es kaum glauben, aber nur ungefähr 1 % der Angeschriebenen rührt sich überhaupt. Die anderen 99 % übergehen die Briefe ganz. Wie wäre es also, wenn Sie und ich ein kurzes, freundliches Schreiben aufsetzen und darin erklären würden, warum wir nichts spenden, aber dafür unseren Bruder oder unsere Schwester im täglichen Gebet ausführlich berücksichtigen? Ich bin davon überzeugt, daß viele dieser Glaubenswerke im Laufe der Zeit ihr Vorgehen überdenken würden. Vielleicht werden sie die Briefe nicht zur Kenntnis nehmen, aber Gott wird sich dafür um die Gebete kümmern.

Viele dieser »dringenden« Appelle an die Spendenfreudigkeit werden von beauftragten Spezialisten ausgearbeitet. Dies sind Werbeagenturen, in denen man stolz darauf ist, Werbung zu entwickeln, die äußerst wirksam die Spender »angelt«. Ich habe erlebt, daß die »Durststrecke« nur vorgetäuscht war, weil viele Christen heute nur noch auf Notlagen reagieren. Wie ich schon sagte, werden die Aufrufe in dem Wissen versandt, daß nur 1% der Empfänger antwortet. Doch mit diesem einen Prozent kommt genug Geld herein, um die Unmenge von Sendungen zu bezahlen; und dann bleibt immer noch genug übrig.

Einige dieser Glaubenswerke haben keine Probleme mehr mit zu geringer Resonanz. Sie erfreuen sich eines Rücklaufs von 4 %. Die der Direktwerbung entlehnte Methode des Geldeintreibens ist reine Kalkulation: Man gibt 20000 Dollar für den Versand von 100000 Briefen aus. 1 % – das sind 1000 Leute – antworten mit Spenden von durchschnittlich 30 Dollar. Und damit ist die Kampagne schon ein Erfolg. Es sind 10000 Dollar mehr eingegangen, als man zu Anfang investiert hat.

Ich möchte es also noch einmal wiederholen: Wenn Sie wieder einmal solch einen aufdringlichen Appell zum Geldspenden erhalten, dann schreiben Sie einen Brief, in dem Sie erklären, warum Sie sich von Sendungen wie diesen unangenehm berührt fühlen. Sollten Sie spenden? Gehen Sie damit zum Herrn. Fragen Sie den Vater. Es ist letztlich sein Geld. Alles, was wir besitzen, gehört ja im Grunde genommen dem Herrn unseres Lebens. Ich versuche, dies in meinem eigenen Leben zu praktizieren, auch wenn das gar nicht immer so einfach ist.

Schreiben Sie in Liebe und nicht verurteilend. Lassen Sie unsere Geschwister wissen, daß wir uns um sie sorgen und daß es unser gemeinsames Anliegen ist, die Schafe zu weiden und eine verlorene Welt zu erreichen. Dann, ohne zu vergessen, wie sanft und geduldig Christus mit Ihnen umgeht, bringen Sie Ihr Anliegen vor. Geben Sie die passenden Bibelstellen weiter.

Beten Sie noch einmal über dem Brief, bevor Sie ihn abschicken. Beten Sie, daß er die richtige Person erreichen möge und nicht als Zuschrift eines Querulanten abgetan wird. Wenn Gott die Israeliten 40 Jahre lang durch die Wüste führen konnte, dann kann er auch Ihren Brief in die richtigen Hände gelangen lassen.

DIE VERFÜHRUNG DURCH DAS HORROR-EVANGELIUM

Mein Bruder im Herrn David Wilkerson wurde neulich von Gott beauftragt, zu einem prominenten Evangelisten hinzugehen und ihn zu warnen, er solle sich von seinem Posten zurückziehen und Zeit allein mit dem Herrn verbringen. Der Evangelist hielt nun Dave entgegen, seine Verpflichtungen ließen das gar nicht zu. Wilkerson war betrübt und wiederholte, daß dies ein Wort vom Herrn gewesen sei. Nicht er, Dave, sei der Meinung gewesen, daß es gesagt werden sollte.

Wenige Wochen später war dieser Evangelist Gesprächsthema in allen Nachrichtensendungen und in allen Zeitungen, lächerlich gemacht von Karikaturisten. Gedemütigt trat er nun ab von seinem erhabenen Posten, so wie Wilkerson es ihm im Grunde als Auftrag vom Herrn schon nahegelegt hatte. Doch nun war es nicht mehr seine eigene, freie Entscheidung. Es ist eben schändlich, wenn wir von unserem persönlichen Nathan ein Wort hören und uns weigern, ihm zu gehorchen.

Es nimmt ein schlimmes Ende, wenn wir anfangen zu glauben, wir seien Gottes wichtigster Verkünder, dem alles anvertraut ist und der Großes für Gott aus eigener Kraft vollbringt. Dann nämlich zieht sich der Herr von uns zurück.

Wenn Gott seinen Propheten schickt, um uns zu warnen, dann müssen wir uns die Botschaft im Gebet zu Herzen nehmen. Wir müssen uns vor dem Herrn demütigen, seine Führung und Wegweisung suchen. Gott hat in jedem von uns angelegt, was ich als eine Warnanlage bezeichnen möchte. Wir sind seine Schafe, und seine Schafe kennen seine Stimme.

Doch Satan verführt uns mit dem Applaus, mit dem Ruhm und dem Lob von Menschen, bis wir meinen, wir könnten nun nichts mehr falsch machen.

So geschah es mit einem anderen der großen Evangelisten, der ebenfalls fiel. Menschen, die ihn gut kannten, erzählten mir, daß er tatsächlich davon überzeugt war, nichts mehr falsch machen zu können. Als er dann in eine sexuelle Falle geriet, tat er die Sache mit einem Lachen ab. Er war doch der Gesalbte Gottes, so meinte er. Konnte ihm denn das Böse etwas anhaben? Doch er hat sich geirrt.

Wenn einem Pastor die Leute wegbleiben, dann wird er entweder um so entschlossener sein, den Herrn zu suchen, oder er gibt der Versuchung nach, von sich aus ansprechendere Themen auszusuchen, die die Leute hören wollen. Wenn das geschieht, dann zieht der Herr meiner Meinung nach den Segen von einem Glaubenswerk zurück. Die Salbung bleibt vielleicht auf dem Leben des Pastors. Er behält die Gaben. Aber seine Predigten und sein ganzer Dienst werden kraftlos.

Was geschieht, wenn ein Pastor versucht, Salbung nur vorzuspielen? Was passiert, wenn ihm der Herr nicht mehr das Wort zur Verkündigung gibt oder ihm die Menschen nicht mehr zuträgt? Wie schnell ist man dann versucht, die Dinge selbst in die Hand zu nehmen – die Werbetrommel zu rühren, Frohsinn zu produzieren und die Leute hinters Licht zu führen.

Da bist du plötzlich ein gewiefter Geschichtenerzähler, der mit abgedroschenen Botschaften aus zweiter Hand aufwartet und sie zur Pointe seiner ach so dramatischen Geschichtchen macht. Du wirst zum christlichen Komiker, über den sich alle kaputtlachen, der aber den Menschen nichts mehr zu sagen hat.

Dann ist plötzlich die Finanzlage angespannt. Peinliche Sünden kommen ans Tageslicht. Doch du fängst an, die arglose Masse zur Selbstgerechtigkeit zu manipulieren: »Gott liebt dich, wie du bist! Du bist schließlich seine Schöpfung, und da hat er doch keine Fehler gemacht. Sei wieder mehr zufrieden mit dir! Ich mag dich so, und Gott doch auch.«

Du fängst an, ihnen falsche Sühnewege aus ihren Sünden zu weisen: »Gott wird noch heute in deinem Leben alles in Ordnung bringen, wenn du nur einen Glaubenssamen säst und mir am besten gleich deine Einzugsermächtigung fürs Konto schickst.«

Dann erregst du die Gemüter mit der Schreckensmeldung der Woche: »Habt ihr schon gehört, daß der Rundfunkrat (der FCC in den USA) überall im Land die christlichen Sendeanstalten schließen wird, wenn die Leute dort nicht durch Eingaben von Christen überschüttet werden?« Das ist bei uns das Lieblingsgerücht von so manchem Schmalspurerweckungsprediger.

Solche Berichte sind frei erfunden. Und doch haben in den letzten 12 Jahren 20 Millionen Eingaben den FCC geradezu überflutet. Das Gerücht wird offensichtlich von einer gewissen Organisation in Texas immer wieder neu belebt und so lanciert, daß die einschlägigen Alarmschreier und naive Christen in regelmäßigen Abständen damit erreicht werden und es an die gläubige Masse weitergeben. Die Atheisten lachen sich dann ins Fäustchen darüber, wie dumm die Christen wieder dastehen.

Rechnen Sie einmal aus, wieviel Porto ausgegeben worden ist. Dann begreifen Sie, daß die Christen von gewissen Pastoren dazu angestachelt wurden, mindestens 4 Millionen Dollar damit zu vergeuden, etwas aufzuhalten, was es gar nicht gibt. Tatsache ist, daß diese Behörde gar nicht die Absicht hat, religiöse Programme an der Ausstrahlung zu hindern. Und selbst wenn diese abenteuerliche Vorstellung wahr wäre, so würde schon der erste Artikel der amerikanischen Verfassung so etwas verbieten, wie der Sprecher der FCC, John Kamp, der Nachrichtenagentur Associated Press gegenüber äußerte.

Was ist von den Horrorgeschichten zu halten, daß sowohl eine bekannte Hamburger-Ladenkette als auch ein großer Haushaltsartikelkonzern sich im Besitz von Satanisten befindet? Nichts davon ist wahr. Aber es ist eben so schön schaurig, davon zu berichten.

Was soll man von der Behauptung halten, daß die Strich-Codes, die man neuerdings auf Lebensmittelpackungen findet, Zeichen des Tieres sind? Heute noch weigern sich viele christliche Verleger, daß diese Zeichen auf ihren Produkten angebracht werden, allerdings nicht so sehr, weil sie selbst annehmen, die Strich-Codes seien dämonisch, sondern weil sie nicht Gefahr laufen wollen, von den christlichen Profis mit den erhobenen Zeigefingern angeschwärzt zu werden, denn vor deren Angstkampagnen ist man nirgends sicher auf dieser Erde.

Was soll man dazu sagen, wenn viele schon Angst haben, Gottes Zeichen für Noah, den Regenbogen, irgendwo zu verwenden? Verschiedene Buchautoren haben nämlich erklärt, daß jeder, der das himmlische Zeichen für Gottes Verheißung benutzt, ein Geheimagent des New Age sei. Ich übertreibe hier keineswegs.

Der absurde Gedanke dahinter ist, daß Leute des New Age, die sich in den Gemeinden versteckt halten, sich gegenseitig mit diesem Geheimzeichen des Regenbogens zu erkennen geben. Folglich ist jeder, der irgendwo einen entsprechenden Sticker mit dem Regenbogen und der Aufschrift »Gott liebt dich!« angebracht hat, wahrscheinlich ein verkappter Hindu, Zauberer oder sonst irgendein Monster, nur darauf aus, in der Kinderstunde Yoga zu unterrichten, Öko-Kost im Gemeindesouterrain zu verkaufen und christliche Musik mit dämonischem Backwardmasking zu versehen.

Das ist absurd. Aber wenn ein Pastor oder Fernsehevangelist korrumpiert wird, weil er gierig ist nach Applaus und Bewunderung, nach millionenfacher Anbetung, nach Ruhm, Macht und Lob der Menschen, wenn er ein Superstar sein will, dann läßt man die unglaublichsten Absurditäten von ihm als Botschaften des Herrn durchgehen.

Mit der Versuchung, halbwahre Horrorgemälde auszumalen, fängt es an. Schlimmer noch ist aber, daß die Botschaft von Gottes Liebe und Erlösungskraft dabei in Mitleidenschaft gezogen, verdreht und vergessen wird.

Ich glaube, daß, wenn der Herr eine Botschaft auf Ihr Herz legt, er auch für die Umstände sorgen wird, damit sie ihre ausersehenen Zuhörer erreicht. Was ist denn, wenn der Rubel fürs große Evangelisieren nicht rollt? Dann hat der Herr vielleicht ganz etwas anderes für Sie – wo Sie nicht mehr im Rampenlicht stehen.

Vielleicht ein Pastorat am Ort. Vielleicht einen Dienst an den Entwurzelten der Straße. Vielleicht eine Arbeitsstelle in der

Welt, um ein Zeugnis für die Kollegen zu sein. Vielleicht ist aber auch eine Zeit der Ruhe angesagt – ein vollständiger Rückzug aus einem aktiven, energisch vorangetriebenen Dienst – für eine Weile.

Sind denn emotionale Spendenaufrufe nicht entscheidend für den Erfolg eines Glaubenswerkes? Nein! Sie sind vielmehr ein Symptom dafür, daß der Leiter des Werkes ernste geistliche Probleme hat, derer er sich annehmen muß, bevor er versucht wird, andere menschliche Techniken auszuprobieren, um eine Zuhörerschaft bei der Stange zu halten und ihre Gebefreudigkeit zu bewahren.

Aber wir können nicht so tun, als wenn es so etwas nicht schon längst gegeben hätte. Wir haben es da noch immer mit einem Problem zu tun, und wir müssen etwas dagegen unternehmen.

Wenn wir es nicht tun, dann tun es die anderen. Wer sind aber die anderen?

Sie haben es sicher schon bemerkt: Das Fernsehen gibt sich nicht mehr nur damit zufrieden, uns unsere Kinder mit Sex, Gewalt, Rebellion und Magie abspenstig zu machen. Nun geht es auch noch daran, unsere Tempel einzureißen und unsere gar nicht so unschuldigen Leiter ins Exil zu schicken. Die Regenbogenpresse mit ihrer Gerüchteküche ist Jacky Onassis, Patty Hearst und all der Seriensternchen überdrüssig. Nun hat sie herausgefunden, daß die Sünden der Heiligen auf großes Interesse beim Leser stoßen.

Aber selbst die bürgerliche Presse empört sich und heischt nach Pulitzer-Preisen, weil sie, schockierend im Detail, aufdeckt, daß dieser oder jener Mann Gottes mit einem gewaltigen christlichen Dienst ein Heuchler ist, der sich den Zehnten unter den Nagel reißt und anstößige Sünden begeht.

Warum muß denn aber ausgerechnet die Presse unser Haus in Ordnung bringen? Weil die Christen die Hände in den Schoß legen! Wenn uns Sünde vor die Augen kam, haben wir schnell weggeschaut und nach Entschuldigungen für die gesucht, die wir geliebt und denen wir vertraut haben.

Der Herr hat also die Abendnachrichten dazu benutzt, um zu erledigen, was eigentlich unsere Aufgabe gewesen wäre. Anstatt unsere Geschwister zur Rede zu stellen und sie damit vor der Schmach und Schande zu bewahren, von Ungläubigen bloßgestellt zu werden, haben wir uns die Augen zugehalten.

Wir haben nichts gegen die Sünde in unserer Mitte unternommen. Gott hat zu unseren Herzen geredet, daß etwas nicht stimmt, aber wir haben Augen und Ohren verschlossen und so getan, als sei da nichts, was unseren Geist zutiefst betrübt.

In unserem Ungehorsam wollten wir uns auch noch behaglich fühlen. Disziplin oder gar Heiligkeit waren uns egal. Mit unserem Segne-mich-Egoismus haben wir die Propheten nicht hören wollen, die uns dazu aufforderten, mit unserem Vater hinaus in die Wüste zu gehen. Immer haben wir Entschuldigungen gefunden für zweifelhafte Effekthaschereien, wenn es darum ging, Geld einzutreiben.

Wir haben nichts sehen wollen und wir haben geschwiegen, als Gott uns drängte, ein Nathan und ein Elia zu sein. Wir haben gewartet, gewartet und die Zeit verstreichen lassen.

Und dann hat Gott die Babylonier unserer Tage geschickt, daß sie einfallen und unsere jungen Männer in die Gefangenschaft wegführen. Unsere Sünde war zu einem so üblen Geruch für unseren Herrn geworden, daß er sogar die spottenden, niemand mehr verantwortlich scheinenden, humanistischen Gerüchtemacher gebrauchen mußte, um die Götzendiener, Huren und Geldwechsler hinauszuwerfen, die seinen heiligen Tempel zu einer Farce gemacht hatten.

»Das ist ganz schön harter Tobak, Nicky«, denken Sie jetzt vielleicht bei sich.

Das stimmt. Aber als das alte Israel sich weigerte, zu Gott zurückzukehren, da wurde es den bösartigen Babyloniern gestattet, einzudringen und die Städte zu plündern, Gottes Tempel in Schutt und Asche zu legen und die Klügsten und Besten zu verschleppen. Lesen Sie einmal das Buch Daniel. Die edelsten und gläubigsten jungen Männer Israels wurden von einer der gräßlichsten Zivilisationen, die je die Menschheit geschändet haben, gefangengenommen. Nicht bevor sein Volk vor ihm auf die Knie fiel und Buße tat, wies der Herr die Eindringlinge wieder aus dem Land, also erst, als Israel seine Götzen umstieß, sich vom Bösen abwandte und wieder seine Wege ging.

Auch heute will der Herr einen reinen und starken Leib seiner Gläubigen. Nicht einen Augenblick glaube ich, daß all die kürzlich in der Presse aufgetauchten Skandale das Werk Satans waren, um gute Menschen zu vernichten. Ich glaube eher, daß der Herr einige Schmierfinken in den Nachrichtenmedien dazu benutzt hat, eben jene Aufgabe zu erfüllen, die schon den durchtriebenen Königen von Babylon, Assyrien und Persien übertragen wurde, nämlich das Volk Gottes zu züchtigen.

Was können wir tun? Wir müssen zur Schlichtheit der Botschaft Jesu zurückkehren. Der Herr hat uns den Auftrag gegeben, in die Welt hinauszugehen und Rehabilitationszentren des Heiligen Geistes zu errichten – Orte der geistlichen Heilung und Wiederherstellung.

»Aber Nicky«, so protestieren Sie vielleicht, »du hast viel zuviel Mitleid mit den Wölfen, die die Schafe der Gemeinde umschleichen. Satans verdorbene Engel haben Jagdzeit in unseren Weiden. Es ist doch höchste Zeit, daß wir die Bösen brandmarken, die Heuchler vertreiben und die falschen Propheten mit Schimpf und Schande fortschicken, daß sie sich nicht mehr erheben.«

Nun, was sagt uns die Bibel, wie wir vorzugehen haben? Wie sollen wir das Böse aus unserer Mitte entfernen?

DAS BÖSE BLOSSSTELLEN

Mary war schon früh zur Zeitung gekommen. Als junge Hilfskraft in einer Redaktion hatte sie hin und wieder Gelegenheit, kurze Artikel zu schreiben. Eines Tages gab man ihr den Zeitungsausschnitt eines anderen Blattes, in dem ein bekannter Arzt des Ortes so zitiert wurde, als billige er Sterbehilfe für unheilbar kranke Patienten.

In dem Bestreben, ihre schriftstellerischen Fähigkeiten unter Beweis zu stellen, schrieb meine Bekannte diesen Artikel für ihre Zeitschrift um. Stolz brachte sie ihr Werk dem Chef, einem immer etwas kurz angebundenen Lokalredakteur.

Eine Viertelstunde später ließ er das Mädchen zu sich kommen. »Ziemlich gut geschrieben«, sagte der Redakteur. »Was hat dieser Arzt denn zu Ihnen gesagt?« »Ich habe ihn ja gar nicht angerufen«, erwiderte Mary. »Ich habe nur den anderen Artikel umgeschrieben. Er war gut gemacht.« »Hm«, brummt der Redakteur, »dafür habe ich ihn dann angerufen. Gleich morgen früh wird er die andere Zeitung verklagen. Er bestreitet nämlich, so etwas je gesagt zu haben.«

Die Mitarbeiterin war verblüfft. Sie hatte die Hintergründe gar nicht überprüft. Und sie hätte beinahe ihre Zeitung in einen unerfreulichen Rechtsstreit verwickelt. Glücklicherweise hatte sie einen Chef, der das richtige Gespür hatte, als er zum Telefon griff und nur ein paar entscheidende Fragen stellte. Es schien doch immerhin recht unwahrscheinlich zu sein, daß ein so bekannter Arzt solche Aussagen machen würde.

Warum kann denn die Kirche nicht wenigstens diese Grundregel der glaubensfernen Nachrichtenmedien übernehmen? Viele christliche Warnrufer lassen wichtige Schritte aus. Mit ihrer Unbesonnenheit kommt ihnen gar nicht mehr der Gedanke, wie notwendig es ist, die biblischen Richtlinien für das Anklagen der Brüder zu beachten.

Doch Jesus gab uns klare biblische Schritte vor, wie wir einen sündigenden Christ zurechtzuweisen haben. Der Ankläger muß die Begegnung mit dem beschuldigten Bruder suchen, um möglichst herauszufinden, ob Sünde tatsächlich begangen wird oder ob er, der Ankläger, nur falsch informiert ist oder sich gar irrt. Und genau das ist in vielen der so gern gelesenen Bücher geschehen. Da wird freihändig aus der Hüfte geschossen, ohne einmal nachzuprüfen, ob von dem Beschuldigten eine schriftliche Stellungnahme vorliegt.

Ich weiß von einem Buchmanuskript, in dem ein Pastor aufgrund eines Zeitungsartikels über ein Radiointerview namentlich beschuldigt wurde.

So etwas ist kaum zu glauben. Aber fragen wir doch einmal, ob der Autor den Pastor wenigstens angerufen und ihn gefragt hat, ob er denn in der nichtchristlichen Presse richtig zitiert worden sei. Das ist nicht geschehen!

Hat der Autor den Pastor gefragt, ob das Zitat auch im richtigen Zusammenhang gebracht wurde und auch noch seiner derzeitigen Meinung entspreche? Nein! Hat der Schreiber dem Pastor wenigstens das Recht eingeräumt, seinen Standpunkt persönlich darzulegen? Auch das ist nicht geschehen. Man hat sich nicht untereinander verständigt. Der Pastor bekam die Beschuldigung erst zu Gesicht, als sie schon gedruckt vorlag.

Als man einmal einen christlichen Verleger wegen solcher Nachlässigkeiten in der Praxis bei der Herausgabe eines Buches zur Rede stellte, antwortete dieser, es wisse doch jedes Kind, daß der Betreffende tatsächlich schuldig sei.

Wer ist »jedes Kind«? Haben denn unsere christlichen Leiter nicht dieselben Rechte wie gewöhnliche Kriminelle, nämlich dem Ankläger gegenübergestellt zu werden und für unschuldig zu gelten, solange die Schuld noch nicht bewiesen ist?

Eine christliche Gruppe, die in jenem Buch angegriffen wurde, war ein international tätiges Glaubenswerk für die Hungernden in der Welt. Von dessen Leiter behauptete man, er gebrauche Ausdrücke der New-Age-Okkultisten. Nachdem das Buch erschienen war, ging das Spendenaufkommen drastisch zurück. Da nutzte es auch nichts, daß der Leiter unter Tränen jede Verbindung zum New Age abstritt und vorbrachte, er habe sich nicht mehr zuschulden kommen lassen, als in einem Zeitungsartikel über den Hunger vom »Weltendorf«, vom »Raumschiff *Erde*« und vom »Netzwerk« zu sprechen.

Ist das nicht eine Tragödie? Und dazu ist es nur gekommen, weil Männer und Frauen Gottes nicht imstande waren, bestimmte Umgangsformen einzuhalten.

Was müssen wir suchen, wenn wir einem Bruder etwas vorzuwerfen haben? Das Gespräch unter vier Augen, das niemand mitbekommt. Wenn der Beschuldigte sich nicht ändert, dann sollen wir jemand anderes hinzuziehen und ihn nochmals zur Rede stellen. Wenn auch das nichts bewirkt, dann sollen wir die Angelegenheit vor die Gemeinde am Ort bringen.

Warum aber all dieser Umstand? Weil immer die Möglichkeit besteht, daß Sie oder ich falsche und verantwortungslose Anschuldigungen vorbringen. Beide Seiten müssen also erst einmal unter vier Augen die Standpunkte abklären, bevor man in aller Öffentlichkeit aufeinander schießt. Nehmen wir den Dienst für die Hungernden. Als das Buch voller Anklagen ein Bestseller wurde, war dies niederschmetternd für all die freiwilligen Helfer und Mitarbeiter. Wie konnte denn jemand, der auch nur einen Funken geistlicher Unterscheidungsfähigkeit besaß, glauben, daß der Gebrauch von typischen Begiffen des New Age durch ihren Leiter beweise, ihr angesehener Dienst am Nächsten geschehe im Bund mit Satan?

Selbstverständlich war dies kein Beweis. Wenn Sie oder ich von der »Umverteilung des Wohlstandes« sprechen, sind wir dann gleich kommunistische Gleichmacher, die alles daransetzen, die Kirche zu zerstören und ein weltweites Wirtschaftssystem einzuführen?

Natürlich nicht! Wie töricht, so etwas gleich anzunehmen. Jener Leiter hatte diese Begriffe deshalb gebraucht, weil sie so eingängig sind, und er ahnte nicht, daß sie für einige Leute anstößig klingen könnten. Es war also nicht so, daß er eine jahrelang gepflegte konservative Herzenshaltung einfach über Bord geworfen hatte und nun ein Sozi mit dem Parteibuch in der Tasche geworden war, der nur darauf wartete, ein Flugzeug entführen zu können.

Einem angesehenen christlichen Glaubenswerk wurde enormer Schaden zugefügt, weil ein Buchautor es versäumt hatte, die Gebote unseres Herrn zu befolgen. Bis heute hat man nicht um Vergebung gebeten, und das Buch wird immer noch in Tausenden von Exemplaren verkauft, so daß der Schaden nur noch zunimmt.

Es muß aufhören, daß wir Christen uns gegenseitig das Messer in den Rücken stoßen. Sie und ich, wir müssen aufpassen, daß wir nicht schuld daran haben, wenn Gerüchte in Umlauf gesetzt werden. Kaufen Sie einfach nicht die Bücher, die über Menschen herziehen. Unterstützen Sie die Leute nicht mehr finanziell, die immer nur mit Fingern auf andere zeigen. Stehen Sie auf und verlassen Sie Veranstaltungen, auf denen Christen anfangen, andere Christen als Übeltäter aufzuzählen. Wenn man Sie zur Rede stellt, dann zitieren Sie Galater 6,1-2:

> Liebe Brüder, wenn ein Mensch etwa von einer Verfehlung ereilt wird, so helft ihm wieder zurecht mit sanftmütigem Geist, ihr, die ihr geistlich seid; und sieh auf dich selbst, daß du nicht auch versucht werdest. Einer trage des andern Last, so werdet ihr das Gesetz Christi erfüllen. Denn wenn jemand meint, er sei etwas, obwohl er doch nichts ist, der betrügt sich selbst.

Halten Sie mit Ihrer Mißbilligung nicht hinter dem Berg, aber nehmen Sie an keiner Schlammschlacht teil. Das gilt besonders heute, da die spottenden, gottlosen Medien nur darauf warten, die aktuellsten Wortgefechte in dem von ihnen so bezeichneten »Heiligen Krieg« haarklein aufzuzeichnen. Wenn wir nur daran denken, wie die Presse sich über Jim und Tammy Bakker und Jerry Falwell lustig gemacht hat, besonders am Anfang, als es noch so aussah, als wenn mit Jimmy Swaggart, Pat Boone, John Ankerburg und James Robinson die ganze Assemblies of God (eine Pfingstkirche in den USA) in den Schmutz gezogen werden könnte.

Dann mußten wir das Ganze noch einmal durchstehen, als ein Bruder, dem ein anderer zu nahegetreten war, die Kette von Ereignissen auslöste, die zur Demütigung Jimmy Swaggarts führte. Wissen Sie, was nach meiner Meinung das Schlimmste daran war? Daß Gottes Leiter nichts Besseres zu tun hatten, als sich wortgewandt gegenseitig im Fernsehen den Kopf zu waschen. Wer wurde denn in Wahrheit dabei zutiefst entwürdigt? Das war doch unser Herr.

Vielleicht erinnern Sie sich noch, wie die Medien sich ins Fäustchen lachten über Jimmy Carters Eingeständnis, er habe sich nach anderen Frauen umgesehen, wie sie sich über Pat Robertson freuten, weil er vor seiner Bekehrung zu Jesus gar nicht so keusch gelebt hatte. Sie hatten ihren Spaß, weil Ronald Reagan glaubte, die Schlacht von Hamagedon werde tatsächlich stattfinden. Und dann betrieb er auch noch Astrologie, nachdem er sich christlich engagiert hatte.

Sehen Sie doch, wie gern die Medien über Pastoren in allen Einzelheiten berichten, die sexueller Sünden überführt wurden. In den Zeitungen werden die Schandtaten jedes Priesters ausgebreitet, der jemand unsittlich belästigt hat, und jedes Pastors, den man beim Ehebruch ertappt hat. Mit Hohn und Spott führt uns die Presse diese Beispiele vor Augen, die angeblich dafür stehen, daß das Christentum doch nicht funktioniert und Männer Gottes widerliche Heuchler sind.

Wir müssen peinlichst darauf achten, keine Anklagen gegen Brüder in die gnadenlose Arena der veröffentlichten Meinung gelangen zu lassen. Wenn wir unter uns sind, müssen wir die Sünde zwar aufdecken, aber dabei haben wir uns an Gottes klare Regeln zu halten. Warum? Weil wir uns allzuleicht irren können, wenn wir hinter vorgehaltener Hand Klage erheben und mit dem Finger auf andere deuten. Wir müssen also sehr umsichtig sein, besonders wenn wir die Warnung in Sprüche 6,16-19 beherzigen wollen:

> Diese sechs Dinge haßt der HERR, diese sieben sind ihm ein Greuel: stolze Augen, falsche Zunge, Hände, die unschuldiges

Blut vergießen, ein Herz, das arge Ränke schmiedet, Füße, die behende sind, Schaden zu tun, ein falscher Zeuge, der freche Lügen redet, und wer Hader zwischen Brüdern anrichtet.

Ohne Ausnahme ist es uns untersagt, selbst über den schlecht zu reden, der Gebote übertreten hat. Schlecht über andere zu reden, wird hier mit Mord und Hurerei gleichgesetzt. Lesen Sie dazu Römer 1,28:

> Und wie sie es für nichts geachtet haben, Gott zu erkennen, hat sie Gott dahingegeben in verkehrten Sinn, so daß sie tun, was nicht recht ist, voll von aller Ungerechtigkeit, Schlechtigkeit, Habgier, Bosheit, voll Neid, Mord, Hader, List, Niedertracht; Zuträger, Verleumder . . .

Sehen wir also zu, daß wir nicht schuldig werden, weil wir uns einfach immer nur zurücklehnen und andere kritisieren. Geschwister, in dieser Richtung haben wir keine freie Wahl. Römer 14,10-13 sagt es klipp und klar:

> Du aber, was richtest du deinen Bruder? Oder du, was verachtest du deinen Bruder? Wir werden alle vor den Richterstuhl Gottes gestellt werden. Denn es steht geschrieben (Jesaja 45,23): »So wahr ich lebe, spricht der Herr, mir sollen sich alle Knie beugen, und alle Zungen sollen Gott bekennen.« So wird nun jeder von uns für sich selbst Gott Rechenschaft geben. Darum laßt uns nicht mehr einer den andern richten; sondern richtet vielmehr darauf euren Sinn, daß niemand seinem Bruder einen Anstoß oder Ärgernis bereite.

Wie leicht ist es doch, ein Pharisäer zu werden – andere zu verlachen, anklagend mit dem Finger auf sie zu deuten und mißbilligend den Kopf zu schütteln. Doch wir – Sie und ich – sollen es anders machen: wir sollen den, der Unrecht tut, persönlich zur Rede stellen.

Wir können dieses Problem nicht einfach so außer acht lassen. Noch haben wir Christen Zeit, unser Haus in Ordnung zu bringen. Natürlich sind wir besorgt, daß die Kirche so kränkelt. Gute und schlechte Ärzte haben den Patienten schon untersucht und festgestellt, daß er intensiver Pflege bedarf. Was können wir aber konkret tun?

Indem wir die Hände in den Schoß legen, kapitulieren wir vor Satans Schlichen. Da sagen wir dann einfach, unser Gott könne ja doch nicht die Herzen unserer Geschwister wandeln oder die Scheuklappen von ihren Augen entfernen oder irgend etwas gegen den allgemeinen Niedergang unternehmen. Aber das ist doch einfach nicht wahr.

Wenn Ihnen das Briefeschreiben als Meinungsäußerung nun aber nicht liegt? Wie wäre es dann mit Fasten?

»Aber Nicky«, halten Sie mir vielleicht entgegen, »mein Pastor sagt immer, das Fasten sei für Zeiten der Trauer und Niedergeschlagenheit, wenn alles andere versagt hat.«

Lieber Freund, sehen Sie sich doch einmal um, was für eine Ansammlung von geistlichen Zwergen unsere Kirche ist, die von sich eingenommen sind, sich in den Haaren liegen, sich gegenseitig schlecht machen, nur an sich denken und Gesetzeshüter ohne Disziplin sind. Sie wollen gefüttert werden, aber Fleisch wollen sie nicht haben. Dafür schreit man nach Milch!

Es ist Zeit, daß wir beten. Es ist Zeit, daß wir fasten. Es ist Zeit, daß wir den geistlichen Krieg erklären.

»Nun mal langsam, Nicky«, sagen Sie jetzt vielleicht. »Ich liebe meine Gemeinde aber. Dort bekomme ich nämlich meine wöchentliche Portion geistlicher Ermutigung. Und genau dort bekomme ich auch die Gemeinschaft, die ich so nötig habe. Ich mag meinen Pastor. Durch seine Lehre fange ich ganz allmählich an, etwas tiefer in die Dinge Gottes hineinzuschauen. Es kann doch nicht alles so schlecht sein, wie du es hier darstellst.«

Hören Sie nicht auf, in Ihre Gemeinde zu gehen. Auch ich habe eine sehr feine Gemeinde am Ort. Ich lerne dort immer wieder Neues und habe Gemeinschaft mit Geschwistern, ohne die mein Leben tatsächlich leer wäre. Ich glaube einfach, daß wir Evangelisten ganz schön in Schwierigkeiten geraten können, wenn wir nicht unter der Autorität eines anderen stehen, wenn uns der geistliche Rückhalt von Geschwistern fehlt und wenn wir versuchen, wie geistliche Supermänner zu funktionieren, die nur Gott Rechenschaft schuldig sind.

Ich selbst habe mich meinem Pastor Don Steiger untergeordnet. Und ich bin dankbar für das, was er mir immer wieder für mein Leben zu geben hat. Auch wenn ich meinen Dienst nicht auf bestimmte Gruppen oder Denominationen beschränke, halte ich doch meine Verbindungen zu den Assemblies of God aufrecht, und ich schätze es, von dort meine Legitimation erhalten zu haben, denn dieser Bund legt hohe Maßstäbe an seine Pastoren und Evangelisten.

Verstehen Sie mich also bitte nicht falsch. Die eigene Gemeinde ist lebensnotwendig. Ihr Gemeindebesuch ist ein Muß für Sie, wenn Sie gehorsam sein wollen und wenn Sie sich zu einem reifen Christen entwickeln wollen. Durch die Gemeinschaft untereinander werden wir Christen stark in der Liebe unseres Herrn. Und mitten im gemeinschaftlichen Lobpreis erleben wir machtvoll seine Gegenwart unter uns.

Achten Sie aber darauf, daß Ihre Zufriedenheit mit den Segnungen Sie nicht davon abhält, ein geistlicher Kämpfer zu sein. Es ist Zeit, daß wir unsere christliche Waffenrüstung anlegen und in die Schlacht ziehen! Und wie sollen wir das tun? Indem wir zunächst einmal auf die Knie gehen.

Ja, es ist Zeit für jeden von uns, auf die Mißstände in unseren Reihen acht zu haben. Wir können nicht einfach mehr wegschauen. Doch der Sünde müssen wir uns nach Gottes Art annehmen. Geschwister, beten wir für jene christlichen Leiter, die es für gering erachten, sich zeitraubenden Pflichten zu stellen, wenn es vielleicht darum geht, einen öffentlichen Vertreter oder einen wohlbekannten Leiter, der das Vertrauen einer großen Zahl von Menschen mißbraucht hat, unter vier Augen zur Rede zu stellen und eventuell einen anderen Bruder hinzuzuziehen.

»Dagegen muß etwas unternommen werden!« sagt man dann. »Es muß schnell gehandelt werden.« Die Bibel, so heißt es, erwarte gar nicht, daß der Gläubige einen öffentlichen Quertreiber zuerst im Privatgespräch zur Rede stellt, dann einen anderen Christen mit einbezieht und schließlich vor die Gemeinde geht. Diese Regel gelte nur für Probleme zwischen einzelnen Christen. Doch damit bin ich gar nicht einverstanden.

Einem Problem auf den Grund zu gehen, muß nicht immer heißen, für üble Nachrede ein Ohr zu haben. Wenn der Jugendleiter Ihrer Gemeinde glaubt, die Tochter des Zweitpastors stehle das Opfer der Kinderstunde, dann ist es nicht verkehrt, hier der Sache auf den Grund zu gehen. Die Beschuldigte und der Ankläger müssen Rede und Antwort stehen, und es müssen alle Umstände untersucht werden, bevor irgendwelche Vorwürfe laut werden. Derjenige, der etwas angestellt hat, muß auch die Gelegenheit haben, im kleinsten Kreis die Vorwürfe zu hören und dafür Buße zu tun. Denn, wie jedermann weiß, führt nicht jeder geäußerte Verdacht auch zu einem Nachweis der Schuld. Manchmal ist der Angeklagte völlig unschuldig. Wenn Schuld aber vorliegt und darauf ernstgemeinte Buße im kleinen Kreis folgt, dann ist es Aufgabe des Leiters, die Herde durch mäßigenden Einfluß vor einem um sich greifenden Schaden zu bewahren.

Doch auch die Gesetze und Regeln, die wir Menschen uns gemacht haben, dürfen nicht außer acht gelassen werden. Man würde uns jederzeit Pflichtvergessenheit nachweisen und uns für den möglichen Schaden verantwortlich machen, wenn wir es einem bußfertigen Triebtäter erlauben würden, Kinder zu betreuen, oder jemandem, der schon Geld unterschlagen hat, gestatten würden, als Schatzmeister der Gemeinde tätig zu sein, oder wenn wir einen anderen, der nach Führerscheinentzug gerade wieder fahren kann, den Bus für den Seniorentransport fahren ließen.

Wenn wir etwas Unerfreuliches in Erfahrung gebracht haben, sollten wir es dann anderen Gläubigen berichten? Ja, aber nur, wenn wir uns zuvor an Jesu Regeln gehalten haben. Und das wird ohnehin oft genug den Schritt in die Öffentlichkeit unnötig machen. So müssen wir es gar nicht erst dazu kommen lassen, daß die Spatzen etwas von den Dächern pfeifen. Es wird uns langfristig aber auch erspart bleiben, wie Jeremia die große Verdorbenheit eines ganzen Volkes zu beklagen.

SEID ZORNIG, ABER SÜNDIGT NICHT

Jeremia war ein Mann mit gebrochenem Herzen, weil er so viel Verdorbenheit bei denen sah, die eigentlich dazu berufen waren, Gottes Volk zu leiten. Der Egoismus und die offenkundige Sündigkeit unter den Geistlichen seiner Tage machte ihm so sehr zu schaffen, daß er sich wie ein Betrunkener kaum mehr in der Gewalt hatte:

> Wider die Propheten. Mein Herz will mir in meinem Leibe brechen, alle meine Gebeine zittern; mir ist wie einem trunkenen Mann und wie einem, der vom Wein taumelt . . . Denn Propheten wie Priester sind ruchlos; auch in meinem Hause finde ich ihre Bosheit, spricht der HERR (Jer. 23,9.11).

Während die feindlichen Armeen sich schon den Toren nähern, muß er feststellen: ». . . aber bei den Propheten zu Jerusalem sehe ich Greuel, wie sie ehebrechen und mit Lügen umgehen . . .« Das ist sein Aufschrei. Die Prediger wurden sexueller Übertretungen überführt und von Außenstehenden gebrandmarkt. Der Herr wurde also auch noch von Ungläubigen verächtlich gemacht. Die Bekehrten überkamen Zweifel und Ernüchterung. Die Gerüchtemacher aber waren hocherfreut, wenn ein Skandal mit allen seinen unappetitlichen Einzelheiten immer weitere Kreise zog.

> ... (wie sie, die Propheten) die Boshaften stärken, auf daß sich ja niemand bekehre von seiner Bosheit (Jer. 23,14).

Hat Jeremia aber Geduld und Vergebungsbereitschaft solchen verdorbenen geistlichen Leitern gegenüber gepredigt? Lesen Sie selbst:

> Sie sind alle vor mir gleichwie Sodom und die Bürger Jerusalems wie Gomorra ...; denn von den Propheten Jerusalems geht das ruchlose Wesen aus ins ganze Land (Jer. 23,14-15).

Ist dies ein Freibrief für gerechten Zorn? Ich war einmal sehr erbost über einen christlichen Bruder, von dem ich annahm, er habe absichtlich meinem Dienst Schaden dadurch zugefügt, daß er, wie ich meinte, unsere Spendengelder veruntreut hatte. Ich war in einer ausgesprochen unangenehmen Lage. Ich konnte doch kaum vor die Leute treten, die uns unterstützten, und ihnen die Tatsache verkünden, daß wir hinter meinem Rücken inzwischen hoch verschuldet waren.

Ich weinte. Ich zog mich mit Depressionen innerlich zurück. Ich dachte an gerichtliche Schritte. Vor dem Herrn beklagte ich mich laut über diese Ungerechtigkeit. Ich wollte einfach nicht vergeben. War ich damit aber im Recht? Keineswegs.

Wie sollte ich mich aber diesem Bruder gegenüber verhalten, der mir so Unrecht getan hatte? Fast hätte ich zu lange gewartet. Nahezu zwei Jahre lang hielt ich mich mit immer stärker werdenden Depressionen auf. Und dabei bat ich Gott inständig, er möge doch einschreiten und mich aus dieser Zwickmühle befreien. Doch statt dessen zeigte mir der Herr, daß ich vergeben müsse, und er richtete meine Aufmerksamkeit wieder auf die Dinge des Lebens und fort vom Tod.

Doch was geschah, als ich gehorsam war und die Bitterkeit, die ich gepflegt hatte, endlich losließ? Was passierte, als ich meinen Blick auf Jesus richtete, statt auf das Versagen von Menschen?

Gott brachte auf seine wunderwirkende Weise unsere Finanzen wieder in Ordnung. Heute haben wir bei niemandem mehr Schulden. Er stellte meinen Seelenfrieden wieder her. Ich lernte, daß ich nicht der einzige Christ war, der Mühe damit hatte, seinen Blick allein auf Jesus zu richten und nicht auch auf Menschen. Unablässig bitten mich die Menschen, für ihre innere Heilung zu beten, für Aufrichtung in der Krise oder für den Schutz vor Satan in ihrem Leben.

Ich habe es gelernt, statt sofort mit dem Gebet anzufangen, erst einmal nachzufragen, ob sie Bitterkeit mit sich herumtragen. Man staunt immer wieder, was für häßliche Dinge dabei an die Oberfläche kommen. Inzwischen weiß ich, daß es vollkommen sinnlos ist, für jemandes Heilung zu beten, wenn er sich weigert zu vergeben. Diese mangelnde Bereitschaft gibt Satan eine Handhabe, in ihr Leben einzudringen, und damit wird normalerweise alles gefährdet, was den Menschen lieb und teuer ist – die Familienbande, die berufliche Laufbahn, der geistliche Dienst und das seelische und körperliche Wohlergehen. Vergebung muß bedingungslos sein. Dann wird sich Gott auch als treu erweisen in Ihren Verletzungen und Nöten. Er wird Heilung schenken.

Wird er aber auch Gerechtigkeit geschehen lassen? Das ist nicht unser Problem. Sie sind nicht der Richter. Ich bin es auch nicht. Nur Gott allein kann unvoreingenommen richten.

Er hat verheißen, in den letzten Tagen Hirten mit dem Herzen und mit den Eigenschaften eines Davids einzusetzen: bußfertig, gottesfürchtig und nach seiner Heiligkeit eifernd. Wenn Sie sich einmal umschauen, dann werden Sie feststellen, daß Gott wahre Hirten hat. Es sind nur wenige an der Zahl, und die meisten wirken im Verborgenen. Aber es sind Leute, die nicht ihr Mäntelchen nach dem Wind hängen. Sie kümmern sich so eingehend um ihre Herde, daß sie sie auch tatsächlich zur Buße rufen können.

Sie tun, was sie predigen, und sind erhaben über das, was so verführerisch ist – Ruhm, Anerkennung, Beifall und die Anbetung von Menschen.

CHRISTLICHE WUNDER-SHOWS?

Simon, der Zauberer, versuchte, die übernatürlichen Kräfte unseres Herrn mit seiner eigenen Darstellungskunst zu mischen, um die Salbung nachzuahmen, die er bei den Jüngern beobachtete. Wie Sie sich erinnern werden, wies Petrus ihn nachdrücklich in die Schranken (Apg. 8,9-25).

Oft hört man heute, wie Freunde und Geschwister sich darüber unterhalten, daß sie wieder einmal ein paar hundert Kilometer weit zu Pastor Mayers oder Krauses Großevangelisation fahren wollen, um sich dort ansehen zu können, wie Kranke geheilt werden. Ich denke gerade an ein paar Frauen, die kürzlich von einer Großveranstaltung in New Orleans zurückkehrten, wo sie nach eigenem Bericht die Auferstehung einer toten Frau beobachten konnten.

»Da gehe ich nächstes Jahr bestimmt wieder hin«, verkündete eine von ihnen.

Neulich sah ich in einer Zeitschrift die Anzeige für einen großen Kongreß. »Jeden Abend Zeichen und Wunder«, kündigte die Überschrift an. Darunter war zu lesen, daß ich für nur 139 Dollar – Übernachtung nicht inbegriffen – teilnehmen und »Gottes Wunder erleben« könne.

Aber einen Augenblick mal! Da verkaufen wir Eintrittskarten, damit andere Gottes Wirken sehen können? Was ist denn, wenn er durch solch eine öffentliche Zurschaustellung beleidigt wird und sich deshalb entschließt, seine Souveränität durch

Stillschweigen unter Beweis zu stellen? Bekommt dann jeder sein Geld zurück?

Was ist, wenn es nur kleine Wunder gibt? Erhält man dann wenigstens teilweise seine Unkosten erstattet? Das hört sich vielleicht spaßig an, es ist aber doch ganz ernst gemeint. Die Tage der christlichen Superstars sind gezählt. Was wir heute brauchen, ist eine Rückbesinnung auf die Frömmigkeit der Apostelgeschichte. Der Herr ruft uns zur Heiligkeit.

Doch ein Wort als Mahnung: Dieser Ruf zur Heiligkeit will uns nicht gesetzlich machen. Er ist nicht die Aufforderung, noch mehr Gesetze, Regeln und Vorschriften zu beachten. Der Ruf zur Heiligkeit fordert uns zur engen Zweisamkeit mit Gott auf. Das bedeutet, eine Liebesbeziehung zum Schöpfer alles Seienden aufzunehmen – ihn so zu umwerben, wir er uns umwirbt, und ihm alle Aufmerksamkeit zu schenken, wie er es umgekehrt auch tut. Wenn wir uns dieser Aufforderung stellen, dann werden wir uns Gott in Anbetungshaltung nähern können, ohne etwas verbergen zu müssen. Heiligkeit ist nicht etwas, was wir durch menschliche Anstrengungen erreichen können.

Um es mit den Worten meines Pastors Don Steiger zu sagen: Frucht der Heiligkeit ist Gehorsamkeit, aber die Heiligkeit selbst ist eine Gabe Gottes.

Ein Pastor befand sich einmal in einer Zwangslage. Seine Gemeinde brauchte einen neuen Klavierspieler für den Gottesdienst am Sonntagmorgen.

Es war eine Gemeinde mittlerer Größe, in der man freudig und gefühlsbetont pries und anbetete. Der Chorleiter ließ sich jeweils vom Augenblick leiten und brauchte deshalb einen engagierten Begleiter, der mit ihm Schritt halten konnte.

Es gab aber niemand in der Gemeinde, der dieser Aufgabe gewachsen war. Mehrere junge Leute versuchten sich zwar, doch entweder konnten sie wunderbar klassisch spielen oder nur nach Gehör. Beides beherrschte niemand. Und niemand war so geschult, daß er mit dem Leiter der musikalischen Arbeit Schritt halten konnte.

Schließlich fand der Pastor dann doch noch eine Kandidatin – eine nette junge Frau aus einer viel liberaleren Gemeinde etwas weiter unten in der Straße. Ihr Pastor hatte sie empfohlen, besonders weil sie eine so feine geistliche Haltung hatte und bereit war, dem Herrn zu folgen.

So wurde der Musik-Ausschuß an einem Sonntagnachmittag zusammengerufen. Die Klavierspielerin war jung, sympathisch und talentiert. Aber, was noch wichtiger war, sie liebte Jesus von ganzem Herzen.

Und dann spielte sie auch noch wunderschön. Der Pastor dankte ihr und bat sie, in seinem Büro zu warten, während man im Ausschuß die Entscheidung treffen würde. Dieser Ausschuß setzte sich zusammen aus dem Leiter der musikalischen Arbeit, dem Chorleiter, der Vorsitzenden der Frauenarbeit und dem Vorsitzenden des Ältestenrats. Für einen Augenblick schwiegen alle. Dann sagte der Chorleiter: »Gratuliere, Pastor, ich glaube, du hast das große Los gezogen. Sie wird sich wohl noch etwas an unsere Art der Anbetung gewöhnen müssen.« Und dabei nickte er zustimmend. »Doch ich meine, sie wird sich schnell einleben.«

Der Pastor wandte sich nun an die Vorsitzende der Frauenarbeit, die wir Edna nennen wollen. Sie schaute finster drein, und Empörung war ihr anzusehen. Das hatte niemand erwartet.

»Also ehrlich, Pastor«, fauchte sie, »ich bin schockiert.« Der Pastor schrak zurück. »Ich bin entsetzt darüber, daß du diese Frau überhaupt vorgeschlagen hast«, ereiferte sich Edna in ihrem, wie sie fühlte, gerechten Zorn. »Sie trägt die Haare so kurz geschnitten. Dabei sagt die Bibel doch, daß die Frau ihr Haar lang zu tragen hat. Ich meine doch, daß jemand, den wir einladen, vorn am Altar zu dienen, nicht so eindeutig im Ungehorsam leben sollte. Gerade wo selbst in unserer Gemeinde nur noch verhältnismäßig wenige Frauen dieser bestimmten Stelle genug Beachtung schenken!«

Der Pastor nickte nachdenklich. Er versuchte, sich diese Bibelstelle ins Gedächtnis zu rufen, aber es gelang ihm nicht. War es nicht im ersten oder zweiten Thessalonicherbrief? Der musikalische Leiter räusperte sich. Er war offensichtlich drauf und dran, etwas zu sagen, was alle hinterher bedauert hätten.

Der Pastor schnitt ihm deshalb das Wort ab. »Edna, jetzt möchte ich doch mal wissen, ob ich dich richtig verstehe.« Dabei setzte er sein gewinnendstes Lächeln auf. »Du meinst, ihr Haar ist zu kurz für ihr Klavierspiel?« »Ganz genau«, erwiderte Edna barsch. »Aber Edna«, mischte sich der Chorleiter ein, »ich habe es mit eigenen Augen gesehen: sie hat mit ihren Händen Klavier gespielt und nicht mit den Haaren.«

Sogar Edna konnte sich nun eines Lächelns nicht erwehren. Später an diesem Abend gab sie dann doch nach und stimmte für die Anstellung jener Pianistin. Natürlich bemühte sie sich schon innerhalb der ersten Woche, mit der jungen Frau ins Gespräch zu kommen, um über das Thema »Haarlänge« zu diskutieren.

Das eigentliche Problem war natürlich nicht das Haar. Es ging um Heiligkeit und um das, was die Leute dafür halten. Heiligkeit ist das klar auszumachende Zeichen, die Signatur Gottes in unserem Leben. In ihr drückt sich aus, daß Gott uns ausgesondert und uns in seinen Dienst berufen hat. Doch mit den Augen allein kann sie niemals ganz erfaßt werden.

Wenn uns Tränen der Reue kommen, dann ist dies noch lange nicht Heiligkeit. Aber auch das lange Haar einer Frau ist nicht Heiligkeit, noch ist es, wie wir es in den siebzigern lernten, der kurze Haarschnitt beim Mann.

Weil wir menschlich sind, werden wir niemals jene Vollkommenheit erlangen, wie Jesus sie uns vorgelebt hat. Und doch wird Gott uns stärken, daß wir im Gehorsam in Richtung Heiligkeit vorwärtsstreben. Wir müssen uns nur an ihn wenden.

Schauen wir uns doch um, was mit unserer Gesellschaft und mit unseren Gemeinden passiert, wenn wir das nicht mehr tun. Ich bin voller Zorn, wenn ich mir unsere Gesellschaft ansehe, die solches Streben verachtet und über die Vorstellung eines Gottes spottet, der uns beständig schützt, versorgt, lehrt und leitet.

Sehen wir doch nur, wohin es ohne ihn führt! Wir haben unsere Gottesfurcht verloren! Aber ist das denn so wichtig? Ganz bestimmt. Denn mit Furcht ist Respekt und Ehrerbietung gemeint. Und gehorsam sind wir vielleicht gerade noch, weil uns ein Leben ohne seine Segnungen nur noch trostloser erscheinen würde.

Nehmen Sie doch einmal Ihre Bibel zur Hand und gehen Sie die folgenden Schriftstellen durch:

- Sprüche 10,27 – Eine gesunde Gottesfurcht ist lebensverlängernd.
- Sprüche 15,16 – Gottesfurcht bedeutet Zufriedenheit.
- Sprüche 16,6 – Gottesfurcht hilft sündige Angewohnheiten zu überwinden.
- Sprüche 22,4 – Gottesfurcht bringt Wohlstand und Ehre!
- Psalm 5,7 – Gottesfurcht gibt Freiheit zu Lobpreis und Anbetung.
- Psalm 25,14 – Demjenigen, der Gott fürchtet, werden die Geheimnisse des Herrn kundgetan.
- Psalm 34,7-10 – Gottes Schutz ist bei denen, die ihn fürchten.
- Psalm 60,4 – Wahrhaftigkeit wird im Leben jener sichtbar werden, die den Herrn fürchten.
- Psalm 103,13 – Die den Herrn fürchten, werden seine Barmherzigkeit erfahren.
- Psalm 147,11 – Der Herr hat Freude an denen, die ihn fürchten.

Was aber geschieht ohne Gottesfurcht? Es entsteht eine Gesellschaft, die Amok läuft – ein jeder tut nach eigenem Gutdünken. Das ist die Lebensart unserer Tage. Und was kommt dabei heraus?

In einer weltlichen Zeitschrift las ich in der Rubrik »Buchvorstellungen« von einem »großartigen« Bestseller, der vor sexuellen Anspielungen nur so strotzte. Der Rezensent nannte das Erstlingswerk jenes Autors ein »süßes Arrangement der Anstößigkeit«. Dieses Buch voll sexueller Perversionen, das sich ausgiebig über Alkoholmißbrauch und Drogenkonsum ausläßt, werde, so prophezeite er, als Filmfassung ein Kassenschlager werden.

Geschwister, was passiert da mit uns?

Natürlich trat genau das ein, was von dem Buch gesagt worden war – es wurde verfilmt. Später las ich in einem Nachrichtenmagazin, daß eine der Herausgeberinnen eingeladen worden war, bei den Aufnahmen für die Filmversion zuzuschauen. Nach ihrem Besuch im Filmstudio sagte sie: »In den zehn Tagen bei den Aufnahmen habe ich mehr vulgäre Ausdrücke gehört als in den vier Jahren an der Universität.«

Das sind die Dinge, die geschehen, wenn eine aus den Fugen geratene Welt nicht mehr nach Reinheit strebt. Die Finsternis im menschlichen Herzen sorgt dafür, daß wir in den tödlichen Morast dieser Welt hinabsinken. Ein anderer Bestseller wurde hoch gehandelt wegen des schockierenden Realismus bei seinem Bericht über Homosexualität und Drogensucht unter den Jugendlichen Südkaliforniens. Wie, in aller Welt, soll solch ein Buch Gutes bewirken?

Es bringt das große Geld – Millionen Dollar – für den Autor, den Verleger und den Handel. Es zerstört tausendmal Menschenleben und führt arglose, einsame Jugendliche in Tod und Verzweiflung. Aber die Leute, die solche »Kassenschlager« produzieren, kümmert das wenig. Sie sind zu beschäftigt, ihre Millionen zu zählen. Stellt man sie zur Rede, ziehen sie psychologische Gutachten aus der Tasche, die uns weismachen wollen, daß das, was wir lesen, spurlos an uns vorübergeht. Es schaudert einem bei soviel Egoismus.

Wie kann der Schaden irgend jemand kalt lassen, den solch ein Buch arglosen Seelen und Herzen antut? Wie können materielle Gewinne das aufwiegen? Mit ihrem verzweifelten Versuch, die Leiter des Erfolgs zu erklimmen und die Nummer eins zu werden, prostituieren sich jene Autoren, Journalisten, Filmproduzenten und Fernsehgewaltigen, indem sie immer neue aufreißerische Möglichkeiten suchen, Dekadenz, Sex und Gewalt darzustellen.

In der Werbung für ein Buch wurde behauptet, es stelle mehr als tausend Möglichkeiten der Verführungskunst dar. Ein anderes Buch leitet junge Frauen an, wie man sich verheiratete Männer angelt. Andere Bücher werden angepriesen, weil sie erotisch, sadistisch oder orgiastisch seien. Und das findet man noch gut?

Wenn man sich nicht in Richtung Heiligkeit aufmachen will, dann kann so etwas schon seinen Reiz haben. Wie wappnen wir uns aber dagegen?

Heiligkeit bedeutet, sich nach der Mentalität Christi zu sehnen, nach seiner Liebe, die so ungeheuchelt, ernst gemeint und gar nicht abgehoben ist.

Wenn Sie sich daran halten, werden Sie beobachten, daß Sie zunehmend immun gegen das Gaukelspiel der Welt, des Fleisches und des Teufels werden. Sie werden die Welt gewinnen und Ihren Blick nur auf Jesus richten wollen. Wenn Sie hier Fortschritte machen, werden Sie dann alles für einen modernen Pharisäer unserer Tage mitbringen? Werden Sie nun Regeln und Verordnungen für junge Gläubige aufstellen und bestimmen, was gut und was nicht so gut ist, was verboten und sie zu Anwärtern der Hölle macht? Natürlich nicht!

Welches Mittel haben wir aber sonst gegen diesen schlimmen Zustand unserer Welt? Wir möchten unsere persönliche Heiligkeit durchaus ins Spiel bringen, indem wir den Herrn suchen und danach streben, ihm gleich zu sein. Doch wie bewerkstelligen wir das in unserer so perversen Gesellschaft?

Durch tägliches Gebet in unserer Stillen Zeit mit dem Herrn am Morgen. Sie werden sich wundern, wie sich das in Ihrem Leben auswirken wird.

Indem Sie mit Interesse die Bibel lesen. Besorgen Sie sich eine verständliche Übersetzung. Auch wenn die Gute Nachricht nicht unbedingt für ein tiefschürfendes Bibelstudium geeignet ist, so ist deren Übertragung doch ausgezeichnet für den noch nicht so erfahrenen Bibelleser. Geeignet ist aber auch die Jahresbibel, die einen Leseplan an die Hand gibt, durch den Sie in einem Jahr durch die Bibel geführt werden.

Suchen Sie die Gemeinschaft mit gestandenen Gläubigen. Machen Sie das zu einem Gebetsanliegen. Wenn Sie mit den Christen, mit denen zusammen Sie anbeten oder auch sonst Kontakte pflegen, nicht im Herrn wachsen, dann tragen Sie dieses Problem dem Herrn vor.

Gott hat uns einen ganz anderen Weg in den Himmel gewiesen. Wir kommen dort nicht hin, weil wir gut genug gewesen wären und versucht hätten, jedes einzelne lebenspendende Gebot Gottes zu befolgen. Paulus drückt dies in Römer 3,21-22 so aus: »Nun aber ist ohne Zutun des Gesetzes die Gerechtigkeit, die vor Gott gilt, offenbart, bezeugt durch das Gesetz und die Propheten. Ich rede aber von der Gerechtigkeit vor Gott, die da kommt durch den Glauben an Jesus Christus zu allen, die glauben.«

Wenn wir aber durch den Glauben gerettet werden, bedeutet dies denn gleichzeitig, daß wir Gottes Gesetzen nicht mehr gehorchen müssen? Genau das Gegenteil! In Kapitel 8,9 schreibt Paulus nämlich:

> Euer erneuertes Wesen herrscht in euch, wenn ihr den Geist Gottes in euch lebendig sein laßt (Living Bible).

Haben wir eigentlich ganz begriffen, was es heißt, nach Heiligkeit zu streben? Diese Frage stelle ich mir immer, wenn ich von den Erweckungen der Vergangenheit lese. Was müssen die Christen heute tun, um sich genauso der Sehnsucht nach Heiligkeit zu verschreiben wie unsere Vorgänger?

War Heiligkeit denn nur etwas für gestern, oder ist sie auch heute noch aktuell? Oft sind wir so damit beschäftigt, für unsere materiellen Belange zu beten, daß uns der hohe Stellenwert der Heiligkeit in unserem Leben gar nicht mehr so bewußt ist. Da gibt es jene, die meinen, die Frage nach Heiligkeit stelle sich nach Königin Victoria und den Puritanern nicht mehr. Andere meinen, Heiligkeit sei nur etwas für Propheten und Mönche wie Elia oder den Hl. Johannes vom Kreuz.

Auch für mich war Heiligkeit lange Zeit schwer zu verstehen. Der Grund dafür ist, daß es uns Christen oft wichtiger ist, was andere von uns verlangen, als das, was unser Herr Jesus Christus von uns erwartet.

Ich glaube, Heiligkeit ist etwas für Sie und mich – hier und jetzt! Der Apostel Paulus war offensichtlich der gleichen Meinung wie ich, wenn er den Christen in Rom schreibt:

Nun aber, da ihr von der Sünde frei und Gottes Knechte geworden seid, habt ihr darin eure Frucht, daß ihr heilig werdet; das Ende aber ist das ewige Leben (Röm. 6,22).

Und dies ist, was er der Gemeinde in Ephesus schrieb:

Denn in ihm hat er uns erwählt, ehe der Welt Grund gelegt war, daß wir heilig und untadelig vor ihm sein sollten; in seiner Liebe (Eph. 1,4).

Die Skeptiker unter Ihnen melden hier vielleicht Protest an: »Aber Nicky, es mag wohl stimmen, daß wir berufen worden sind, heilig zu sein, aber das tritt doch erst ein, wenn wir im Himmel sind. Dann werden wir heilig und makellos in seinen Augen sein, aber nicht früher.«

Damit bin ich nicht einverstanden, und der Autor des Hebräerbriefes ist es auch nicht. Er schreibt nämlich:

Nach diesem Willen sind wir geheiligt ein für allemal durch das Opfer des Leibes Jesu Christi (Hebr. 10,10).

Beachten Sie die Vergangenheitsform, die hier gebraucht wird: ». . . sind wir geheiligt . . .« Ein paar Verse später wiederholt er diesen Gedanken, fügt aber noch eine weitere Einsicht hinzu:

Denn mit einem Opfer hat er für immer die vollendet, die geheiligt werden (Hebr. 10,14).

Mit andern Worten: Heiligkeit ist kein mystischer Bewußtseinszustand, der uns unvermittelt überkommt, sondern eigentlich eine Pilgerreise, die zu einem tragfähigen Element in unserer täglichen Erfahrungswelt wird.

Viele Christen fühlen sich entmutigt, wenn sie auf Schriftstellen stoßen, die von Heiligkeit handeln. Nehmen wir z.B. die Ermahnung von Petrus:

> ... sondern wie der, der euch berufen hat, heilig ist, sollt auch ihr heilig sein in eurem ganzen Wandel. Denn es steht geschrieben (3. Mo. 19,2) »Ihr sollt heilig sein, denn ich bin heilig.«

Es ist nur zu natürlich, wenn man da als Leser einwendet: »Du hast gut reden, Petrus. Erwartest du aber nicht von uns, daß wir wie Gott sein müssen, um heilig zu sein?«

Die Antwort ist ein klares Nein! Heilig zu sein, heißt doch, ausgesondert zu sein für Gottes Gebrauch und Freude als sein kostbarer Besitz. Sie bedeutet, auf Gottes Wellenlänge eingestellt zu sein, so daß Austausch und Gemeinschaft ermöglicht werden. Heiligkeit heißt, in seine Fußstapfen zu treten, Dinge so zu tun, wie Gott sie angehen würde, und ein Gefäß für den Heiligen Geist zu sein.

> In einem großen Haus sind nicht allein goldene und silberne Gefäße, sondern auch hölzerne und irdene, die einen zu ehrenvollem, die andern zu nicht ehrenvollem Gebrauch. Wenn nun jemand sich reinigt von solchen Leuten, der wird ein Gefäß sein zu ehrenvollem Gebrauch, geheiligt, für den Hausherrn brauchbar und zu allem guten Werk bereit (2. Tim. 2,20-23).

Machen uns solche Erwartungen hilflos und unsicher? Dann sehen Sie zu, daß Heiligkeit für Sie nicht eine geistliche Trophäe ist, die es zu erringen oder zu verdienen gilt. Heiligkeit bekommt man nicht durch das Geben vom Zehnten, durch gute Taten oder durch intellektuelle Erkenntnis. Wie aber können wir dann heilig werden?

NICHT NUR EROBERER

Heiligkeit ist eine Gabe Gottes. Ich habe schon mehrmals in diesem Buch davon gesprochen. Aber ich will es einfach noch einmal sagen: Heiligkeit ist eine Gabe Gottes. Nur er kann uns heiligen.

». . . damit ihr erkennt, daß ich der HERR bin, der euch heiligt.« Dies gab Gott Mose zu schreiben auf (2. Mo. 31,13). Nur der Herr kann unsere Einstellungen und Motive reinigen.

Doch Heiligkeit ist mehr als eine Gesinnung oder eine Herzenshaltung. Sie verlangt, daß wir tätig werden. Mit ihr gibt es kein zurückgezogenes Leben. Heiligkeit bedeutet nicht, daß wir herumsitzen und immer nur ganz lieb und nett sind.

Heiligkeit bringt vielmehr die Bereitschaft hervor, sich einer guten Sache ganz zu verschreiben und auch unangenehme Aufgaben in Angriff zu nehmen – sich um die Unsympatischen und Undankbaren zu kümmern, den eigenen Stolz loszulassen und sich für das Reich einzusetzen.

Hüten Sie sich auch davor, Heiligkeit für eine Medaille zu halten, die nur gewonnen werden kann in einem exklusiven geistlichen Club mit engen Regeln, Ritualen, Grundsätzen, mit Kleiderordnungen und einer bestimmten Moral für jeden.

Das äußere Erscheinungsbild und ein bestimmtes Benehmen sind noch lange keine Heiligkeit. Erinnern wir uns: Wahrheit minus Liebe ist nicht gleich Heiligkeit.

Sie ist vielmehr ein Produkt unserer Gottesbeziehung. Je stärker wir unsere ungeteilte Aufmerksamkeit dieser Beziehung widmen, desto heiliger werden wir.

Davids Umgang mit Gott führt uns dieses Prinzip deutlich vor Augen. Einerseits war er der Urheber wunderbarer Psalmen, die mir heute noch täglich Inspiration und Stärkung sind. Doch gleichzeitig war dieser David auch ein Ehebrecher und Mörder. Obgleich er oft Fehler machte und in Sünde fiel, so bin ich doch davon überzeugt, daß er in Gottes Augen heilig war. Wie ist das möglich? Es war trotzdem immer Davids ganzes Verlangen, vor allem andern Gott zu kennen. Er hatte aber auch ein wahrhaftiges, bußfertiges Herz und war bereit, sich zu demütigen.

David war ein Mann nach dem Herzen Gottes. Man konnte sich darauf verlassen, daß er alles tun würde, was der Herr von ihm verlangte (Apg. 13,22). Von David lernen wir also, daß Heiligkeit ein Verlangen nach Gott ist und daß sie das Herzensanliegen mit sich bringt, zu tun, was ihm Freude macht. Davids Psalmen spiegeln dieses innere Verlangen wider. So sagt er z.B. in Psalm 63,1-3 folgendes:

> Gott, du bist mein Gott, den ich suche. Es dürstet meine Seele nach dir, aus trockenem, dürrem Land, wo kein Wasser ist.So schaue ich aus nach dir in deinem Heiligtum . . .

Das bedeutet aber nicht, daß wir uns mit einem Leben der Gelegenheitssünden abfinden und dann auch noch von Gott erwarten dürfen, daß er uns für heilig erklärt. Sehen Sie sich einmal an, was der Herr in 5. Mose 28,9 dem Volk Israel kundtut:

> Der HERR wird dich zum heiligen Volk für sich erheben, wie er dir geschworen hat, weil du die Gebote des HERRN, deines Gottes, hältst und in seinen Wegen wandelst.

Heiligkeit gründet sich auf Entschiedenheit und Hingabe, nicht auf Gefühle. Was David schreibt, ist zwar ausgesprochen gefühlsbetont. Doch wir müssen sehr aufpassen, daß wir nicht Heiligkeit mit Gefühlstiefe verwechseln. Heiligkeit gründet sich auf Entschiedenheit und Hingabe und nicht auf Gefühle.

Was ist aber Hingabe? Wenn wir heilig sein wollen, dann entscheiden wir uns dafür, uns selbst als lebendiges Opfer darzubringen. Wollen wir heilig sein, müssen wir annehmbar für Gott sein.

> Ich ermahne euch nun, liebe Brüder, durch die Barmherzigkeit Gottes, daß ihr eure Leiber hingebt als ein Opfer, das lebendig, heilig und Gott wohlgefällig ist. Das sei euer vernünftiger Gottesdienst. Und stellt euch nicht dieser Welt gleich, sondern ändert euch durch Erneuerung eures Sinnes, damit ihr prüfen könnt, was Gottes Wille ist, nämlich das Gute und Wohlgefällige und Vollkommene (Röm. 12,1-2).

Wir sind also bereit, all unsere Pläne, unsere vorgefaßten Meinungen und Erwartungen zu überdenken. Wir fangen an, nach dem Besten für Gott zu trachten und nicht mehr nach unserem eigenen Besten. Und wir finden uns mit der Möglichkeit ab, daß wir unsere Belohnungen nicht mehr in Form von beruflichen Erfolgen, finanziellen Geldspritzen und Urlaubsreisen erhalten.

Schließlich geben wir auch unsere Unabhängigkeit auf und erkennen an, daß wir ohne Gott nichts sind und nichts können. Das sind wohl schon genug gute Gründe, heilig zu sein, aber es gibt noch einen weiteren:

> Jagt dem Frieden nach mit jedermann und der Heiligung, ohne die niemand den Herrn sehen wird (Hebr. 12,14).

Ich weiß nicht, wie Sie dazu stehen, ich jedenfalls will den Herrn sehen. Ich möchte die Ewigkeit mit ihm verbringen. Das ist für mich Grund genug, nach seiner Heiligkeit in meinem Leben zu streben.

Wir müssen aufwachen und aus der Geschichte lernen. Wir haben Gottes Gesetze nicht mehr ernst genommen. So wie sich unsere Vorväter reumütig aufs Angesicht werfen mußten, müssen auch wir vor den Herrn mit unserem zerbrochenen Ich treten, bereit, alles dahinzugeben. Wir müssen einander liebhaben und die konfessionellen Grenzen nicht mehr sehen wollen. Wir müssen Demut von unseren geistlichen Leitern erwarten und die

Superstar-Mentalität von uns weisen, die uns gerade in den letzten Monaten so viel Schande eingebracht hat.

Wir müssen zurückkehren zur Furcht des Herrn.

HÖRT DIE STIMME DES HERRN

Wenn wir heilig sein wollen, dann müssen wir auch Zeit mit dem verbringen, der die Heiligkeit in Person ist. Wir können Heiligkeit nicht durch eigene Anstrengungen, durch eigene Stärke oder unser Handeln erlangen. Nur wenn wir engste Beziehungen mit unserem himmlischen Vater pflegen und unsere Zeit mit ihm verbringen, wird seine Wesensart auf uns übergehen, und wir werden wie er, dadurch, daß wir durch seine heilige Gegenwart beeinflußt werden. Wenn wir heute Lehre über die Heiligkeit hören, so wird doch meistens von uns erwartet, daß wir Regeln, Gesetze oder »biblische Prinzipien« befolgen.

Viele Lehrer vermitteln uns, daß der Weg der Heiligkeit zuallererst bedeutet, Gott gehorsam zu sein. Andere lehren uns, daß, wenn wir heilig sein wollen, wir Gott vertrauen müssen. Und noch andere zwingen uns Regeln und Vorschriften zur Erlangung von Heiligkeit auf.

Wie kann man aber jemandem gehorchen, den man gar nicht kennt? Wie kann man jemandem vertrauen, der einem seine Liebe noch gar nicht unter Beweis gestellt hat? Es ist unmöglich, heilig zu sein, solange wir nicht Herz und Verstand in eine umfassende, engste Beziehung mit unserem Herrn eingebracht haben. Vertrautheit mit dem Herrn ist etwas Wunderbares.

Wie hören wir ihn? Beachten Sie einmal diesen göttlich inspirierten Rat, den Paulus seinem jungen Mitarbeiter Timotheus gab:

> Bemühe dich darum, dich vor Gott zu erweisen als einen rechtschaffenen und untadeligen Arbeiter, der das Wort der Wahrheit recht austeilt. Halte dich fern von ungeistlichem losem Geschwätz; denn es führt mehr und mehr zu ungöttlichem Wesen, und ihr Wort frißt um sich wie der Krebs. Unter ihnen sind Hymenäus und Philetus, die von der Wahrheit abgeirrt sind und sagen, die Auferstehung sei schon geschehen, und bringen einige vom Glauben ab (2. Tim. 2,15-18).

Haben Sie verstanden, was dieser Abschnitt besagt? Zuerst sagt Paulus Timotheus, er solle die Schrift fleißig studieren, um die Lehre offen und klar vertreten zu können. Und dann führt er das Beispiel für eine menschliche Lehre an, nach der die Auferstehung bereits stattgefunden und die Gemeinde dies verpaßt habe.

Diese Falschaussage aus menschlicher Dummheit heraus führte dazu, daß Gläubige strauchelten. Wie sollte also der junge Timotheus zwischen Gottes Weisheit und menschlicher Torheit unterscheiden?

Paulus riet der Gemeinde in Philippi wie folgt:

> Freuet euch in dem Herrn allewege, und abermals sage ich: Freuet euch! Eure Güte laßt kundsein allen Menschen! Der Herr ist nahe! Sorgt euch um nichts, sondern in allen Dingen laßt eure Bitten in Gebet und Flehen mit Danksagung vor Gott kundwerden! Und der Friede Gottes, der höher ist als alle Vernunft, bewahre eure Herzen und Sinne in Christus Jesus (Phil. 4,4-9).

Wie hören wir aber Gottes Stimme? Wie, während wir das Wort studieren, erkennen wir den Willen Gottes, der unseren eigenen Vorstellungen so häufig zuwiderläuft? Schließlich wünschen wir uns doch von ganzem Herzen, eine persönliche Offenbarung vom Allmächtigen zu empfangen. Hier nun, was der Schreiber des Hebräerbriefes uns rät:

> Darum auch wir: Weil wir eine solche Wolke von Zeugen um uns haben, laßt uns ablegen alles, was uns beschwert, und die Sünde, die uns ständig umstrickt, und laßt uns laufen mit Geduld in dem Kampf, der uns bestimmt ist (Hebr. 12,1).

Petrus fügt noch hinzu:

> ... seid nüchtern und setzt eure Hoffnung ganz auf die Gnade, die euch angeboten wird in der Offenbarung Jesu Christi. Als gehorsame Kinder gebt euch nicht den Begierden hin, denen ihr früher in der Zeit eurer Unwissenheit dientet; sondern wie der, der euch berufen hat, heilig ist, sollt auch ihr heilig sein in eurem ganzen Wandel (1. Petr. 1,13-16).

Glaube und Gehorsam gehen Hand in Hand. Wenn Sie Probleme mit Gehorsamkeit haben, dann fehlt es Ihnen vielleicht am Glauben. Dabei ist es gut zu wissen, daß der Glaube vom Hören des Wortes kommt.

Das ist auch, was Jakobus sagt:

> Darum legt ab alle Unsauberkeit und alle Bosheit und nehmt das Wort an mit Sanftmut, das in euch gepflanzt ist und Kraft hat, eure Seelen selig zu machen (Jak. 1,21).

Auf den Herrn zu hören, ist nicht etwa eine Fertigkeit, die sich in einer Lehrstunde beibringen ließe. Es ist vielmehr ein Lebensstil des Gehorsams.

Nur als heiliges Volk können wir auf den Herrn warten und seine immer noch leise Stimme der göttlichen Weisung vernehmen und klar unterscheiden, ob er es ist, der spricht, oder der Böse oder unser eigenes, ungeduldiges Verlangen, irgend etwas zu hören, ganz gleich, was es ist.

Eines Abends – es ist schon viele Jahre her, und es war zu Anfang meines Dienstes – betete ich. Ich war in einem ziemlich heruntergekommenen Motel abgestiegen, und mein Quartier bestand lediglich aus einem winzigen Zimmer mit einem Bett darin. Und doch hatte ich gerade in diesem Zimmer eines der entscheidendsten Erlebnisse meines Lebens. Als ich anfing zu beten und Gott zu suchen, machte ich eine ganz außergewöhnliche Erfahrung. Ich fühlte mehr und mehr eine großartige Vertrautheit mit Gott. Es war eine Nähe, die alles Körperliche hinter sich ließ. Ich spürte mich aufgenommen in die unmittelbare Gegenwart meines himmlischen Vaters. Es war eine Nähe und Intimität, bei der es keine Geheimnisse mehr gab. Ich fing an zu weinen und konnte mich nicht mehr aufrecht halten vor Gott, da ich seine machtvolle Gegenwart so ehrfurchtgebietend erfuhr.

Ich erkannte, daß ich nichts und er alles war. Ich begriff, wie vollkommen abhängig ich von ihm war. Die Tränen rannen mir über die Wangen, und laut schluchzend sagte ich ihm, daß ich ihn lieben würde, daß er mein Herr sei, mein König, meine Stärke, meine Macht und ich so gar nichts ohne ihn. Ihm war meine Wertlosigkeit nichts Neues, und doch rührte er mich in seiner leidenschaftlichen Liebe an und verschenkte sich an mich, um aus mir ein Kind zu machen, das für ihn nach seinen Vorstellungen wirksam sein würde.

Ich war in eine enge Zweisamkeit mit ihm getreten. Er rührte mich an. Und dabei verwandelt er mich.

An jenem Tag entdeckte ich das Geheimnis, wie ich so werden konnte, wie Gott mich haben wollte. Das Geheimnis war nicht, daß es darum gegangen wäre, noch mehr zu fasten, eifriger die Bibel zu lesen, öfter in die Kirche zu gehen oder noch intensivere Unterweisung in formalen Dingen zu bekommen. Nein, was ich entdecken mußte, war die Vertrautheit mit Gott. Erst aus dieser Nähe heraus entsteht dann das echte Bedürfnis, die Bibel zu lesen, zu fasten, in die Gemeinde zu gehen und ein Mensch nach Gottes Vorstellungen zu werden. Und das ist Heiligkeit.

Zu der Zeit, als ich diese Erfahrung machte, kämpfte ich darum, zu verstehen, was Gott in meinem Lebens bis dahin getan hatte.

Ich war dabei, mein eigenes Bekehrungserlebnis und Gottes Wunder in meinem Leben in Frage zu stellen. Doch war dies auch die Zeit, da Gott mich formte und veränderte. Ich stemmte mich nicht dagegen, sondern ließ meinen Willen von ihm formen.

In der Bibelschule mußte ich mir vieles erst erkämpfen, und ich fühlte mich so manches Mal unter Druck, weil ich versuchte, den vielen unterschiedlichen Erwartungen meiner Mitchristen gerecht zu werden.

Zu jener Zeit fing ich an, Gottes Größe und seine unwandelbare Liebe zu mir zu begreifen, etwas, was außerhalb meiner

Vorstellungskraft lag und wofür es keine Worte gibt. Ich empfand nun eine große Last für die Verlorenen, für meinen Vater und meine Familie, die tief in Zauberei verstrickt waren. Ich wußte einfach, daß da etwas Großartiges mit mir geschah.

Nach diesem Erlebnis fühlte ich mich wie ein kleiner junger Hund, der sich nichts sehnlicher wünscht, als in den Armen seines Herrn zu liegen. Diese intime Gegenwart Gottes zu erleben bedeutet, eine innere Ruhe und einen Frieden zu spüren, von dem die Bibel sagt, er sei höher als alle Vernunft. Dieses Gefühl ist so überwältigend, daß man es nicht in Worte fassen kann; es muß selbst erfahren werden.

Es war ein geistlicher Höhenflug mit Gott, als er sich mir für geschlagene sieben Stunden offenbarte und ich mich in seiner Liebe und Barmherzigkeit badete.

Hinterher konnte ich kaum gehen und hatte auf nichts Appetit. Alle Knochen taten mir weh. Aber ich hatte das Gefühl zu schweben.

Gottes Zuwendung für mich, den Wertlosen, war so umfassend, daß ich hinaufgetragen wurde in himmlische Gefilde, wo ich zum ersten Mal seine Güte, Macht, Liebe, Bewahrung und Freundlichkeit gewahr wurde.

Ich war 19 Jahre alt, aber dieses Erlebnis war der Anfang einer neuen Liebesbeziehung zu Gott. Ich war so enamorado – verliebt – in ihn, daß ich auch an seiner Liebe, Treue und Zugewandtheit nicht mehr zweifelte. Blieb dies aber ein einmaliges Ereignis? Nein!

Ich wurde eingeladen, in einem total verarmten Land zu predigen, das in einer der schwülsten Ecken dieser Welt zu finden ist. Es ist ein Land, in dem eine fürchterliche politische und geistliche Unterdrückung herrscht. Früher einmal mußte ich mich dort der unnachgiebigen Gegnerschaft der eingeborenen Schamanen – Medizinmännern und Zauberern — stellen. Für meine Botschaft hatten sie so gar nichts übrig, und sie sahen es auch nicht gern, daß unsere Evangelisation das größte Stadion des Landes füllte. Doch diesmal, als ich in das Land einreiste, spürte ich eine große Nähe zum Allerhöchsten und seinen Schutz. Mit Freude bemerkte ich eine ganz besonders machtvolle Salbung. Ganz sanft und liebevoll sprach damals der Herr zu mir und leitete mich in dem, was ich sagen sollte. Wieder fühlte ich mich in himmlische Höhen gehoben. Ich wurde genährt, unterwiesen und gestärkt in meinem Geist. Ich war gereinigt, und ich wollte immer noch mehr von dieser Reinheit. Meine erste Liebe zum Herrn war mir wieder ganz gegenwärtig. Und mir wurde wieder zum Bewußtsein gebracht, daß er sich nicht geändert hatte, obwohl die Welt um mich beileibe nicht mehr dieselbe war wie damals. Ich spürte die innere Sicherheit, daß er mich in allen Belangen führt und leitet und daß er mich niemals im Stich läßt.

Ich fühlte mich zunächst auf verlorenem Posten, als die dunklen Wolken auftauchten und sich dem mit 45000 Menschen gefüllten Stadion näherten. Ich stand dort und fühlte mich wie eine Ameise, vollkommen hilflos und bedeutungslos. Ich war niedergeschlagen und äußerst besorgt, als für wenige Minuten Dunkelheit das ganze Stadion erfüllte. Wie ein gewaltiger Schirm überschattete die mächtige Finsternis des Teufels das weite Rund der Arena, um uns einzuschüchtern. Die geballte Macht von 2000 Hexen stand hinter dieser ganzen Inszenierung, doch der Herr kam herbei und griff machtvoll ein, während ich noch, nach Atem ringend, einen guten Ausgang herbeisehnte.

Durch die Macht betender Christen wurde diese Hölle auf übernatürliche Weise zerstört, und die Menschen entbrannten in Liebe zu Jesus. Wie Schuppen fiel es mir von den Augen, als ich erkannte, daß ich mich ja gar nicht selbst verteidigen konnte, daß ich überhaupt keine Strategie vorweisen konnte, die es wert gewesen wäre, in Angriff genommen zu werden. Es war Gottes und allein Gottes Strategie direkt vom Himmel, die machtvoll und durchschlagend genug war, dieser Attacke etwas entgegenzusetzen.

Erneut fühlte ich mich am Puls der Frohen Botschaft. Es war inspirierend, wieder zu sehen, wie Gott eingriff, um all die Bedürftigen auf ganz persönliche Weise anzurühren.

Deshalb sage ich Ihnen jetzt: Wenn Sie den Herrn hören wollen, wenn es Ihnen schwerfällt zu gehorchen, ihm zu vertrauen oder sich als heilig zu empfinden, dann öffnen Sie sich für den Herrn, und strecken Sie sich nach der Zweisamkeit mit ihm aus. Beten Sie doch einfach dafür. Halten Sie sich von Ablenkungen fern, fasten Sie ein paar Tage, und suchen Sie doch den allmächtigen Herrn. Sie werden ihn genau dort finden, wo er schon die ganze Zeit war – an Ihrer Seite. Dort ist er mit seiner Fürsorge und Liebe.

Ich glaube, daß diese Zweisamkeit von Angesicht zu Angesicht mit Gott der eigentliche Schlüssel zur Wiederherstellung unserer Gemeinde ist. In seiner Gegenwart zu sein, ist unsere einzige Hoffnung auf einen Wandel, denn er, Gott, ist der einzige, der die Herzen der Menschen noch verändern kann.

»Aber Nicky«, werfen Sie vielleicht ein, »wenn du in uns so eindringlich die Erwartung wachrufst, daß wir Gott noch deutlicher hören können, dann öffnest du den falschen Propheten Tür und Tor, die in dieser Zeit ohnehin schon unter uns überhandnehmen!«

Beweisen denn die törichten Leute, die zu Unrecht behaupten, für Gott zu sprechen, daß nun gleich niemand mehr etwas von ihm hört? Nein. Die Bibel spricht immerhin selbst davon, daß in den letzten Tagen falsche Propheten kommen werden. Und sie lehrt uns, wie wir mit ihren falschen Botschaften umzugehen haben. Sollen wir etwa Jesus zurückweisen, weil schon zu seiner Zeit hier und da ein falscher Messias auftrat? Natürlich nicht! Satan ließ diese Schwindler auftreten, um jene zu verwirren, die auf Christi Kommen warteten. Und das ist auch die Rolle, die die falschen Propheten heute spielen. Sie sollen die, die wirklich für unseren himmlischen Vater sprechen, in Mißkredit bringen. Deshalb ist es an uns, das Wort eines jeden Propheten am Wort Gottes zu prüfen:

> Den Geist dämpft nicht. Prophetische Rede verachtet nicht. Prüft aber alles, und das Gute behaltet (1. Thess. 5,19-21).

Wenn irgend jemand in Ihrer Gemeinschaft mit einer großen, neuen Idee kommt, dann forschen Sie in der Schrift. Steht dort schon etwas über gemeinschaftlichen Tanz? Wie steht es mit den geistlichen Gaben – wie werden sie empfangen, welche werden genannt? Was finden wir über das Singen, über wundersame Zahnheilungen oder Beinverlängerungen, was über wirksames Bekennen, über die Vergöttlichung des Menschen – daß es unser

Schicksal ist, kleine Götter zu werden? Was ist zu Lehrgängen zu sagen, auf denen man das prophetische Reden oder die Zungenrede lernt? Was ist von Traumdeutung zu halten?

Hat man dergleichen in der frühen Kirche getan? Hat man sich schon damals dagegen ausgesprochen? Und das sollte man wissen: Unsere christliche Gemeinschaft ist doch zur Zeit zutiefst zerstritten, was einige dieser genannten Fragen angeht. Dabei geht es doch gar nicht darum, was jeder einzelne persönlich denkt, sondern darum, was die Bibel sagt.

Sind Sie aber selbst dafür ausgerüstet, die Schrift zu diesen entscheidenden Fragen heranzuziehen? Die Antwort ist ein klares Ja! Und dürfen Sie den Herrn bitten, zu diesen Fragen zu Ihrem Herzen zu reden? Auf jeden Fall!

Gehen Sie aber ausgesprochen behutsam mit der Behauptung um, Sie hätten ein göttliches Wort empfangen. Der Teufel ist durchaus in der Lage, überzeugenden Bilder vorzugaukeln. Vor kurzem erzählte eine junge Frau, die gern Autorin gewesen wäre, daß der Herr ihr versichert habe, Abtreibung sei in seinen Augen annehmbar!

Was für eine schreckliche Lüge!

»Ich war richtig erleichtert, nun zu wissen, daß ich mein Kind gar nicht umgebracht hatte«, sagte sie. »Dafür weiß ich jetzt, daß abgetriebene Kinder direkt in den Himmel gehen und ihnen so die Mühsal des Lebens erspart bleibt.«

Ist dies nicht eine schreckliche Verdrehung der Tatsachen? Natürlich umgehen abgetriebene Kinder die Prüfungen dieser Erde, aber das gibt uns doch noch lange nicht das Recht, sie umzubringen! Hier war eine Frau derart von der Schuld überwältigt, das Leben ihres ungeborenen Kindes zerstört zu haben, daß sie eine so schön klingende »göttliche Offenbarung« annahm, die in Wirklichkeit falsch, dämonisch und zerstörerisch war. Sie hat ihr »Wort« nicht im Lichte der Bibel näher untersucht. Warum war das ein Fehler?

> Denn alle Schrift, von Gott eingegeben, ist nütze zur Lehre, zur Zurechtweisung, zur Besserung, zur Erziehung in der Gerechtigkeit (2. Tim. 3,16).

Große Männer Gottes wie David hörten gelegentlich das Wort des Herrn durch Propheten. Doch sehen Sie, was der ehebrechende David tat, als der Prophet Nathan Gottes Gerichtswort überbrachte und die Nachricht, sein neugeborener Sohn werde bald sterben:

> Und Nathan ging heim. Und der HERR schlug das Kind, das Urias Frau David geboren hatte, so daß es todkrank wurde. Und David suchte Gott um des Knäbleins willen und fastete, und wenn er heimkam, lag er über Nacht auf der Erde (2. Sam. 12,15-16).

David bat nicht etwa Nathan, für sich oder das Kind zu beten. Dafür trat er vor das Angesicht des Herrn voll Zerknirschung und großer Sorge. Auch er wartete auf ein Zeichen vom Herrn. Doch statt durch Worte kam es als Ereignis, als der Säugling starb:

> Am siebenten Tag aber starb das Kind. Und die Männer Davids fürchteten sich, ihm zu sagen, daß das Kind tot sei; denn sie dachten: Siehe, als das Kind noch am Leben war, redeten wir mit ihm, und er hörte nicht auf uns; wie könnten wir ihm nun sagen: Das Kind ist tot! Er könnte ein Unheil anrichten.
>
> Als aber David sah, daß seine Männer leise redeten, merkte er, daß das Kind tot sei, und sprach zu seinen Männern: Ist das Kind tot? Sie sprachen: Ja.
>
> Da stand David von der Erde auf und wusch sich und salbte sich und zog andere Kleider an und ging in das Haus des HERRN und betete an. Und als er wieder heimkam, ließ er sich Speise auftragen und aß.
>
> Da sprachen seine Männer zu ihm: Was soll das, was tust du? Als das Kind lebte, hast du gefastet und geweint; nun es aber gestorben ist, stehst du auf und issest?
>
> Er sprach: Als das Kind noch lebte, fastete ich und weinte; denn ich dachte: Wer weiß, ob mir der HERR nicht gnädig wird und das Kind am Leben bleibt. Nun es aber tot ist, was soll ich

fasten? Kann ich es wieder zurückholen? Ich werde wohl zu ihm fahren; es kommt aber nicht mehr zu mir zurück (2. Sam. 12,18-23).

David erkannte, daß Nathans Wort für ihn tatsächlich vom Herrn war.

Freuen Sie sich, wenn jene, die Sie lieben und denen Sie vertrauen, von sich meinen, sie würden von Gott Dinge über Sie hören. Doch nehmen Sie so etwas nicht blindlings an. Bringen Sie es vor den Herrn.

Ihr Glaube richtet sich allein auf ihn und nicht auf Menschen, so vertrauenswürdig sie auch erscheinen mögen. Treten Sie niemals zur Seite und lassen andere Ihren Platz vor dem Thron des Allerhöchsten einnehmen.

Seien Sie zurückhaltend bei Beziehungen zu Leuten, die gern ihre geistlichen Verdienste aufzählen und Ihnen weismachen, sie wüßten mehr über Gottes Willen als das gemeine Volk wie Sie und ich. Sicher müssen Sie in die Schule qualifizierter geistlicher Lehrer gehen. Aber Sie sind es ihnen schuldig, daß Sie alles unter die Lupe nehmen, was man Ihnen beibringt. Es wird Ihnen von Nutzen sein, wenn Sie Ihr Leben mit der Weisheit bereichern, die Gottes große Schriftsteller und Redner austeilen. Aber prüfen Sie alles am Wort und im Gebet während Ihrer täglichen Stillen Zeit mit dem Herrn.

Wenn Sie die Gemeinschaft mit dem Allerhöchsten unterbrechen und sich damit zufriedengeben, daß jemand anders für Sie auf Gott hört, dann ist die lebenspendende Leitung zwischen Ihnen und dem Vater zerschnitten. Wenn Ihre geistlichen Leiter – denen Sie es anvertraut haben, für Sie zu hören – ihren Blick von Jesus abwenden und anfangen, sein Werk aus eigener Kraft und Weisheit in Angriff zu nehmen, dann werden Sie merken, daß Sie langsam vom allmächtigen Gott abtriften.

Sehr oft bemerken allzu vertrauensselige Anhänger gar nicht, wenn ihr menschlicher Hirte auf Abwege geraten ist. Gläubig folgen sie ihm in die Sackgasse.

Vergeblichkeit ist das Ergebnis: Vergeudete Mühen und Gefühle, vergeudetes Geld und vergeudete Jahre. Seien Sie sehr vorsichtig bei Gebetsveranstaltungen, die fast schon in spiritistische Sitzungen ausarten, während der Gastprophet über jedem betet und ihm Zukünftiges voraussagt.

Menschliches im christlichen Mäntelchen schleicht sich ein, wo die Autorität eines einzelnen im Vordergrund steht, so daß keins der gefügigen, vertrauensseligen Schafe es wagt, seine Besorgnis darüber zu äußern, daß ihr großer »Mann Gottes« nur noch selbstgeleitet ist und nicht mehr im Willen Gottes steht.

Ein Sektenführer wird seine Beute in den Fallstricken von Betrug und Machtausübung zu halten suchen. Er erzählt seinen Anhängern, er wisse genau, was am besten für sie sei, und so sollten sie ja nicht seine Autorität in Frage stellen. Hunderte folgten Jim Jones in den Dschungel von Guyana, wo sie auf seinen Befehl an den abscheulichsten sexuellen Abartigkeiten teilnahmen, um am Ende zum Erschrecken einer zuschauenden Weltöffentlichkeit Massenselbstmord zu begehen.

Charles Manson überzeugte seine mordenden Anhänger, daß er allein wisse, was das Beste für sie sei.

Wir haben miterleben müssen, wie die »Anonymen Fundamentalisten« die Aufmerksamkeit der Öffentlichkeit erregten, weil sie Arbeitsgruppen zur Unterstützung von Menschen eingerichtet haben, die Gemeinden mit einem Herrschaftsanspruch auf ihr Leben verlassen haben. Man hat dort Christen deprogrammiert, die von Gemeinschaften eingefangen worden waren, in denen sie einer fast totalen Kontrolle ausgesetzt waren.

Eine ganze Anzahl von kürzlich ergangenen Gerichtsurteilen hat Evangelisten dazu verurteilt, große Geldsummen an Spender zurückzugeben, deren Familien vorbrachten, man habe sie durch Gehirnwäsche dazu gebracht, Millionen zu spenden. Es käme Satan sehr gelegen, wenn er erleben könnte, daß die ganze Gemeinde als eine weitere gefährliche Sekte gebrandmarkt würde.

In der Sowjetunion hat er damit schon Erfolg gehabt. Helfen wir ihm nicht, daß er auch noch im Westen dasselbe tut.

Schützen wir unser Herz vor dem Bedürfnis, das Leben anderer Christen mitzubestimmen. Wir wissen nicht, was das Beste für sie ist. Das ist eine Angelegenheit zwischen ihnen und dem, der sie gemacht hat. Unsere Aufgabe ist es lediglich, sie in Kontakt zu bringen.

Der kürzlich verstorbene David du Plessis hat einmal gesagt, Gott habe keine Enkelkinder. Das ist heute noch genauso wahr. Sie können nicht in den Himmel kommen, weil Ihre Eltern heilig sind. Ich kann nicht durch irgend jemandes Fürsprache vor sein Angesicht gelangen, wenn nicht durch Jesus Christus.

Jeder von uns muß selbst zum Vater kommen. Wir müssen unsere eigene persönliche Beziehung zu ihm haben – von Angesicht zu Angesicht –, Sie und der Schöpfer aller Dinge.

Jeder von uns muß prüfen, wie es in seinem Herzen aussieht. Selbst wenn wir fortgesetzt einen christlichen Wortschatz gebrauchen und uns selbst als Gläubige bezeichnen, werden unsere Früchte nichts wert sein, wenn unser Glaube auf menschlicher Weisheit beruht und unser Herz jemand anders gehört als unserem Herrn und Heiland. Wir werden falsche Alarmrufe ausstoßen, wir werden anklagen, wo nichts anzuklagen ist, und unsere Gemeinden werden getünchte Gräber sein, wo die Menschen sich versammeln, um sich zu zanken und über Randfragen der Dogmatik zu streiten. Sie werden zu notdürftig hergerichteten Müllhalden, auf denen sich die Lumpensammler lauthals im Angesicht des Himmels übereinander beklagen.

Am Ende haben wir dann wieder unsere kalten, leeren Kathedralen, die von gaffenden Touristen bewundert werden.

DIE GRÖSSTE KIRCHE IN AMERIKA

Sie mögen vielleicht annehmen, die beteiligten Personen meiner nun folgenden Geschichte zu kennen. Ich will Ihnen aber sagen, daß es sich um eine Art Collage handelt, um die Berichterstattung über verschiedenste Ereignisse, die sich, da ich dies schreibe, an beiden Küsten der Vereinigten Staaten ereignen.

Da gab es einen Pastor, dessen sehnlichster Wunsch es war, die größte Kirche in Amerika zu haben. Er rang vor dem Herrn, schüttete ihm sein Herz aus und brachte immer wieder seinen Wunsch vor, jeden Sonntag vor Tausenden zu predigen. Er wollte Eindruck machen am Ort, ein Leuchtfeuer der Hoffnung sein und einen Tempel der Gerechtigkeit errichten, den die Ungläubigen sehen können – ein Zeugnis für Gottes Größe.

An einem Sonntag dann trug er dies seiner 7000köpfigen Gemeinde zu allen vier Gottesdiensten vor. Das bezahlte Orchester bewegte die Herzen während einer Multi-Media-Show, mit der man das Missionsprojekt vorstellte.

Während der gekonnt vorgetragenen und gefühlsbeladenen Predigt – »Eine Kriegserklärung an den Teufel« – stand seine 15köpfige Mannschaft hinter ihm auf der Bühne und applaudierte. Am Ende eines jeden Gottesdienstes versammelten sich die zehn Ältesten der Gemeinde um die Kanzel, und unter Fanfarenklang und Tränen seiner Frau enthüllte der Pastor die Bauzeichnung des Architekten für ein Kirchengebäude mit 10000 Sitzplätzen.

Doch es erhoben sich auch Stimmen dagegen. Im zweiten Gottesdienst stand eine ältere Dame auf und verkündete ein »Wort vom Herrn«, daß Gott die Absicht, 23 Millionen Dollar Schulden aufzunehmen, nicht segnen würde. Als sie dann bis zum dritten Gottesdienst blieb, offensichtlich in der Absicht, ihr »Wort« zu wiederholen, wurde sie von den Ordnern gebeten, ihren Platz freizumachen. Im nächsten Gottesdienst bekam der Pastor dann sein eigenes »Wort vom Herrn«. Das Gebäude sei bereits ihrs und es müsse nur noch im Glauben beansprucht werden, dadurch, daß man Spendenverpflichtungen ausfülle, die von den Ordnern ausgeteilt wurden.

In den folgenden zwei Jahren wuchs das massive Gebäude zu voller Größe. Eingeweiht wurde es dann unter großer öffentlicher Anteilnahme. Fernsehteams machten Aufnahmen von den Gläubigen. Polizisten, die nicht im Dienst waren, regelten den Verkehr. Und ein in den ganzen Staaten bekannter Plattensänger trat bei der Einweihung auf.

Glückwunschtelegramme trafen ein von Politikern, Evangelisten, von den Obersten der Stadtverwaltung und von den im ganzen Land bekannten christlichen Berühmtheiten.

Doch der Ältestenrat war, für Außenstehende unbemerkt, in einer Reihe von Fragen zerstritten, nicht zuletzt wegen der 19 Millionen Dollar Mehrkosten für das Projekt. Einige waren wegen der Parksituation besorgt. Wieder andere ärgerten sich über verwaltungstechnische Probleme, besonders aber darüber, wie man mit Geld umging. Und man beklagte sich im Mitarbeiterkreis über das politische Taktieren. Drei der jungen Hilfspastoren gingen fort, um eigene Gemeinden zu gründen. Einer nahm gleich 1200 Gemeindeglieder mit und fing in einer Oberschulaula am Ort einen bemerkenswerten Heilungs- und Befreiungsdienst an.

Das Spendenaufkommen der verbliebenen Gemeindeglieder ging rapide zurück. Der Gottesdienstbesuch verringerte sich auf unter 3000. Es kam das Gerücht auf, der Orchesterleiter habe eine Liebesaffäre mit der Frau des Verwaltungsleiters und der Direktor der örtlichen Ferseharbeit habe Drogenprobleme gehabt.

Dann meinte der Pastor auch noch, er müsse seinen allseits beliebten Zweitprediger entlassen, den er häufig am Sonntagmorgen eingesetzt hatte, wenn er selbst anderswo im Land Predigtverpflichtungen eingegangen war oder an Zusammenkünften höchster Gremien teilnehmen mußte. Der verärgerte Zweitprediger gründete sofort eine weitere Gemeinde in einem sehr wohlhabenden Stadtbezirk und nahm 400 Spitzenverdiener mit ihrem entsprechenden Zehnten aus der Gemeinde mit. Als der Pastor diesen Vorgang am nächsten Sonntag von der Kanzel rügte, trat der Vorsitzende des Ältestenrates zurück. Er schrieb den folgenden Brief, der über dunkle Kanäle veröffentlicht wurde. Ich habe diesen Brief überarbeitet und gekürzt, um zu vermeiden, daß jemand erkannt wird und in eine peinliche Situation gerät.

Lieber Pastor,
ich sprach mit meiner Frau über meine Absicht, nächste Woche mit Dir gemütlich zu frühstücken und dabei alles Unerfreuliche beiseite zu lassen. Sie jedoch war der Meinung, daß dies die Gelegenheit wäre, einmal alles auf den Tisch zu legen.

Meine Gedanken dazu waren folgende:
1) Du bist eine viel zu wichtige Persönlichkeit, als daß Du interessiert sein könntest, was ich über Deine Auftritte in letzter Zeit denke.
2) Ich bin nicht gewillt, Thema einer Sonntagspredigt über einen fehlgeleiteten armen Sünder zu werden, der Dir wieder einmal den Tag verdorben hat.
3) Was spielt das alles noch für eine Rolle? Wir beide haben vollkommen verschiedene Wege eingeschlagen. Dadurch, daß wir beide unterschiedlich gewählt haben, haben wir zwangsläufig nur noch wenig gemein. Was sollen also noch irgendwelche Häßlichkeiten zwischen uns?

Laß uns einfach Freunde sein und übereinander nette Dinge sagen. Lassen wir die Vergangenheit ruhen. So wollen wir immer nur das Beste voneinander halten und vergessen, was vorgefallen sein mag, was wir meinen, besser gemacht zu haben . . . und wer den andern angeschwärzt hat.

Andererseits frage ich mich, ob es nicht höchste Zeit ist, daß jemand mal aufsteht und Dir ins Gewissen redet.

Ich bin mir nicht sicher. Ich glaube fast, es müssen die Spatzen erst alles von den Dächern pfeifen, bevor Du überhaupt hinhörst.

Aber nun will ich mich doch äußern:

Du hast es immer verstanden, Fakten zu manipulieren, die Menschen umzustimmen und eine bestimmte Atmosphäre zu schaffen, um viele, die Dir vertraut haben, hinters Licht zu führen. Die Gefahr ist, daß, wenn sie Deine Unehrlichkeit merken, sie einen großen Teil ihrer geistlichen Erfahrungen in Zweifel ziehen werden, besonders wenn es um Dinge geht, die Du gelehrt hast. Du läßt die Leute häufig im unklaren, dann kannst Du Dich damit herausreden, Du hättest gar nicht gesagt, was man hineininterpretiert hat. Du hättest schließlich keine Kontrolle über das, was die Leute zu hören meinen.

Aber Du hast eben doch viel Einfluß. Und Du benutzt ihn für Deine eigenen Zwecke. Ein besonders zerstörerisches Element dabei ist, daß Du Leuten Macht, Kontrolle und Positionen versprichst, obwohl Du gar nicht die Absicht hast, später dazu zu stehen. Man kann Dir nicht trauen. Dein Ja ist kein Ja, und Dein Nein ist kein Nein. Wenn Du unter Druck gerätst, sagst Du dem einen, was er hören will, und dem andern genau das Gegenteil, um ihn erst einmal ruhigzustellen. Du nimmst keinen festen Stand ein, sondern bist verzweifelt bemüht, allen nach dem Munde zu reden.

Du hast Deine Integrität aufs Spiel gesetzt, indem Du Dich mit den religiösen Machtzentren dieses Landes eingelassen hast, die jetzt in Mißkredit geraten sind. Es wäre klüger gewesen, dem Vater zu vertrauen, daß er Dich dort groß macht, wo es sein Wille gewesen wäre. Im Vertrauen auf ihn hättest Du kühn und gelassen sein können, wogegen der Pfad, den Du eingeschlagen hast, dazu geführt hat, daß Du Sünde nicht mehr unbedingt als etwas Verkehrtes ansiehst. Du hast Dich arrangiert und die Augen verschlossen, obwohl Du ein Johannes der Täufer hättest sein können. Noch eine persönliche Anmerkung: Ich glaube, daß Du sogar Angst vor dem Durchgreifen hattest, als es darum ging, mit einem konkreten Fall von Ehebruch in Deinem Mitarbeiterstab umzugehen. Warum fehlt Dir das Rückgrat, einmal wirklich auf eigenen Beinen zu stehen? Warum mußt Du auf Äußerlichkeiten zurückgreifen und aus Angst immer nur darauf aus sein, den Menschen zu gefallen?

Das mag genügen.

Ich fühle mich ohnehin recht unwohl dabei, Dir dies zu schreiben. Ich habe gehört, daß Du Menschen einfach fallenläßt, die Dich durch ihre unverblümte Rede aus dem Konzept bringen. Ich bin von mindestens fünf Menschen gewarnt worden, daß Du taub seist, daß es eine geistliche Belastung gebe, die Dich gebunden und unfähig gemacht hat, diese Dinge auch früher schon zu hören und daß es gar keinen Zweck habe, die Brücken abzureißen und unerfreuliche Dinge in der Öffentlichkeit zu äußern. Der Herr hat mir nicht den Auftrag erteilt, Dir diese Dinge für Dein Leben zu sagen.

Ich bin beileibe nicht vollkommen. Wer bin ich, daß ich über den Splitter in Deinem Auge ein Geschrei veranstalten sollte. Und wo käme ich hin, wenn ich einen großen Mann Gottes kritisiere – einen selbsternannten Apostel, den man in der Presse zitiert und der ein wichtiger Diener des Allerhöchsten ist?

Wenn Du meinen Rat hören willst, dann bete dafür, daß der Herr Dir Deinen persönlichen Nathan schickt – den Propheten, der König David seine Sünde vorhielt. Bete, daß Du ihn erkennen mögest, wenn er kommt, und daß Du wieder Kraft findest, auf seine Warnung hin zu handeln.

Nun gut. Vielleicht begreifst Du, daß ich viel lieber ein gutes Frühstück mit einem guten Freund genossen und über die 42 Millionen Gemeindeschulden oder ähnliches ausgetauscht hätte. Aber es mußte einfach jemand mal ein Wort sagen. Ich bin wahrscheinlich gar nicht der Richtige dafür. Deshalb habe ich durch mein Weggehen dafür gesorgt, daß mich das alles nichts mehr angehen muß. Es ist doch viel angenehmer, alles so zu lassen, wie es ist, und woanders anzubeten.

Aber diese Welt ist nicht immer ein angenehmer Ort.

Dein Freund . . .

Brüder und Schwestern, lassen Sie diesen Brief einen Augenblick wirken, und achten Sie dann einmal darauf, wie erfolgreich die dämonische Taktik in diesem Fall aufgegangen ist. Hier haben wir es schließlich mit guten Christen zu tun, die sich gegenseitig anklagen und damit entfremden. Sie sind so voller Wut.

Wo ist aber ihre Sehnsucht geblieben, die Verlorenen zu gewinnen? Sie ist in all dem Aufruhr untergegangen. Alles andere ist in den Vordergrund getreten. Erkennen Sie die Strategie des Verderbers? Gehen wir uns nur gegenseitig an die Kehle, und schon sind wir nicht mehr in der Lage, einer sterbenden Welt zu helfen.

Ich habe den Eindruck, als habe sich hier jemand in die Schlacht gestürzt, ohne den Einsatzbefehl vom Oberkommandierenden erhalten zu haben.

Wenn wir versuchen, Gottes Schlachten zu schlagen, ohne ihn selbst zu kennen oder seine Gebote gehört zu haben, dann sind wir kaum einsatzbereiter als eine Armee, deren Infantrie nach eigenem Gutdünken die Marschrichtung bestimmt. Wie mittelalterliche Kreuzfahrer machen wir uns noch heute auf die Suche nach heiligen Gralen mit dem Schwur auf den Lippen, wir würden alle Ungläubigen töten, die beschmutzen, was immer wir als heiliges Land erklären.

Dabei sind wir auf logische, allzu menschliche Lösungen aus – die selten Gottes Vorstellungen entsprechen.

Und gerade das tun meines Erachtens viele der christlichen Unruhestifter. Mit ihrer Unbesonnenheit kommt es ihnen nicht mehr in den Sinn, wie notwendig es ist, die biblischen Leitlinien für die Anklage der Brüder zu beachten. Sie wollen sich einfach nicht mehr die Mühe machen, mit viel Zeitaufwand einen Beschuldigten unter vier Augen zur Rede zu stellen und gegebenenfalls einen Bruder hinzuzuziehen, wenn sie meinen, daß jemand mit öffentlichem Amt das Vertrauen einer großen Zahl von Menschen mißbraucht hat. »Dagegen muß sofort etwas unternommen werden«, sagt man dann schnell.

Doch wir müssen viel eher fleißig Gottes Wort studieren und auf die noch sehr lebendige Führung Jesu durch den von ihm verheißenen Helfer, den Heiligen Geist, warten.

Es ist in unseren Kreisen ausgesprochen populär, den weltlichen Humanismus zu attackieren, wo immer er auftritt. Doch wir scheinen blind für die schreckliche Tatsache zu sein, daß sein Bruder, der christliche Humanismus, die Gemeinde schon durchdrungen hat. Er hat von Anfang an seine zerstörerische Rolle gespielt.

Dies ist, was Paulus Timotheus über jene schreibt, deren Fehler es ist, daß sie sich nicht bei Gott rückversichern, bevor sie seinen Willen verkünden.

> Davon sind einige (Gesetzeslehrer) abgeirrt und haben sich hingewandt zu unnützem Geschwätz, wollen die Schrift meistern und verstehen selber nicht, was sie sagen oder was sie so fest behaupten. Wir wissen aber, daß das Gesetz gut ist, wenn es jemand recht gebraucht, weil er weiß, daß dem Gerechten kein Gesetz gegeben ist . . . (1. Tim. 1,6-9).

Wenn Sie das ganze Kapitel sorgfältig lesen, werden Sie feststellen, daß Paulus sich hier nicht über die Heiden ausläßt. Er äußert sich abfällig über christliche Lehrer, die sich des Evangeliums bemächtigen und es auf allerlei Abwege bringen. Der Rat des Paulus an Timotheus geht noch weiter:

> Der Geist aber sagt deutlich, daß in den letzten Zeiten einige von dem Glauben abfallen werden und verführerischen Geistern und teuflischen Lehren anhängen, verleitet durch Heuchelei der Lügenredner, die ein Brandmal an ihrem Gewissen haben (1. Tim. 4,1-2).

Was bedeutet das alles? Einige Leute unternehmen den törichten Versuch, Gottes »Aufgaben« dadurch anzugehen, daß sie sich habgierig des Zehnten aus Gottes Volk bemächtigen. Manche gewinnen dabei Lust an Macht und Anerkennung, und andere gehen vollkommen blauäugig daran, ohne recht zu wissen, wie man Gott sucht und seine Stimme hört. Ein Beispiel hierfür ist wohl ein Pastor, der kürzlich einer Frau riet, sich von ihrem faulen Ehemann scheiden zu lassen. Und dann gab er ihr noch einen Scheck vom Gemeindekonto für die Gerichtskosten. Beispielhaft hierfür sind auch Gemeinden, die sich – im Namen der Menschenrechte – für atheistische Ziele einspannen lassen und für die eine oder andere kommunistisch angehauchte »Befreiungsfront« in der Dritten Welt spenden.

Es gibt weitere Beispiele: Nehmen wir den Propheten auf Rundreise, der für jeden, der zum Gebet nach vorn kommt, eine aufrüttelnde Prophetie aus dem Ärmel schüttelt, während er in Wirklichkeit gar nicht immer etwas vom Herrn hört. Deshalb muß er hin und wieder als einer, der es versteht, Menschen glücklich zu machen, auf seine menschliche Gewitztheit und Menschenkenntnis zurückgreifen.

Ich glaube, wir praktizieren oft christlichen Humanismus mit durchaus guten Absichten, weil uns Gottes Wort nicht gegenwärtig ist und weil wir nicht bereit sind, gegen verderbliche Traditionen aufzustehen, gegen menschliche Dogmen, falsche Auslegungen und offensichtliche Hirngespinste, die man auch noch als christlich ausgibt.

Wir maßen uns aber auch an, Gottes Probleme zu lösen, wenn wir uns selbst in leitende Funktionen der Arbeit Gottes heben, bevor uns der Herr überhaupt dazu berufen hat. Unqualifiziert nehmen wir den Mund zu voll und reden über Dinge, von denen wir viel zu wenig verstehen. Verzweifeln Sie aber nicht. Christlicher Humanismus kann geheilt werden, wenn nämlich jeder Gläubige bußfertig vor Gott auf sein Angesicht fällt und um Führung, Gnade, Weisheit, Offenbarung und Stärkung zum Gehorsam bittet, um die klaren Anweisungen des Herrn befolgen zu können.

Mein Freund Bill besuchte neulich eine einwöchige Konferenz, die von einem ziemlich bekannten geistlichen Lehrer und seinem bereits designierten Nachfolger abgehalten wurde. Bei einer der Abendveranstaltungen ließ man das Opfer dreimal durch die Reihen gehen, während der Redner um Tausende von

Dollars bat. Selbst die Leute in abgetragenen Sachen legten noch ihre letzten 5-Dollar-Noten in den Korb.

»Herr«, betete mein Freund, als der Lehrer wieder zu einem Aufruf ansetzte, »wie kannst du dieses falsche Spiel noch segnen?«

Zitternd vor Empörung neigte Bill sich zum Gebet, als der Ordner ihm den Opferkorb ein weiteres Mal gereicht hatte. »Herr, dieser Lehrer ist ein Scharlatan. Seine Aufrufe sind genauso durchsichtig wie die eines Giftmischers, der seine Produkte anpreist. Er bestiehlt doch diese netten, gutgläubigen Menschen!«

Doch dann – tief in seinem Herzen – meldete sich plötzlich die Stimme der Erkenntnis:

> Dieser Lehrer dort vorn ist so menschlich, wie du es auch bist. Ich liebe ihn genauso, wie ich dich liebe. Und ich erwarte von dir, daß auch du ihn liebst, so wie du jeden Sünder und jeden Gläubigen gleichermaßen lieben sollst. Seine Sünde geht nur mich etwas an, dich aber nicht.

Bill saß da und war zum Schweigen gebracht. »Vater«, betete er im stillen, »vergib mir. Vergib mir.«

Hat er dann doch noch reumütig 100 Dollar in den Korb gelegt? Nein, er tat es nicht. Am Ende verließ er diesen Gottesdienst mit der Absicht, niemals mehr eine Veranstaltung dieses Lehrers zu besuchen. Doch er hörte damit auf, ihn vor dem Herrn zu verklagen. Denn genau das tut nämlich Satan. Viele von uns vergessen allzuleicht Jesu unzweideutige Anordnung, unser Interesse am Splitter im Auge des Bruders fallenzulassen und statt dessen die Beseitigung jenes Stückes von ganz anderen Ausmaßen im eigenen Auge voranzutreiben.

Dies ist ein interessanter Vergleich, den unser Herr hier anstellt. Er wollte wohl unsere Aufmerksamkeit auf die Tatsache richten, daß es äußerst zerstörerisch wirken kann, wenn man richtend, selbstgerecht und negativ kritisch ist. Das ist genauso gefährlich wie jede andere Sünde. Wie können wir dem aus dem Weg gehen? Wir müssen eben unseren Blick nur auf Jesus richten, statt auf andere Menschen.

Das bedeutet nun nicht, daß wir fortan das Leben eines Einsiedlers führen müßten, der menschenscheu nur noch über Jesus meditiert. Wir dürfen nämlich dem starken Drängen der Bibel, die Gemeinschaft der Gläubigen zu suchen, nicht ungehorsam sein. Aber der Blick auf Jesus bedeutet eben auch nicht, daß wir unseren Evangelisten, Lehrern, Pastoren und Hirten grundsätzlich immer mißtrauen müssen. Allein auf Jesus zu schauen heißt, daß er allein würdig ist. Würdig, würdig ist das Lamm, das geschlachtet ist. Menschen versagen, Jesus wird es niemals. Menschen straucheln im Kampf um die Heiligkeit und fallen den Verderbern zum Opfer.

Jesus wird dies nicht passieren. Und das ist die Antwort! Richten wir doch unseren Blick auf ihn. Gott hat es sich niemals anders gedacht.

Gelobt sei sein Name! Wenn wir wieder auf Gottes Stimme hören wollen, müssen wir uns darauf einstellen, daß es zunächst einmal so aussieht, als ernteten wir nur Schweigen. Aber es ist vielleicht gar kein Schweigen, denn wir müssen es möglicherweise erst wieder lernen, die Stimme unseres Hirten zu erkennen.

Andere müssen vielleicht ganz von vorn anfangen und erst lernen, die Stimme des Herrn von anderen zu unterscheiden. Was für eine Freude stellt sich ein, wenn wir die sanfte, beruhigende Stimme des Herrn zum ersten Mal vernehmen.

WORAN MAN EINE SEKTE ERKENNT

Vielleicht wundert es Sie, daß ich den christlichen Humanismus angreife und einen offenkundig weltlichen Humanismus in der Kirche außer acht lasse. Man denke nur an Gemeindeleiter, die die Jungfrauengeburt und die Auferstehung anzweifeln oder die um sich greifende Irrlehre, daß Gott heute zu den Christen nicht mehr redet, verbreiten. Hüten Sie sich vor solchen Lehrern. Neulich verkündete doch eine liebe Dame, die Definition im Wörterbuch für »Sekte« umfasse jede Gruppe, die von sich behauptet, Offenbarungen in der Gegenwart zu bekommen.

Die Bibel nimmt diese Unterscheidung allerdings nicht vor. Wir werden ja gerade angehalten, auf Propheten zu hören und unser gottgegebenes Unterscheidungsvermögen und unsere Erkenntnis des Wortes dazu zu benutzen, herauszufinden, ob ihre Offenbarungen auch göttlich sind.

Ich möchte hier eine bessere Definition für »Sekte« liefern: jede angeblich christliche Gruppe, deren Führer behaupten, alle Antworten für ihre Anhänger zu haben, und deren Mitglieder dazu angehalten werden, Kontakt mit Christen außerhalb der Gruppe zu meiden. Solch eine Lehre beruft sich darauf, daß weise Glaubensgründer schon Jahre zuvor alle notwendigen Lehrsätze aufgestellt hätten, so daß es nicht mehr nötig sei, auf eigene Faust Gottes Wahrheit zu suchen.

Wenn Sie in solch einer Gruppe sind, dann seien Sie zur Vorsicht gemahnt! Lesen Sie doch einmal, wie der Apostel Paulus in Römer 16,17-18 warnend spricht:

> Ich ermahne euch aber, liebe Brüder, daß ihr euch in acht nehmt vor denen, die Zwietracht und Ärgernis anrichten entgegen der Lehre, die ihr gelernt habt, und euch von ihnen abwendet. Denn solche dienen nicht unserm Herrn Christus, sondern ihrem Bauch; und durch süße Worte und prächtige Reden verführen sie die Herzen der Arglosen.

In Jesaja 1,23.26 und in 3,14-15 wird die Schuld an der Sünde Judas hauptsächlich den Hirten, Pastoren und Führern gegeben. Jesaja 9,17 schließt auch die Laien mit ein, die durch ihre persönlichen Sünden auf Abwege geraten sind. Die Folgen der Sünde sind zwar unabwendbar, aber die Verantwortung dafür liegt bei den Hirten, die, wie Jesaja sagt, sich verhielten wie Wachhunde, die nicht bellen.

Ironie ist es, wenn ausgerechnet die, die geistlich Verantwortung tragen, dem Glauben den Rücken kehren und verkünden, Gott sei tot, und schließlich auch noch ins Okkulte verstrickt werden. Das erfordert doch bestimmt nicht weniger Glaubensbereitschaft, sondern eher ein zusätzliches Maß an Leichtgläubigkeit.

Der bereits verstorbene Bischof James Pike schien früher ein ernsthafter christlicher Denker gewesen zu sein. Dann zog er allmählich immer mehr christliche Glaubenssätze in Zweifel. Irgendwann war es dann nach seinen Worten soweit, daß er das Apostolische Glaubensbekenntnis zwar noch in der Liturgie singen konnte, aber es waren eben nicht mehr seine Worte, denn was sie beinhalteten, konnte er nicht mehr akzeptieren.

Bischof Pike fing nun an, sich für das Anrufen dämonischer Geister zu interessieren. Das ist ja eine schöne Beschäftigung für einen Geistlichen, mögen Sie sagen. Es sieht so aus, als habe er sich schon für den Spiritismus zu interessieren angefangen, kurz nachdem er Priester der Episkopalkirche geworden war. In seiner Pfarrei in Poughkeepsie hörte er nämlich eines Tages merkwürdige Geräusche.

In England nahm dieses Phänomen noch zu, und er stellte fest, daß Bücher und ander Objekte auf unerklärliche Weise hinter verschlossenen Türen bewegt worden waren. Bischof Pike sorgte für einen beträchtlichen Aufschwung des Spiritismus und Okkultismus, als er an einer vom Fernsehen übertragenen spiritistischen Sitzung mit dem berühmten Medium Arthur Ford teilnahm. Dadurch und durch weiteren Umgang mit andern Medien setzte Pike Millionen Menschen den falschen Behauptungen dieser sogenannten Religion aus, die oft genug eine Mischung aus Scharlatanerie und Betrug ist.

Als Pike in der Wüste Sinai zwischen Israel und Ägypten verschwand, setzte sich seine Frau mit verschiedenen Medien in Verbindung, von denen einige dann behaupteten, er sei wohlauf und am Leben. Sie ließ aber bald nichts mehr von sich hören, als sich herausstellte, daß er doch längst tot war.

Offensichtlich hatte er sich auf »Stimmen« eingelassen, die ihm das Gespräch mit seinem Sohn vermitteln wollten, der Selbstmord begangen hatte. Ihren Anweisungen folgend, hatte er sich in die Wildnis aufgemacht, wo er sich verirrte und schließlich an Unterkühlung und vor Durst starb.

Doch das ist genau die Art und Weise, wie die »freundlichen« Geister ihre menschlichen Lehrlinge behandeln. Sie bringen Tod, Enttäuschung und Zerstörung mit sich. Sie versprechen immer gerade soviel, um den Wißbegierigen in ihren Abgrund zu locken. Seien Sie hier vorsichtig! Und seien Sie sehr zurückhaltend bei Gemeinden, die Selbstwertgefühl und Selbstverwirklichung in den Mittelpunkt stellen. Diese Neigung zur Eingenommenheit von sich selbst ist die große Lüge, die Satan immer noch einsetzt, um den Menschen von wahrer Gemeinschaft mit Gott wegzulocken, hin zu dem Verlangen, sein eigener Gott zu sein.

Heute müssen wir erleben, wie diese große Lüge in den eigenen Reihen der Gemeinde verbreitet wird. Und es gibt noch genug andere Lügen, die vorgeblich Ausdruck von Christentum sind:

- Da wird behauptet, der Mensch sei das Maß aller Dinge und die höchste Autorität über die Wahrheit. Und als höchste

Autorität würden wir unsere eigenen Richtlinien bestimmen, denn nur wir seien ja imstande zu beurteilen, was gut für uns ist.

- Es wird gesagt, wir könnten alles sein, was wir wollten, wenn wir nur genug an uns selbst glauben würden.

- Man hört, daß es viele, viele Wege zur Wahrheit gibt und daß wir uns nicht einengen sollten auf unzeitgemäße, besonders fundamentalistische und fanatische Vorstellungen in religiösen Fragen. Und ganz bestimmt dürften wir nicht die Glaubensüberzeugungen anderer herabwürdigen, indem wir daran festhalten, nur unsere seien richtig und die anderen falsch. Statt dessen sollten wir uns mit allen Wegen zur Wahrheit beschäftigen, denn dann würden wir herausfinden, was für uns das richtige ist – sei es New-Age mit neuzeitlicher Zauberei, positives Denken mit Geistbeherrschung, Scientology, östlicher Mystizismus oder gar uramerikanischer Spiritismus.

Ganz besonders wirkungsvoll hat sich Satans Unterwanderung biblischer Wahrheiten erwiesen:

- Da gibt es die Lüge, daß Missionare bedeutende primitive Kulturen zerstören und daß man die Eingeborenen in den Regenwäldern lieber in Ruhe lassen sollte.

- Man schürt die Furcht vor dem »Fundamentalismus«. Schließlich habe das Beharren auf seiner moslemischen Variante zum Chaos im Iran unter dem Ayatollah Khomeini geführt. Genauso – behauptet man – muß jede Form des christlichen Fundamentalismus auch im Westen gefürchtet werden.

Haben wir solche Kompromisse nicht als Wahrheiten verkündet gehört? Wie sehr das doch schmerzt.

- Nein, wir können uns nicht unsere eigenen Regeln machen. Gott allein ist Gott, und wir sind niemals Gott. Wir müssen aber ihm gehorchen und seine Wege gehen, ob wir sie in seinem Wort, der Bibel, finden oder von ihnen durch seine leise, zurückhaltende und von uns »Gewissen« genannte Stimme erfahren.

- Nein, wir sind nicht das höchste Wesen. Wir werden niemals Götter sein. Wir sind bescheidene Geschöpfe, auf die Erde gesetzt, um mit Gott, dem Herrn, Gemeinschaft zu haben, um ihn anzubeten, ihn zu verherrlichen und ihm zu gehorchen, ihm, dem einzigen Herrn und Meister des Universums, der seinen Sohn Jesus Christus gesandt hat, um uns den Weg zum ewigen Leben und zum Frieden mit unseren Mitmenschen zu weisen.

- Ja, jeder von uns hat außergewöhnliche Gaben, Talente und Berufungen, denn wir sind nach Gottes großartigem Bild geschaffen worden. Aber wir können es mit Gottes tagtäglicher Hilfe nur zu etwas bringen, wenn wir es lernen, ihm nachzutun, indem wir uns seinem mittragenden Geist anvertrauen und täglich seinen großartigen Plan für jeden von uns in Erfahrung zu bringen suchen.

- Der Erfolg läßt sich nicht anhand von Einfluß, Beifall oder Wohlstand bestimmen. Der Herr ruft uns ja auf, all dies zu verleugnen.

- Jeder von uns ist gerufen, seine gottgegebenen Gaben einzusetzen, um die Verlorenen zu gewinnen. Keine Entschuldigung wird die Beschämung des Ungehorsamen decken, wenn sich am Tag des Gerichts der Himmel öffnet und Luzifers Gewebe von Lüge und Verrat in einem Augenblick vor der ganzen Menschheit bloßgelegt wird.

Ein Freund brachte mir neulich eine Werbung von einem bekannten Buch-Club mit. Dort hieß es: »Bringen Sie die Macht des Okkulten in Ihre Gewalt!« Im Angebot folgte eine Mixtur von Büchern, Tarotkarten, magischen Zahlenspielen und astrologischen Karten – alles Dinge also, die die Leute mit der Finsternis verstricken können. Überall drängen solche Dinge jetzt ans Tageslicht. In den Straßen von Rom und Los Angeles demonstrieren die Hexen dafür, ihre Riten in aller Öffentlichkeit abhalten zu können. In England und Europa werden Gräber geöffnet, Grabsteine umgeworfen, Kirchen werden entweiht und entwürdigende Handlungen vollzogen.

In Amerika wird Satan angebetet! Immer mehr Menschen mit übersinnlicher Wahrnehmung genießen Ansehen in der Öffentlichkeit. In Kalifornien tauchte neulich ein Mann mit übersinnlichen Kräften an einer renommierten Universität auf und wollte dort versuchen, diese unter Beweis zu stellen. Man hörte davon, daß er Gedanken lesen, Schlüssel biegen und Löffel zerbrechen könne, ohne sie zu berühren. Selbst Uhren sollte er durch unbekannte Kräfte reparieren können. Er sagt, solche Kräfte würden wohl nicht seiner eigenen geistigen Kapazität entspringen: »Ich glaube, sie werden durch mich von einer intelligenten Macht im Universum erzeugt. Ich glaube an Gott, aber ich glaube nicht, daß sie von ihm kommen.«

Wenn diese sonderbaren Fähigkeiten von einer intelligenten Macht im Universum kommen, die nicht Gott ist, welche Macht ist dann gemeint? Ich glaube, Sie wissen es.

Brüder und Schwestern, bevor wir irgend etwas im Namen des allmächtigen Gottes tun, müssen wir in aller Demut und mit ganzer Entschiedenheit sein Angesicht suchen. Wir müssen das Problem im Licht seines Wortes zu beurteilen versuchen, nicht nach unserem eigenen Verständnis, noch nach menschlichem Vermögen und menschlicher Weisheit.

Wenn man sich dies zu Herzen nimmt, kommt man dann nicht auf den Gedanken, der menschliche Verstand sei ein Fluch? Das ist er sicher nicht. Gäbe es sonst so viele Ermahnungen, die Schrift zu studieren und über den Herrn nachzusinnen? Nur wenn wir Dinge allein aufgrund unseres Verstandes oder unserer Gefühle ohne göttliche Führung in Angriff nehmen, dann ziehen wir in einen geistlichen Kampf ohne Heerführer.

Wir stürzen uns ins Getümmel, ohne seine Anordnungen abzuwarten, ohne daß uns Beistand zugesagt wäre und ohne eine göttliche Strategie in Empfang genommen zu haben. Wir stürmen die Stellungen Satans mit unseren eigenen Kräften und beginnen einen Krieg, obwohl gar kein Angriffsbefehl vorliegt.

Das Ergebnis ist, daß heute überall die Verwundeten auf der Strecke bleiben. Anklagend deuten wir mit den Fingern auf sie:

»Da muß etwas schiefgegangen sein«, rufen wir empört. »Das muß an seiner Vorgehensweise gelegen haben. Wir würden es natürlich anders machen. Wir haben schließlich ein reines Herz.«

Doch die Wahrheit sieht anders aus: Wir haben es zugelassen, daß unser Herz durch Überheblichkeit, Selbstgerechtigkeit und Religiosität verdorben wurde. Ist aber unser Herz erst einmal Jesus Christus unbemerkt entfremdet worden, dann nehmen die Begierden des Fleisches den ihnen nun zugestandenen Freiraum ein, und das Ego läuft Amok. Wir schauen nur noch aufs Geld, auf Ruhm und Ehre und auf Menschen. Entweder wir leben dann ein Christentum voll Glitzer, das die Berühmtheiten vergöttert, oder aber wir betreiben den toten Kult um den christlichen Intellekt.

Umkehr und Buße spielen wir herunter, statt uns der sündigen Begierden unseres menschlichen Herzens anzunehmen, oder aber wir schlagen den ganz entgegengesetzten Weg ein und versuchen, christliche Pharisäer zu sein, die strikt am Gesetz festhalten. Und allzuoft wandern wir von einem geistlichen Lehrer zum andern in der Hoffnung, eine Verkündigung vorzufinden, die nicht von uns verlangt, unsere Herzen, Motive und Handlungen zu prüfen, sondern uns statt dessen Selbstverwirklichung, Bestätigung, Wohlstand, Unterhaltung und eine angesehene Stellung unter uns Christen zugesteht.

Von christlicher Disziplin und Hingabe wollen wir nichts wissen. Wir nehmen keine dienende Haltung ein und arbeiten um keinen Preis als Kinderstundenmitarbeiter, Beter, Ordner, Straßenevangelist oder als Mitarbeiter im Besuchsdienst für die, die nicht mehr aus dem Haus können. Statt dessen werden wir Christen, die immer nur rufen: »Ich brauche was, ich brauche was.« Und dann glauben wir, unser Verlangen würde gestillt, wenn wir in Reih und Glied zum Gebet stehen und regelmäßig dem Altarruf folgen.

Vielleicht wenden wir uns aber auch dem anderen Extrem zu und werden ausschließlich dienst- und leistungsorientiert und halten uns fest an menschlichen Regeln, Bedingungen, Glaubensbekenntnissen, Denominationen und Theologien. Wir versuchen, uns durch gute Werke Gottes Gnade zu erarbeiten. Auf der Suche nach neuen und besseren Antworten wenden wir unseren Blick nicht ab von Richtlinien, die oft nur allzu menschlich sind. Mit unseren menschlichen Lösungen warten wir auf, um so schlichten Problemen wie dem Lehrplan der Sonntagsschule beizukommen, aber auch, um so gewaltige wie den Welthunger zu lösen.

Der desolate Zustand ist beiderseits der großen theologischen Trennlinie gleichermaßen gravierend. Die Charismatiker und Pfingstler werden von Propheten heimgesucht, die vorgeben, Botschaften vom Herrn zu verkünden, welche aber vom Propheten selber kommen.

In fundamentalen und evangelikalen Gemeinden wird der Mantel der Propheten häufig von Theologen aufgegriffen, die die abenteuerlichsten Dinge verkünden, weil sie sich auf biblische Wahrheiten berufen, ohne deren Einbettung im Text berücksichtigt zu haben.

In katholischen Kreisen hat sich der Humanismus unter dem Deckmantel der Tradition eingeschlichen. Wie der Milchmann Tevye in dem Musical »Der Fiedler auf dem Dach« werden ernsthafte Christen immer wieder auf Herausforderungen und Anfragen mit dem Ruf »Tradition!« antworten. Warum tun wir dieses oder jenes? Weil wir es eben immer schon so gemacht haben. Das ist Tradition!

Doch, liebe Freunde, wenn die Tradition menschlichen Ursprungs ist und wenn sie mit dem, was in der Bibel zu lesen ist, nicht im Einklang steht, dann haben wir es mit christlichem Humanismus zu tun.

Das Problem ist nicht neu. Seit dem Garten Eden hat sich der Mensch immer für den Gedanken erwärmen lassen, er wisse mehr als Gott oder habe zumindest genug gottgegebene Weisheit, um Dinge allein, ohne göttliche Einmischung, in Angriff zu nehmen.

Ich spreche von Christen, die zu glauben scheinen, sie könnten noch immer auf längst vergangenen religiösen Erfahrungen ausruhen und automatisch mit Gottes Unterstützung rechnen, was immer sie sich auch in den Kopf gesetzt haben. Aber seien Sie gewarnt: Sie und ich, wir geraten in Schwierigkeiten, wenn wir es versäumen, mit allem, was wir in Angriff nehmen, vor den Herrn zu treten.

Damit angesprochen sind aber auch christliche Leiter, die die Schlacht ums Evangelium in ihre eigenen Hände nehmen. Wir christliche Soldaten haben einen Vorgesetzten. Wir müssen geduldig auf die Erlaubnis zur Attacke warten. Und selbst dann müssen wir noch anhaltend um seinen Segen für jede Einzelheit unseres Schlachtplans beten. Wir kommen in große Schwierigkeiten, wenn wir gleich damit anfangen, Befehle aufgrund eigener Weisheit und Stärke auszugeben.

Die Fertigkeit, für das Böse Ausreden zu finden, hat man schnell gelernt. Das Ende vom Lied ist dann, daß wir uns einreden, wir würden einer gerechten Sache dienen und deshalb heilige bei der Kriegsführung der Zweck die Mittel.

Wie oft haben wir schon beobachten können, wie legitimierte Glaubenswerke hier extrem geworden sind und beispielsweise für ihre finanziellen Nöte mit klug ausgedachten Tricks gekämpft und arglose Mitstreiter manipuliert haben, indem sie nicht vorhandene Krisen oder dringende Nöte vorgespielt haben.

Ich warne noch einmal: Sie und ich, wir können große Probleme bekommen, wenn wir es versäumen, mit allem, was wir in Angriff nehmen, vor den Herrn zu treten. Ich spreche auch von den christlichen Leitern, die sagen, daß die vielen Blessuren, die die Kirche davongetragen hat, dadurch geheilt werden können, daß wir uns auf von Menschen erdachte Lehrsätze und Traditionen zurückziehen, die ihre Wirksamkeit schon gezeigt zu haben scheinen. Diese weitverbreitete Diagnose kommt zu dem Schluß, wir müßten zu intellektuell redlichen theologischen Glaubensgrundlagen und einer entsprechenden Ethik zurückkehren.

Natürlich, das stimmt ja. Aber das Problem dabei ist dies: Welchen Menschen sollen wir bestimmen, daß er uns sagt, welche Grundaussagen von Gott und welche menschliche Irrlehren sind?

Paulus warnte die Gemeinde in Korinth davor, einem Lehrer nach dem andern nachzulaufen und so die Bruderschaft in Lager zu spalten, die sich wegen unterschiedlicher menschlicher Antworten gegenseitig den Kopf waschen.

> Ich ermahne euch aber, liebe Brüder, . . . laßt keine Spaltung unter euch sein . . . Denn es ist mir bekannt geworden über euch . . ., daß Streit unter euch ist. Ich meine aber dies, daß unter euch der eine sagt: Ich gehöre zu Paulus, der andere: Ich zu Apollos, der dritte: Ich zu Kephas, der vierte: Ich zu Christus. Wie? Ist Christus etwa zerteilt? Ist denn Paulus für euch gekreuzigt? Oder seid ihr auf den Namen des Paulus getauft? Ich danke Gott, daß ich niemand unter euch getauft habe . . ., damit nicht jemand sagen kann, ihr wäret auf meinen Namen getauft (1. Kor. 1,10-15).

Durch die Jahrhunderte hindurch hat unsere menschliche Neigung, eher Menschen zu folgen als Jesus Christus, dazu beigetragen, daß wir als das große Haus des Herrn nicht mehr eins sind. Und die eifrigen Diener der Hölle freuen sich darüber. Von Anfang an waren die christlichen Lehrer versucht, die Schrift mit Hilfe ihres eigenen menschlichen Verstandes auszulegen. Die Briefe sind voller Warnungen an die frühe Kirche, nicht den falschen Auslegungen gewisser Lehrer und den menschlichen Dogmen verschiedener geistlicher Leiter Gehör zu schenken.

In der jüngeren Kirchengeschichte haben wir beobachten können, wie sich das Problem noch ausgeweitet hat:

- Da bestimmt irgend jemand einfach, daß wir uns, wenn wir wahre Gläubige sein wollen, mit unserer Kleidung unterscheiden und ein karges Leben führen müssen. Und schon zieht er los mit einer Handvoll Anhänger, und selbstgerecht deutet er anklagend mit Fingern auf jene, die nicht hören wollen.

- Jemand anders verkündet, daß wir, um wahre Christen zu sein, alle Instrumentalmusik aus unseren Gottesdiensten verbannen müßten. Und schon macht er sich auf, trennt sich von seinen Mitgläubigen und verurteilt alle, die angeblich Betrogene des Satans bleiben.

- Und noch jemand anders fängt an zu lehren, daß wir der Kirche eine in sich geschlossene Struktur geben müßten mit autoritären Hirten, die ihrer Herde Entscheidungshilfen dazu geben, ob es der rechte Zeitpunkt ist, zu heiraten, ein neues Auto zu kaufen oder die Kinder zu strafen.

Selbst sehr angesehene Männer und Frauen erklären angesichts einer zerstrittenen Bruderschaft, daß die Kirche ihre gegenwärtigen Probleme durch folgende Maßnahmen angehen müsse:

- Wir müssen alle Gefühlsausbrüche aus unserer Anbetung entfernen.

- Wir müssen uns vom übertriebenen Glaubens- und Habgierevangelium derer trennen, die alle Schriftstellen in den Mittelpunkt stellen, nach denen Gott unser materielles Wohlergehen will.

- Wir dürfen nur mit Christen Gemeinschaft pflegen, die die Offenbarung auf eine ganz bestimmte Weise auslegen und verstehen.

- Wir müssen unsere Anbetung und unser Gebetsleben von allem reinigen, was auch nur die geringste Ähnlichkeit mit Entsprechungen in heidnischen Religionen hat, unabhängig davon, ob unsere legitimen Praktiken im Wort Gottes wurzeln oder bei den Aposteln der frühen Kirche bereits gang und gäbe waren.

- Wir müssen die Schäden, die zwei Jahrzehnte der Herausstellung des Glaubens und des Heiligen Geistes mit sich gebracht haben, beseitigen, besonders die Vorstellung, Gott rede immer noch zu uns, heile unsere Krankheiten, erwecke die Toten oder stelle die Versehrten wieder her.

Ich meine, diese Absurditätenliste kommt nicht vom Herrn und ist das Ergebnis eines christlichen Humanismus, der einer der ersten verderblichen Entwicklungen in der Kirche war:

> Und das sollt ihr vor allem wissen, daß keine Weissagung in der Schrift eine Sache eigener Auslegung ist. Denn es ist noch nie

eine Weissagung aus menschlichem Willen hervorgebracht worden, sondern getrieben von dem heiligen Geist haben Menschen im Namen Gottes geredet (2. Petr. 1,20-21).

Christlicher Humanismus ist das Ergebnis, wenn Menschen entscheiden, was Gott von seinem Volk erwartet. Das hört sich nach schlimmer Verfehlung an, weil es der falschen Prophetie sehr nahe kommt. Und diese strafte man im Alten Testament durch Steinigung des falschen Verkünders vor dem Stadttor. Ihre Entsprechung unserer Tage ist die größte Versuchung der christlichen Lehrer. Wie kommt das? Nun, weil jene, an die sich die Gläubigen mit ihren Fragen wenden, immer Antworten geben möchten.

Eine heimtückische Form des christlichen Humanismus behauptet, Gott spreche nicht mehr aktuell und wir alleingelassenen Menschenkinder müßten nun unsere eigenen Antworten durch verstandesmäßige Auslegung der Schrift suchen. Demzufolge sollen wir die Bibel als Leitfaden benutzen, der dann allerdings so in alle Einheiten zerlegt wird, wie die jüdischen Gelehrten das Alte Testament, komplizierte religiöse Regeln, Bestimmungen und Definitionen zerpflückten.

Warum ist diese Vorgehensweise falsch? Weil wir nicht, auf uns selbst gestellt, auf die Bibel zurückgreifen können. Ob wir es nun wahrhaben wollen oder nicht – wir alle sind menschliche Wesen mit unseren menschlichen Schwächen. Wenn wir versuchen, aus unserer eigenen Weisheit heraus die Bibel zu lesen, dann werden sich am Ende innere Konflikte bei uns einstellen. Nur gestärkt durch den Heiligen Geist und in Demut vor unserem großen Gott können wir uns daranmachen, Antworten im Wort zu suchen.

Lesen Sie einmal aufmerksam das folgende kleine Gedicht (selbst wenn Sie sonst keine Poesie mögen):

Denn das Wort vom Kreuz ist denen, die verlorengehen, Torheit;
uns aber, die gerettet werden, ist es Gottes Kraft.

Es heißt nämlich in der Schrift:

Ich lasse die Weisheit der Weisen vergehen und die Klugheit der Klugen verschwinden

Wo ist ein Weiser? Wo ein Schriftgelehrter?

Hat Gott nicht die Weisheit der Welt als Torheit entlarvt? Denn da die Welt angesichts der Weisheit Gottes auf dem Weg ihrer Weisheit Gott nicht erkannte, beschloß Gott, alle, die glauben, durch die Torheit der Verkündigung zu retten.

Die Juden fordern Zeichen, die Griechen suchen Weisheit. Wir dagegen verkündigen Christus als den Gekreuzigten: für Juden ein empörendes Ärgernis, für Heiden eine Torheit, für die Berufenen aber, Juden wie Griechen, Christus, Gottes Kraft und Gottes Weisheit.

Denn das Törichte an Gott ist weiser als die Menschen, und das Schwache an Gott ist stärker als die Menschen.

Seht doch auf eure Berufung, Brüder! Da sind nicht viele Weise im irdischen Sinn, nicht viele Mächtige, nicht viele Vornehme, sondern das Törichte in der Welt hat Gott erwählt, um die Weisen zuschanden zu machen, und das Schwache in der Welt hat Gott erwählt, um das Starke zuschanden zu machen.

Und das Niedrige in der Welt und das Verachtete hat Gott erwählt: das, was nichts ist, um das, was etwas ist, zu vernichten, damit kein Mensch sich rühmen kann vor Gott.

Von ihm her seid ihr in Christus Jesus, den Gott für uns zur Weisheit gemacht hat, zur Gerechtigkeit, Heiligung und Erlösung. Wer sich also rühmen will, der rühme sich des Herrn.

Als ich zu euch kam, Brüder, kam ich nicht, um glänzende Reden oder gelehrte Weisheit vorzutragen, sondern um euch das Zeugnis Gottes zu verkündigen. Denn ich hatte mich entschlossen, bei euch nichts zu wissen, außer Jesus Christus, und zwar als den Gekreuzigten.

> Zudem kam ich in Schwäche und in Furcht, zitternd und bebend zu euch. Meine Botschaft und Verkündigung war nicht Überredung durch gewandte und kluge Worte, sondern war mit dem Erweis von Geist und Kraft verbunden, damit sich euer Glaube nicht auf Menschenweisheit stütze, sondern auf die Kraft Gottes.

Wer ist der Dichter dieser Weisheitsliteratur? Es ist der Apostel Paulus in seinem ersten Korintherbrief (1,18-2,5).

Worum geht es Paulus hier? Er versucht, der Gemeinde in Korinth zu erklären, warum all ihr Gezänk und ihre Angewohnheit, den Lehrgebäuden von Menschen nachzulaufen, törichtes Handeln ist.

Ja, Geschwister, wir haben ein Problem. Es ist unsere menschliche Natur. Sie hat schon so manchen der treusten Diener Gottes in Schande und zu Fall gebracht. Und wenn sie einmal Amok läuft, so spielt sie Satan in die Hände. Unsere natürliche Gier nach Geld, Ansehen, Applaus, Macht und Zustimmung gehört nicht zum Plan Gottes für uns. Es ist Zeit, daß wir aufwachen und aus der Geschichte lernen. Wir haben Gottes Gesetze mißachtet. Wir müssen uns den Glauben der Vorväter daraufhin noch einmal genau anschauen und uns demütigen – in Zerbruch und in der Bereitschaft, alles hinzugeben. Dann verlangt es uns auch nicht mehr danach, christliche Superstars zu werden.

SUPERSTARS, HELDEN UND IDOLE

Der christliche »Superstar«, mit dem ich auftreten sollte, hatte ausgesprochen angenehme Umgangsformen. Und was er von sich gab, klang sehr »geistlich«. Er hatte immer das passende fromme Wort zur rechten Zeit parat. Die »Sprache Kanaans« setzte er souverän ein.

Doch als ich mich mit ihm unterhielt, begann ich hinter die Fassade zu schauen – durch die Art, wie er sich gab, wie er Augenkontakt hielt und wie er auf meine Versuche reagierte, ihm geistlich zu dienen. Aber auch mein Geist meldete sich lautstark, daß irgend etwas mit diesem noch jugendlichen »geistlichen Riesen« nicht stimmte.

Seine Botschaft vorn auf der Bühne war zwar unüberhörbar und deutlich, aber verpackt in eine verlockende christliche Botschaft, die nicht echt war. Hinter der Bühne trat dann noch mehr zutage – da meldete sich die wahre Natur seines Herzens. Er konnte sein Geheimnis nicht auf Dauer hinter schönen Worten oder religiösen Phrasen verbergen.

Er war unglaublich arrogant gegenüber jedermann – aufgeblasen, geradezu gehässig. Wild entschlossen wollte er mir seine verqueren theologischen Standpunkte überstülpen, obgleich er mich andererseits auch als Held und Vorzeigeobjekt respektierte. Verzweifelt kämpfte er um meine Aufmerksamkeit.

Er tat mir leid. Es war einfach tragisch, mit ansehen zu müssen, wie ein Bruder alles daransetzte, das Geschäft für Gott auf so unehrliche Weise zu machen. Dabei versuchte er verzweifelt, mich zu beeindrucken und mir ein zustimmendes Lächeln abzugewinnen. Ich sollte ihm beipflichten und ihm versichern, daß sein Dienst rechtmäßig sei.

Ich erkannte, daß er sich fürchterlich quälte. Weil ich morgens gern laufe, lud ich ihn ein, mit mir zu kommen. Als wir zusammen auf dem Weg waren, verhielt er sich nicht anders als sonst mit seinen Eskapaden. Ich spürte, daß ich keine andere Wahl hatte, als ihn in brüderlicher Liebe zur Rede zu stellen. Sehr behutsam und respektvoll sprach ich mit ihm darüber, daß ich seine Angst spürte, seiner falschen Geistlichkeit überführt zu werden. Ich teilte ihm meine Besorgnis bezüglich seines Herzens mit. Ich führte ihm vor Augen, wie ich seine wahre Einstellung herausbekommen hatte. Ich legte ihm nahe, daß er mit dem Herrn ins reine kommen müsse, und erklärte ihm, daß solche unehrliche Geistlichkeit am Ende seinen Dienst in der Öffentlichkeit – und was viel wichtiger ist – seine Seele zerstören würde.

Augenblicklich kam Haß in ihm hoch, und er grinste mich höhnisch an. Er leugnete alles und warf mir vor, ich als Evangelist sei nur neidisch auf seinen beruflichen Erfolg. Er spottete über mein geistliches Urteilsvermögen und warf seinerseits mir und allen Evangelisten vor, Scheinheilige, Illusionskünstler und religiöse Schaumschläger zu sein.

Als er sich von mir abwandte und zurück zum Hotel joggte, war ich zwar enttäuscht, aber nicht sonderlich überrascht. So viele Menschen, die im geistlichen Dienst stehen, sind gegenwärtig in einem ganz schlechten Zustand. Nach außen sind sie voller »Liebe«, besonders wenn die Fernsehkameras auf sie gerichtet sind.

Aber wenn man tiefer schaut, sind sie Schauspieler, die keine Skrupel mehr haben, die Engel in ihren religiös aufgemachten Shows zu spielen, indem sie immer das rechte Wort zur rechten Zeit parat haben. Viele von ihnen sind voll »gerechten Zorns« über andere christliche Leiter. Lautstark und boshaft überhäufen sie sie mit öffentlicher Kritik. Mit Fingern deuten sie auf deren schlimme Fehltritte, theologische Irrtümer und deren Übertretungen religiöser »Regeln«.

Ich möchte hier anmerken, daß das Leben eines christlichen Superstars beileibe kein reines Vergnügen ist. Jahrelang mußte ich genau diese Erfahrung machen. Mein Leben schien jedem zu gehören, nur nicht mir. Meine Erschöpfung nahm immer mehr zu – seelisch, geistlich und körperlich. Ich war ausgebrannt. Es wurde mir immer unangenehmer und peinlicher, wenn Menschen mich einen Helden nannten.

Was habe ich denn getan, um als Held angesehen zu werden? Ich war ein vernachlässigtes Kind, das Gott sich ausgesucht hat, damit es in seinen Dienst tritt. Durch die Gnade meines Herrn wurde es mir möglich, meine in Zauberei verstrickte Familie für Gottes Reich zu gewinnen. Und wir werden eines Tages im Himmel wieder eine große Familie sein. Aber das macht aus mir noch keinen Helden. Lesen Sie den Hebräerbrief, wenn Sie etwas über Helden erfahren wollen. Lesen Sie die Apostelgeschichte. Die dort erwähnten Menschen haben ihr Leben ihrem Glauben entsprechend ausgerichtet. Wer ist also ein Held?

Noah war ein Held. Er überstand Jahre voll Hohn und Spott, als er fest entschlossen war, sich nicht von einem anscheinend lächerlichen Projekt abbringen zu lassen. Und das, weil Gott ihm geboten hatte, eine Arche zu bauen und sie möglichst mit Menschen zu füllen, die vor dem unausweichlichen schrecklichen Gericht gerettet werden würden. Die Menschen lachten nur und weigerten sich, Buße zu tun. Doch wegen seines Glaubens sah Gott in Noah einen großen Menschen. Abraham war ein Held. Gott sagte ihm, er solle seine Heimat, wo es ihm gutging, verlassen und der Gründer eines heiligen Volkes in einer fremden Gegend werden.

Auch Joseph war ein Held. Er wurde von seinen Brüdern hinters Licht geführt und in die Sklaverei verkauft. Und obwohl er von der Frau seines Vorgesetzten versucht wurde, blieb er doch rein und verbrachte wegen seiner Weigerung, Ehebruch zu begehen, viele Jahre im Gefängnis – vergessen von seinen Anklägern. Als ihm die völlig unerwartete Möglichkeit geschenkt wurde, sich an seinen Brüdern schrecklich zu rächen, vergab er ihnen. Das ist ein Held.

Mose war ein Held. Johannes der Täufer war einer und auch Stephanus.

Aber ich will Ihnen auch sagen, wer kein Held ist. Was uns heute begegnet, unsere »Helden« sind nichts als ein trauriger Abklatsch – Filmschauspieler, Serienhelden, Musiker und Künstler verschiedenster Couleur.

John Wayne war kein Held. Er war zwar ein großartiger Schauspieler. Aber er hat sein Leben für niemanden hingegeben. Wie sieht es bei Oliver North aus, dem hochdekorierten Vietnam-Veteran (1987 Schlüsselfigur der sogenannten Iran-Contra-Affäre)? Er blieb seinen Überzeugungen treu und weigerte sich dann, opportunistischen Politikern Rede und Antwort zu stehen. Doch das prädestiniert ihn noch nicht zum Helden wie Mose, Johannes oder Stephanus.

Ich selbst bin nichts weiter als ein Prediger, einer, der sehr beunruhigt ist, wenn er mitbekommt, wie leichtfertig mit einem anderen Begriff umgegangen wird. Es geht um das Wort »Idol«. Erst neulich habe ich gehört, wie ein Künstler als »Teenager-Idol der christlichen Rock-Szene« bezeichnet wurde. Einen Augenblick mal! Wir wollen doch lieber sehr vorsichtig sein, jemanden – besonders, wenn er ein Christ ist – als Idol in den Himmel zu heben. Niemand von uns, ungeachtet seiner Botschaft, seines Talentes oder seines persönlichen Charismas, verdient es, ein Idol genannt zu werden. Idole werden angebetet, ohne daß sie zuvor auf Herz und Nieren geprüft worden wären.

Vielleicht, meine Freunde, ist gerade dies eins der Probleme unserer Bruderschaft im Herrn. Wir haben uns Idole gemacht – christliche Idole, ohne daß sie Entscheidendes dafür leisten müssen. Wir überschütten sie mit unseren Spenden und beten sie an mit unserem Lobpreis.

Wir wollen im Grunde gar nichts von ihnen persönlich hören. Und hierin liegt eine weitere große Sünde, die wir begehen: So viele Pastoren und Evangelisten brauchen dringend unsere Freundschaft. Für sie ist es so wichtig, daß sie zu uns nach Hause eingeladen werden und daß man ihnen die Chance gibt, einfach mal Mitchrist wie du und ich zu sein. Warum erwähne ich das hier? Weil viele Prediger und ihre Frauen schrecklich einsam sind. Die Leute stellen sie auf ein Podest und wollen von ihnen immer nur Inspiration, Führung und Weisheit haben.

Doch Pastoren und Evangelisten brauchen gute Freunde. Ich denke da an Bebe Rebozo. Sein einziger Verdienst – historisch gesehen – bestand darin, daß er Richard Nixons Freund war. Wenn ihn die Medien aushorchten, dann lieferte er meistens die wohlgesonnensten Berichte aus dem Privatleben des Präsidenten. Die zwei saßen zusammen und schauten sich Football im Fernsehen an, oder sie segelten zusammen oder spielten Golf.

Nixon, der wohl eine der tragischsten Figuren in der amerikanischen Geschichte ist, brauchte Rebozo nicht für außenpolitische Entscheidungen, als Ratgeber in Wirtschaftsfragen oder bei dem Problem, den Krieg in Vietnam zu beenden. Statt dessen war Rebozo ein guter Kamerad, in dessen Gegenwart Nixon einfach nur Mensch sein konnte.

Ihr Pastor – oder seine Familie – braucht Sie vielleicht auch als einen Bebe Rebozo, daß Sie ihm einfach nur Freund sind. Wenn Sie meinen, dies sei nicht Ihre Berufung, dann probieren Sie einmal folgendes aus:

Beten Sie täglich für Ihren Pastor. Beten Sie konkret. Achten Sie darauf, was er Ihnen erzählt. Äußert er sich besorgt über die Schulnoten seiner Tochter? Beten Sie, daß sie sich bessert und ihren Vater stolz sein läßt. Spricht er mit Ihnen über das Getriebe seines Autos, über seine rasselnde Klimaanlage, über seine unglückliche Mutter, die gerade Witwe geworden ist, aber 1000 Meilen entfernt wohnt? Bringen Sie solche Nöte vor den Herrn und bitten Sie ihn, Ihnen zu zeigen, ob und was Sie im Einzelfall unternehmen können.

Wie sollen wir uns aber den Superstars im christlichen Fernsehen gegenüber verhalten? Beten Sie auch für sie. Bitten Sie den Herrn, daß er Ihnen zeigt, wofür Sie beten sollen.

Bringen Sie sie vor den Herrn. Sie sind doch auch nur Menschen und machen Fehler. Nur wenige sind wirklich die Geld scheffelnden Schaumschläger.

Die große Mehrheit setzt alles daran, dem Herrn so wirkungsvoll wie möglich zu dienen. Viele werden von enormen finanziellen Problemen geplagt. Es ist wirklich eine schlimme Sache, von ganzem Herzen zu glauben, der Herr habe ermuntert, im Glauben 230000 Dollar Schulden zu machen, und dann später festzustellen, daß es ein Fehler war und daß nicht der Herr, sondern das Fleisch gesprochen hatte. Dann merkt man, wie der Selbstzweifel nagt: Wie konnte ich nur die Stimme des Herrn so mißverstehen? Weiß ich vielleicht gar nicht, wie sich seine Stimme anhört? War es vielleicht ein schrecklicher Irrtum zu glauben, mein geistlicher Dienst sei legitimiert? Was läßt mich denn überhaupt glauben, ausgerechnet ich hätte etwas zu sagen, was irgend jemand anders hören müßte?

Oh ja, das kann einsam machen, besonders wenn Sie aus lauter falschen Gründen in den Dienst getreten sind.

Es war schmerzlich niederschmetternd für mich zu beobachten, wie innerlich leer jener Pastor war, der damals mit mir zusammen lief.

Warum lassen sich solche jungen Menschen auf einen geistlichen Dienst ein? Glauben sie, es sei irgendein Spiel? Rechnen sie denn nicht damit, daß Gott, mit dessen mächtigem und schrecklichem Zorn nicht zu spaßen ist, sie eines Tages zur Rechenschaft ziehen wird? Christliche Verkündigung ist kein Spiel. Den Verlorenen die Frohe Botschaft zu bringen, erfordert Selbstlosigkeit und nicht ein hochentwickeltes Ego.

»Aber Nicky, bist du nicht zu streng mit diesem Evangelist?« sagen Sie vielleicht. Möglicherweise haben Sie recht. Was mir bleibt, ist, ihn zu lieben – trotz meines großen Unbehagens wegen seiner aggressiven Religiosität.

Jesus zu predigen ist kein Spiel.

Christentum sollte nicht von Konkurrenzdenken geprägt sein. Diese Art Christentum konnten wir zur Genüge beobachten. Es ist so zerstörerisch. Die Übel, die es hervorbringt, konnte ich schon damals in meiner Heimat Puerto Rico miterleben, als das Fernsehen endlich kam. Es war Mitte der fünfziger Jahre, als sich die Wirtschaft der Insel gerade ein wenig zu erholen begann.

Mit dem nun bescheidenen Wohlstand bekam unsere kleine Insel in der Karibik aber auch eine gehörige Portion Materialismus und Besitzstreben ab. Und obwohl Puertoricaner Staatsbürger der USA sind, so tragen sie doch ein tief verwurzeltes latein-amerikanisches Erbe mit sich herum. Und dazu gehört jenes hispanische Phänomen, das man »Machismo« nennt. Damit gemeint ist jenes tiefsitzende Verlangen der Männer, ständig ihre Männlichkeit unter Beweis zu stellen – vor allem sich selbst gegenüber.

Diesmal sorgte der Machismo für den verzweifelten Konkurrenzkampf, es ja immer mit den Lehmanns und Schulzes von nebenan aufnehmen zu können. Ein Mann war kein richtiger Mann, wenn er es sich nicht leisten konnte, seiner Familie ein Auto zu kaufen. Und es mußte natürlich ein viel schickeres Auto als all die anderen in der Straße sein. Aber auch die Kinder mußten adretter angezogen sein. Und wenn eins Klavierstunden bekam, dann brauchte man nicht lange zu warten und ein anderes lernte Orgel. Das Problem dabei war nur, daß das Lohnniveau in Puerto Rico ziemlich niedrig liegt. Und deshalb gelang es nicht jedem, Schritt zu halten.

Die Leute in unserer Nachbarschaft z.B. steckten bereits in großen finanziellen Schwierigkeiten wegen dieses Konkurrenzkampfes. Und dann leistete sich einer der Bewohner ein geschätztes Statussymbol – einen Fernseher!

Alle in der Straße waren tief beeindruckt. Die Kinder riefen sich die Neuigkeit aufgeregt zu, und die Frauen waren schrecklich neidisch. Die Männer aber waren gedemütigt. Sie mußten nun unbedingt auch Fernsehapparate haben, koste es, was es wolle. Einer der Ehemänner sagte seiner Frau rundheraus, daß nun Schluß sei. Sie könnten sich keine weiteren großen Ausgaben leisten. Ein Fernseher komme nicht in Frage. Doch während er dies noch sagte, warf er einen verstohlenen Blick aus dem Fenster auf die glitzernde Antenne nebenan. Zähneknirschend mußte er mit seinem Begehren leben. Aber die Schande war mehr, als er ertragen konnte.

»Liebling«, jammerte seine Frau, »wenn du mich wirklich lieben würdest, dann würdest du mir auch einen Fernseher kaufen. Du bist doch kein bißchen weniger ein Mann als der dort drüben, oder? Ich bin sicher, du wirst einen Weg finden. Du wirst es schaffen, nicht wahr? Bitte! Für mich?« »Nein«, murmelte der Mann mit rot angelaufenem Gesicht. Aber seine Frau gab nicht auf. Beim Abendessen war man wieder beim Thema.

»Nein«, sagte der Mann gereizt, »wir können ihn uns nicht leisten. Unsere Finanzlage gibt das nicht her. Das einzige, was wir tun können, ist, noch ungefähr ein Jahr zu warten.« »Ein

Jahr?« jammerte seine Frau. »Das kann ich nicht ertragen. Die werden alle schon vor uns einen Fernseher haben! Ein Jahr! Du willst mir also sagen, daß die von nebenan mit ihrem dicken, fetten Faulpelz sich einen Fernseher leisten kann, und wir nicht? Mein lieber Schatz, denk doch mal daran, was du bei all den andern schönen Sachen gesagt hast, die wir schon besitzen. Damals hast du auch immer gesagt, wir können sie uns nicht leisten. Aber wir haben immer einen Weg gefunden.«

»Hör mal zu, Frau«, schrie der Mann sie an, »eben wegen all dieser Sachen können wir uns nicht ein einziges Stück mehr leisten. Nichts mehr. Nichts. Jetzt will ich kein Wort mehr davon hören.«

Aber nach dem Essen ging es trotzdem weiter. Diesmal weinte und jammerte die Frau und drohte damit, ihre Mutter für einen ganzen Monat einzuladen. Die Mama würde schon einen Ausweg finden, wenn es der Ehemann nicht schaffte.

Sie können sich sicher denken, daß, als der arme Mensch ins Bett stieg, man erneut darüber redete. Dieser unglückliche Mann hatte keine Wahl. Seine Ehre, seine Männlichkeit, sein Seelenfrieden – und sicher auch der Haussegen – standen auf dem Spiel.

Am nächsten Tag brachte er einen großen, verheißungsvollen Karton mit nach Hause.

Unter den gaffenden Blicken der Nachbarn stieg er aufs Dach und installierte eine riesige, schön anzuschauende Fernsehantenne, die viel größer war und viel mehr glänzte als die beim Nachbarn.

Stolz schwatzte die Frau mit ihren Nachbarinnen und prahlte damit, wie wohlhabend ihr Mann die Familie gemacht habe, seit er in seiner angesehenen Stellung soviel Geld mache. Doch weder der Mann noch seine Frau ließen sich anmerken, daß sie ein dunkles Geheimnis hüteten.

Die Antenne war nämlich nirgends angeschlossen. Er hatte keinen Fernseher mit nach Hause gebracht, sondern nur die Antenne – eine teure Verzierung, die nur angebracht wurde, um Eindruck zu schinden. Und genauso sind eben manchmal auch die Christen.

Was sie veranstalten, ist nur die große Show. Sie gaukeln den Leuten etwas vor, um die Welt damit zu beeindrucken, daß sie etwas bieten können, was sie in Wirklichkeit gar nicht haben. Sie wollen die Superstars sein.

Doch Gott läßt sich von Superstars nicht beeindrucken. Denken Sie nur an Simson.

DER ERSTE SUPERSTAR

Simson war schon solch ein »Superstar«, als er noch gar nicht zum Mann herangereift war. Simson besaß nach Gottes Bestimmung Kräfte wie kein Mensch vor ihm. Er hatte die rechte Art, sich beliebt zu machen. Er war eine Führernatur und dazu geboren, sich an die Spitze Israels zu stellen.

Doch statt einer der größten Helden der Bibel zu werden, wurde er zur bittersten Enttäuschung der ganzen Geschichte. Dazu kam es, weil er seine besonderen Gaben und seine Salbung mißbrauchte. Er vergeudete seine Talente. Er geriet auf Abwege und verdarb sich seine Berufung. Seinen Begierden ließ er freien Lauf. Offenbar war er der Meinung, Gottes auserwählter Befreier Israels könne nichts falsch machen.

Das war ein Irrtum. Der Herr zog seine Salbung zurück, und er ließ Simsons Fall zu.

So in Schande gefallen, ging er nicht nur selbst zugrunde, sondern er riß auch Israel gleich mit. Als Simson schließlich im Tempel der Philister am Pranger stand – geblendet, geschwächt, besiegt und von seinen Feinden verspottet –, da tat er noch Buße. Er schrie zu Gott, der einzigen Quelle seiner Kraft, und noch ein letztes Mal leuchtete die Herrlichkeit in seinem Leben auf, als er Israels Unterdrückern ein Ende bereitete.

Simsons Lebensgeschichte wiederholt sich heute überall um uns herum. Die Simsons sind jene Führernaturen, gutaussehend und begabt, die mit ihren Taten eine Nation in Atem halten. Sie wurden von Gott auf besondere Weise mit einer ganz bestimmten und konkreten Absicht angerührt. Sie sind von Gott mit großartigen Begabungen und speziellen Gnadengaben ausgerüstet worden, um dieser Welt den lebendigen Gott zu offenbaren.

Aber viele sind nicht verantwortlich mit Gottes Salbung auf ihrem Leben umgegangen. Sie haben sie wieder verloren. Anderen kommt es gar nicht in den Sinn, solch eine Salbung jemals gehabt zu haben. Sie leugnen die Existenz des Übernatürlichen und verlassen sich lieber auf ihre natürlichen Begabungen, um das Evangelium zu verbreiten.

Ich glaube, dies ist einer der Gründe, warum so viele Christen in ihrem ganz persönlichen »Kerker der Philister« sitzen. Sie sind zerstört, einsam und verwirrt in ihrem Selbstbetrug, weil sie aus dem Gleichschritt mit Gott geraten sind. Deshalb fangen viele an, sich auf ihre eigenen Begabungen, auf die Ausstrahlung ihrer Persönlichkeit und ihre Wortgewandtheit zu verlassen.

Doch sie sind nur leere Geisterbeschwörer. Was sie tun, hat keine Tragweite, sie haben keine wirkliche Botschaft und keine Kraft, eine sterbende Welt voll verlorener Menschen zu verändern.

Wenn man sich das Privatleben dieser Leute näher anschaut, dann wird man feststellen, daß es dort bedrückend und chaotisch zugeht. Ihr Leben ist problembeladen und seelisch zerrüttet. Es sind Neurotiker. Sie haben ernste Probleme mit ihrer Beziehung zu den Kindern, und durch finanzielle Schwierigkeiten sind sie ganz mit Beschlag belegt. Und dann lügen sie auch noch.

Wie kommt es, daß solche christlichen Draufgänger uns alle mit ihren unwahren Ansprüchen ins falsche Licht setzen? Warum versuchen sie, vom Christentum ein völlig falsches Bild zu zeichnen, nur um schließlich zu unserer aller Schande bloßgestellt zu werden? Warum sind sie immer nur darauf aus, andere, sich selbst und offensichtlich auch Gott zu beeindrucken?

Etwas ist ganz typisch für diese Leute: Für die geistlichen Dienste anderer haben sie nur Verachtung übrig. Ich konnte dies selbst bei denen beobachten, die sich um Gefangene kümmern oder auf den Straßen arbeiten. Dies sind zwei wirkungsvolle Arbeitszweige, die Satan offenbar mit aller Macht in Mißkredit bringen und zerstören will.

Es sieht so aus, als sei da ein grotesker Konkurrenzkampf entbrannt, bei dem es nur noch darum geht, immer die viel schlimmere kriminelle Vergangenheit und Kindheit nachzuweisen als irgend jemand anders. Und auch das Bekehrungserlebnis muß um soviel dramatischer sein als das anderer. Aber neben ihren ausgemalten Geschichten reden diese Superstars auch hinter vorgehaltener Hand darüber, wie unecht die Zeugnisse ihrer »Gegenspieler« seien. Besonders die noch größeren und wirkungsvolleren Dienste werden dabei aufs Korn genommen.

Dieses schreckliche Gerangel ist mir überall begegnet, beim Glaubenswerk zur Drogenbekämpfung bis hin zum Musikverleger, der Anbetungs- und Lobpreismusik herausgibt.

Warum müssen Christen in sich den Drang verspüren, sich gegenseitig Knüppel zwischen die Beine zu werfen? Sie kämpfen eben nur aus eigener Kraft und ohne die tröstende Gegenwart des Heiligen Geistes, der sich eigentlich in ihrem Leben auswirken müßte. Und so fühlen sie sich ganz schlicht und einfach von vergleichbaren Glaubenswerken bedroht.

Sie müssen die Mitbewerber herabwürdigen und in Mißkredit bringen, um sich selbst zu profilieren. Weil der Herr in ihrem Leben keine Rolle spielt, sind sie blind für die Tatsache, daß sie sich nur selbst damit schaden.

Nachdem ich solche professionellen »Religionskünstler« beobachtet habe, konnte ich noch ein weiteres ihrer Verhaltensmuster ausmachen.

Nach einer Weile tun sie noch nicht einmal mehr so, als befleißigten sie sich eines christlichen Lebensstils, dann nämlich, wenn ihr Erfolg als Reiseevangelist es ihnen erlaubt, sich zunehmend mit Luxus und Bequemlichkeit zu umgeben. Und wenn der Herr jemand schickt, sie zur Rechtschaffenheit zu mahnen, dann sind sie ungehalten und sinnen auf Rache. Sie gehen zum Angriff über, und dann ist es am klügsten, man läßt sie in Ruhe. Doch das bedeutet natürlich, daß man diese Wölfe im Schafspelz mitten in ihrer Herde unbehelligt läßt.

Was können wir also unternehmen? Es den Anklägern gleichtun? Nein, beten wir lieber für sie – anhaltend. Beten Sie um Gottes Segen, um seine Anrührung und um seine Wahrheit für sie. Klagen Sie sie nicht vor dem Thron Gottes an. Bitten Sie aber Gott, daß er ihre Herzen in besonderem Maß anrührt.

Wenn Sie Stolz bei einem christlichen Leiter beobachten, bitten Sie den Herrn, ihm vor Augen zu führen, wie sehr er dem Volk Gottes Schaden zufügt und daß er als Christ in der Öffentlichkeit mit der moralischen und ethischen Erweckung des Landes betraut worden ist.

Wenn diese Menschen aber hartnäckig daran festhalten, solche abschreckenden Vorbilder zu sein, dann werden viele, die das beobachten, ebenfalls nicht mehr Jesus nacheifern. Andere werden sich in dem Glauben anschließen, Extravaganz und Ausschweifung sei christlicher Lebensstil.

Das stimmt natürlich nicht. Das zu behaupten, wäre eine Lüge.

Diesen falschen »geistlichen Riesen« macht die Mogelei wenig aus. Sie bedienen sich eines christlichen Wortschatzes und nehmen die entsprechende Gestik an, so daß sie etwas vorspielen, dem das Blut Jesu Christi nicht innewohnt.

Wie ich, kennen auch Sie vielleicht den einen oder anderen gutaussehenden Fernsehevangelisten, der scheinbar nichts mehr falsch machen konnte. Alles, was er anfing, ging gut aus. Wohin er die Leute führte, da folgten sie ihm. Vielleicht fällt Ihnen eine Fersehberühmtheit aus Ihrem lokalen Kabelnetz ein, oder Sie denken an einen Mann, der landesweit bekannt ist und dessen Fall traurige Berühmtheit erlangt hat. Doch dem einen wie dem anderen ist seine eigene Delila begegnet. Und wie Simson wurden sie gedemütigt und ihrer Macht beraubt. Einst waren sie die strahlenden, charmanten Führer, von unserem Herrn ausgerüstet mit großartigen Gaben und besonderen Talenten, um dieser Welt den lebendigen Gott zu offenbaren.

Doch dann wurden sie von ihren eigenen Begierden und ihrem Stolz verführt. Allmählich glaubten sie zu sein, wofür die bewundernde Masse sie hielt – große Männer Gottes. Sie ließen sich täuschen und glaubten, daß die Kraft Gottes in ihrem Leben am Ende doch ihre eigene Stärke sei.

Deshalb fristen so viele gedemütigte Christen ihr Leben in Ketten in den Tempeln der Philister – verspottet von der Welt und kraftlos, noch etwas gegen ihre Schande tun zu können. Sie sind zerstört, einsam und verwirrt in dieser demütigenden Lage. Wie kam es dazu? Weil sie aus dem Gleichschritt mit Gott geraten sind. Sie haben angefangen, sich auf ihre eigenen Begabungen zu verlassen und nicht auf die Kraft des Heiligen Geistes. Sie basteln ihre Mogeleien aus den Wundern einer modernen Medientechnologie und der brillanten Sprache, die sie von anderen übernahmen.

In ihrem Stolz nehmen sie gar nicht mehr wahr, daß sie leere Gefäße sind, außerstande, noch Einfluß auf eine sterbende Welt zu nehmen. Sie sind aus dem Gleichschritt mit Gott geraten; sein Plan ist nicht mehr der ihre, und sie haben seine Gebote übertreten.

Und außerhalb seines schützenden Segens mühen sie sich ab mit ihrem belanglosen Dienst. Ihr Leben ist voll versteckter Schande, und es befällt sie zunehmend die Furcht, ihre Anhänger könnten von ihrer Leere erfahren.

Die Vorstellung, bloßgestellt zu werden, jagt ihnen Angst und Schrecken ein. So vermeiden sie jeden engeren Kontakt mit Gläubigen und scheuen die christliche Presse. In der Öffentlichkeit treten sie nur noch auf, wenn sie selbst über Kameras und Mikrophone bestimmen können. Ihre Familien sind in Auflösung begriffen, ihre Ehen am Ende. Ihre Finanzen kommen aus der Krise nicht mehr heraus. Und doch folgt ihnen Gottes Volk immer noch. Warum?

Erinnern wir uns, wie Jesus die Gemeinde genannt hat. Wissen Sie noch, was er Petrus wiederholt aufgetragen hat: »Weide meine Schafe.« Schafe haben von Natur aus kein Führungstalent und kein Gespür für die richtige Richtung. Sie brauchen einen Hirten.

Und wir brauchen solche, die von Gott ausgesandt sind.

RICHTE DEN BLICK NUR AUF MENSCHEN?

Kevin war ungefähr 20 Jahre alt und eine imposante Erscheinung. Er war sehr eingenommen von einem heute recht bekannten Fernsehprediger. Und er glaubte, er solle jede Minute seines Lebens diesem Mann in seinem Dienst zur Seite stehen. Wenn Kevin sich mit seinen Freunden unterhielt, sprach er von nichts anderem. Er ahmte den Predigtstil dieses Mannes nach, und genau wie er vertrat er in Lehrfragen eine harte Linie. Selbst das Haar kämmte er sich wie sein Evangelist.

Diejenigen, die Kevin kannten und mochten, waren sehr besorgt. Aber man ließ es besser bleiben, die Stärken und Schwächen seines Helden einander gegenüberzustellen und Kevin klarzumachen, daß der Evangelist auch nur ein Mensch war. Diejenigen, die Kevin von ihm reden hörten, fragten sich manchmal, welche Rolle Jesus in seinem Leben überhaupt spielte. Von Jesus redete er jedenfalls nicht viel. Der schien ihn kaum mehr zu begeistern.

Sicher, Kevin kannte Jesus. Aber dieser geistliche Leiter war eben ein reales, greifbares Vorbild aus Fleisch und Blut für ihn. Und Kevin war noch so jung, daß einem das Ganze gar nicht irgendwie ungesund vorkam. Er würde schon noch lernen und seine Erfahrungen machen. Der Herr würde sich des Scherbenhaufens notfalls schon annehmen. So jedenfalls dachten alle.

Doch eines Tages fiel der Evangelist aus der Gnade. Die Presse überschlug sich mit Geschichten darüber, wie er netten alten Damen Millionen von Dollar aus der Tasche gezogen hatte. Die Fernsehnachrichten zeigten seine Frau, wie sie vor versteckter Kamera mit seinem Vermögen prahlte, während der Evangelist öffentlich behauptete, kaum einen Pfennig in der Tasche zu haben. Später gestand er dann ein, »früher« einmal etwas mit einer Kette von Altenheimen geschäftlich zu tun gehabt zu haben.

Kevin war am Boden zerstört. Zunächst war er noch des Evangelisten feurigster Verteidiger. Doch dann, als von der Anklagebehörde verlautete, dieser Mann habe älteren Christen Millionen Dollar gestohlen, und als er versuchte, die Rückzahlung des Geldes zu umgehen, schwieg auch Kevin.

Er predigte fortan nicht mehr. Er nahm eine Arbeit im Büro einer Billigmarktkette an, und nach ein paar Monaten ließ er sich betriebswirtschaftlich ausbilden. Bald war er Geschäftsführer in seinem Geschäft und dann Bezirksdirektor. Besonders erfolgreich war er bei seiner Arbeit mit jungen Auszubildenden für das Management, die sonst keine rechte Führung in ihrem Leben hatten. Das Geschäft wurde Kevins Leben. Und er half den jungen Leuten, es auch zu ihrem Lebensinhalt zu machen.

Heute hat Kevin kaum noch Zeit für die Kirche. Er grinst nur und rollt die Augen, wenn man ihn an die Zeit erinnert, da er noch die Ambitionen hatte, ein großer Evangelist zu werden. »Wir waren alle mal jung und töricht«, sagt er mit Ironie.

Was für ein schlimmer Ausgang! Was für ein Verlust für das Reich Gottes! Und was für ein schreckliches Gericht muß jenen Evangelisten erwarten, der für eine Handvoll Dollar Kevins Vertrauen mißbraucht und seine Träume zunichte gemacht hat.

Ich habe immer wieder die Arglosigkeit bei den jungen Evangelisten beobachtet, die auch mir nachzufolgen versuchten. Was für eine Verantwortung! Alles, was ich im Grunde genommen tun kann, ist, ihren Blick auf Jesus zu richten. Ich bin viel zu unvollkommen. Ich kann es nicht zulassen, daß irgendein netter junger Mann mich als Jesus Christus sieht.

Wenn sich Ihr Glaube auf einen Prediger oder einen Fernsehevangelisten konzentriert, dann möchte ich Sie dringend bitten, doch auf die Knie zu gehen und dem Herrn für den einen zu danken, den er gesandt hat, auf daß er gekreuzigt würde – Jesus Christus. Und dann richten Sie Ihren Blick nur noch auf ihn.

Jesus war zwar auch ein Mensch wie Sie und ich, aber er läßt uns niemals im Stich, wie es bei Ihnen und mir durchaus vorkommen kann.

Vielleicht hört sich das so an, als stoße ich die Leute zurück. Doch was ich im Grunde nur tun kann, ist, ein treuer Freund und Ratgeber zu sein, indem ich ständig den Blick meiner »Jünger« auf Jesus ausrichte. Für sie ist es nicht so von Bedeutung, mit mir zusammen die Sowjetunion zu bereisen, als vielmehr allein in der Wüste mit dem Herrn zu sein.

Ich weiß, ich bin nicht der einzige Evangelist, der sich mit dieser Herausforderung auseinanderzusetzen hat. Die Versuchung ist groß. Es tut dem Ego gut, wenn man sich wichtig und selbstbestätigt fühlt: Ich bin ja doch ein mächtiger und heiliger Mann Gottes. Dieser nette junge Mensch, den ich da großgezogen habe, ist doch der Beweis.

Nein, er ist es eben nicht. Viele der jungen Vikare sind so verletzbar durch die, die sie gern für ihre eigenen Zwecke einspannen. Bereitwillig öffnen sie sich dem Evangelium und der Wegweisungen Gottes für ihr Leben, so, wie wir es alle tun sollten.

Aber sie stellen das Falsche, das sie sicher auch sehen, nicht in Frage. Indem sie immer nur das Beste von uns, ihren Vorbildern, erwarten, haben wir einen großen Vertrauensvorschuß bei ihnen. Sie glauben einfach alles, was wir sagen. Sie wollen nur die Fassade sehen, die viele Evangelisten für ihre Umwelt errichtet haben.

Unsere Herzenshaltung stellen sie überhaupt nicht in Frage. Doch das müssen sie unbedingt. Ich meine damit nicht, daß sich jedermann als Richter aufspielen sollte, aber es hat einen guten Grund, daß Christen die Gabe der Unterscheidung mitbekommen.

Uns ist die Fähigkeit, das Wort der Wahrheit zu studieren und zu scheiden, zu einem heiligen Zweck gegeben worden. Hören Sie auf den Geist, was er Ihnen zu sagen hat, wenn Sie das Gespür haben, daß mit einem geistlichen Dienst etwas nicht stimmt. Verschließen Sie nicht Ihre Augen. Tun Sie nicht so, als würden Sie nichts sehen. Natürlich können Sie gesalbte Männer und Frauen des Herrn nicht einfach unter Beschuß nehmen, nur weil Sie den Verdacht hegen, es könne etwas nicht stimmen. Doch genausowenig können Sie es sich leisten, die leise Stimme zu überhören, die Sie drängt, Jesus zu vertrauen und nicht fehlbaren Menschen.

Diese jungen Menschen wollen einfach glauben, daß alles in der Kirche gut und gottwohlgefällig ist. Sie wollen glauben, daß es keine Gier nach Geld, Ruhm, Anerkennung und Applaus dort gibt.

Sie wollen glauben, daß keine Machtkämpfe stattfinden und daß die arglose Herde nicht gekonnt hinters Licht geführt wird. Sie haben noch kein Gespür für Politik, obwohl das religiöse Geschäftemachen voll davon ist. Sie entdecken noch nicht die Rassendiskriminierung, obwohl deren häßliches Gesicht überall auftaucht. Sie sehen noch nicht die egoistischen Ambitionen, die Unmoral, die Liebe zum Wohlleben und das Verlangen, über Menschen zu bestimmen.

Vielleicht ist es aber gerade dieser Idealismus, der sie einerseits so verletzbar macht, aber andererseits sie doch dazu treibt, die Verlorenen zu gewinnen und die Welt zu verändern. Warum brauchen sie denn bloß einen Mentor, einen »Helden«? Reicht Jesus denn nicht aus?

Sie wünschen sich jemand, der sie unter seine Fittiche nimmt und sie in alle Wahrheit einführt und ihnen die Welt Gottes in ihrer Vielfalt zeigt. Viele wünschen sich nichts sehnlicher, als eine ähnliche Beziehung einzugehen, wie sie zwischen Jesus und seinen Jüngern bestand.

Doch das ist einfach nicht gesund. Ich bin doch nicht der Herr, noch ist es irgendein Evangelist. Aber es gibt uns natürlich ein gutes Gefühl, unseren eigenen »Timotheus« am Schürzenzipfel mit uns zu führen, wenn er dann auch noch alles daransetzt, unsere rechte Hand zu sein.

Was geschieht, wenn ein junger Mann blindlings sein Leben in die Hände einer unwürdigen Leitfigur gibt? Mir bricht das Herz, wenn ich beobachte, wie so mancher Timotheus mit seinen Idealen, ohne auch nur einmal nachzudenken, die Lebensphilosophie seines Meisters übernimmt. Wenn Sie sich die jüngsten

Skandale einmal vergegenwärtigen, dann werden Sie feststellen, daß für viele Leiter der Zweck die Mittel heiligt: Sie halten an Traditionen fest, denn »das wollen die Leute«, sie spielen mit den Gefühlen der Menschen und manipulieren die Wahrheit, um ein gutes Zeugnis noch besser zu machen.

Aber das ist doch nicht der richtige Weg! So etwas wird der Herr nicht segnen. Wenn solche Praktiken dennoch Gewinn abwerfen, dann ist die Quelle alles andere als himmlisch.

Es bekümmert mich sehr, wenn ich sehe, wie diese jungen Leute den Stolz der Selbstgerechten beigebracht bekommen.

»Wir sind die Geistlichen«, heißt es dann. »Wir sind die Hohenpriester. Wir verstehen, was hoch und erhaben ist, und erklären es dem gemeinen Volk.« Falsch gedacht! Der Stolz wird jeden, der so denkt, in große Schwierigkeiten bringen.

Ich war eingeladen, in einer bestimmten Stadt zu sprechen. Eine Woche vor dem Termin schickte ich einen meiner Mitarbeiter vor, um die Gegebenheiten abzusprechen. »Schau dir mal an, was sie tun, um für die Evangelisation zu werben«, sagte ich zu Bill. »Ich möchte auch wissen, wie viele Gebetsketten zur Unterstützung eingerichtet worden sind. Sieh dir den Saal an und prüfe die Beleuchtung – du weißt schon, all die Kleinigkeiten, die aber zum Gelingen einer Evangelisation beitragen.«

Bill zog also los. Als er mir aber nach der Rückkehr berichten sollte, da schaute er so niedergeschlagen drein, daß ich es gar nicht verstand. »Was ist denn los, Bill«, frage ich. »Du siehst so aus, als würdest du dich gleich hinsetzen und ein neues Lied schreiben: ›Da ist Sorge, Sorge, Sorge – tief im Herzen mir!‹«

»Da magst du wohl recht haben«, seufzte Bill. »Das war einfach zuviel, was ich dort erlebt habe.«

Bill erzählte, daß er nach seiner Ankunft am Ort unserer geplanten Evangelisation wie der letzte Dreck behandelt worden war. Man habe zwar gut vorgeplant, doch jeder Verbesserungsvorschlag von Bill sei rundweg abgelehnt worden. Das Organisationskomitee sei allem, was Bill vorschlug, negativ begegnet. Es sei nicht möglich gewesen, die kleinste Änderung an ihren Plänen vorzunehmen.

Die Folge war, daß ich früher als geplant zu dieser Evangelisation fahren mußte, um das durchzusetzen, womit Bill bei diesem Komitee gescheitert war.

Gleich bei der Ankunft fühlte ich mich wie ein reisender Monarch behandelt. Auch wenn ich die gleichen Vorschläge wie Bill machte, so überschlug man sich diesmal fast, sie auszuführen. Das war mir zuviel. Widerwillig nahm ich einen der dortigen Mitarbeiter zur Seite und teilte ihm mit, was ich über all das dachte. »Es beschämt mich einfach, daß Sie einen christlichen Bruder so behandeln, wie Sie Bill behandelt haben. Sie sind ihm vollkommen anders gegenübergetreten als mir. Aber Bill arbeitet für mich. Er kam her als ein Teil dieser Evangelisation, als ein Teil von mir, und Sie haben ihn abgelehnt.«

Der Mann schaute zu Boden. Ich glaube, er begriff in diesem Augenblick, was er angerichtet hatte und was daraus folgen würde. Denn es wurde nun deutlich, daß sich die Männer vom Evangelisationsteam einer der schlimmsten Sünden schuldig gemacht hatten: Sie waren stolz.

Stolz ist deshalb so gefährlich, weil er so schwer auszumachen ist. Wir behandeln Menschen manchmal wie Möbelstücke, statt sie als Personen zu würdigen. Wir sind so sehr mit unseren eigenen Angelegenheiten beschäftigt, daß wir uns gar keine Gedanken mehr darüber machen, was der andere empfindet. Es ist eine Schande, wie oft wir jemand diskriminieren. Wir scheuen keine Mühe, um den einen zu loben und zu erfreuen, während wir den andern dabei zu Boden treten.

Selbst unsere Gebete können vor Stolz triefen. Ein Mann des Gebets gab Gott den Zehnten seines Einkommens, er fastete oft, und so wenig er Ehebruch begehen würde, so kam es ihm nicht in den Sinn, einmal nicht zum Gottesdienst zu gehen. Solch ein Mann sagt dann in seinem Gebet: »Ich danke dir, Gott, daß ich nicht so gierig, unehrlich und unmoralisch wie die andern Leute bin« (s. Lukas 18,9-14).

Doch Gott hat wohl noch nie etwas auf solche geistlich stolzen Worte gegeben. Wir wissen, daß diese Art Gebet von Gott nicht erhört wird, weil Jesus es uns im Gleichnis vom Pharisäer und dem Zöllner gesagt hat. Lesen Sie es einmal nach, und Sie werden herausbekommen, was Jesus uns mitteilt: Gott wird viel eher auf den demütigen Sünder hören, der sich an ihn wendet, als auf den Religiösen, der voller Stolz ist.

Stolz hat die Welt schon von Anfang an ins Verderben getrieben. Adam und Eva wollten so weise wie Gott sein, und sie setzten sich über ihn hinweg, indem sie auf die falschen Versprechungen des Teufels hörten, statt auf Gottes eindeutige Gebote. Aber Stolz existierte schon lange vor dem Sündenfall.

Satan war anfangs einer der höchsten Engel Gottes. Ab einem bestimmten Zeitpunkt stellte sich bei ihm aber Größenwahn ein, und er begehrte den Thron Gottes für sich selbst. Sein ungezügelter Stolz ließ Gott keine andere Wahl: Er mußte Satan verbannen und all die rebellischen Engel mit ihm. Eines Tages werden sie für immer unschädlich gemacht worden sein, aber jetzt, wie jeder Jünger Jesu weiß, sind diese gefallenen Geister Tag und Nacht am Werk, um Sie und mich in ihre Reihen zu ziehen. Da sie dem Schöpfer selbst nichts anhaben können, haben sie es auf das Geschöpf abgesehen, das ihm am meisten am Herzen liegt – den Menschen.

Die Sünde des Stolzes begegnet mir so oft bei denen, die es sich zur Angewohnheit gemacht haben, sich nur noch hinter den berühmten Namen anderer zu verstecken. Da kommt vielleicht ein Mann zu mir und sagt: »Als ich neulich mit Billy Graham und Senator Stennis sprach, dachte ich daran, was Pat Boone mir über das Wirken des Herrn im Leben von Maria Trapp erzählt hat.«

Gott vergebe mir, wenn ich solche Leute falsch beurteile, aber ich werde den Verdacht nicht los, daß ich für sie nur ein weiterer Name bin, den sie auf ihre Liste setzen. Dann können sie dem nächsten, dem sie begegnen, erzählen: »Wie Nicky Cruz mir neulich erzählte . . .«

Und dann gibt es die Leute, die mit mir Kontakt aufnehmen, um – so vermute ich – Geld zu machen. Man spricht mich wegen so vieler Ideen zum Geldmachen an. Sie werden es kaum glauben. Ich weise sie alle ab, denn ich weiß, wenn ich mich darauf einlassen würde, dann wäre das Ende vom Lied für mich, daß ich nur noch fürs Geld leben würde und für meine Konsumwünsche, und das ist nicht, wofür ich Gott mein Leben gegeben habe.

All das sind moderne Formen des uralten Stolzes: Statt an Menschen, denken wir lieber an Sachen, statt an andere, lieber an uns selbst, und statt Gott an die erste Stelle zu setzen, setzen wir ihn lieber an die letzte.

Der Stolz schätzt einen Menschen gering, weil er vielleicht ein Niemand ist. Der Stolz fragt: »Was springt für mich dabei heraus?«, statt zu fragen: »Wie kann ich in dieser Situation dem Herrn dienen?« Der Stolz bewirkt folgende Einstellung: »Es bringt mir nichts, wenn ich diesen Menschen näher kenne oder wenn ich mit ihm rede oder meine Zeit mit ihm verbringe. Deshalb ist er mir gleichgültig.«

Aber der Stolz ist nicht einmal das Schlimmste, was unsere Jünger von uns übernehmen, während sie uns zu Füßen sitzen.

Unaufrichtigkeit ist das Ärgste, was sie von uns mitbekommen. Sie lernen, sich selbst höher einzuschätzen als das gemeine Volk und sich nach dem Gottesdienst über die Versammlung lustig zu machen. Das schafft einen gewaltigen Konflikt in diesen idealistischen jungen Herzen. Ihre Seele verzehrt sich nach der Reinheit des Herrn. Aber mit dem Verstand erkennen sie, daß die Realität ganz anders aussieht. Und dann werden sie doppelzüngig. Auf der Kanzel und am Altar reden sie anders als hinter den Kulissen, wo sie sich zynisch äußern.

Ihr Herz und ihr Geist lernen schmerzlich kennen, was Enttäuschung, Ernüchterung und tiefer Groll ist. Sie haben zwar die Wahrheit vernommen, aber es gelingt ihnen nicht, sie in die Tat umzusetzen.

Warum ist das so? Weil die Menschen, auf die sie schauen, ihrerseits den Blick von Jesus abgewendet haben. Und was ist das Ende vom Lied? Die vielversprechenden jungen Männer straucheln.

Immer und immer wieder flüstert Satan ihnen ins Ohr, daß alles, was sie predigen, gar nicht stimmt. »Guck dir doch dein großes Vorbild an«, erinnert sie der Teufel. »Er sagt doch gar nicht die Wahrheit, und er führt die Leute an der Nase herum. Er predigt Armut und lebt in Saus und Braus. Er springt mit der Masse nach Belieben um: Erst peitscht er die Gefühle hoch und dann leert er die Brieftaschen. Möchtest du etwa auch so werden?«

Nach und nach glauben dann die vielversprechenden jungen Männer noch selbst, daß alles Lug und Trug ist, obwohl sich ihr Dienst doch auszuzahlen scheint, denn da sind Hunderte von Heilungen, Tausende von Bekehrungen und Millionen von Dollars.

ZURÜCK ZU DEN ANFÄNGEN

Richard Dortch war früher einmal die rechte Hand von Jim Bakker, dem Leiter der Fernsehstation »PTL-Club«. Im folgenden gebe ich wieder, was er der Zeitschrift *The Orlando Sentinel* mitgeteilt hat. Vielleicht haben Sie ja davon gehört: Dortch wurde entlassen, weil er einer gewissen Jessica Hahn 265000 Dollar Schweigegeld bei dem Sex-Skandal um Jim Bakker gezahlt hatte.

»Ich habe die Gemeinde gebeten, mir doch meine falschen Entscheidungen zu vergeben«, gab Dortch an. »Ich habe sie alle um Vergebung gebeten – die Öffentlichkeit, einzelne Leute und auch die Leiter der Gemeinde. Ich habe sogar wieder mit Jessica Frieden geschlossen. Jetzt weiß ich wirklich nicht mehr, bei wem ich noch Abbitte tun soll. Der Herr hat der Ehebrecherin vergeben und zu ihr gesagt: »Geh hin und sündige nicht mehr.« Aber er hat ihr nicht gesagt, wohin sie gehen und was sie nun tun soll. Das war für eine ganze Zeit mein Problem. Ich wußte nicht, wohin ich mich wenden, wohin ich gehen oder was ich tun sollte.«

Nachdem er erleben mußte, daß er nach 35 Dienstjahren von den Assemblies of God seines Predigeramtes enthoben wurde, hatte Dortch nach eigenen Angaben große Ängste.

»Ich weiß nicht warum, aber urplötzlich fürchtete ich mich vor der körperlichen Nähe von Menschen. Ich hatte Angst, das Haus zu verlassen. Dazu kam noch die Enttäuschung – vielleicht sollte ich eher von einem Trauma sprechen –, daß mir keiner meiner Leute auch äußerlich das Gefühl gab, gemocht zu werden.

Ich erwartete selbst die Hilfe, die ich anderen Pastoren in ähnlicher Lage gewährt hätte und all die Jahre gewährt habe. Ich war überall als Friedensstifter und als Heiler des Geistes bekannt. Als mir dann keinerlei Hilfe zuteil wurde, da wußte ich einfach nicht, was ich tun sollte. Ich kam mir ganz verloren vor. Ich denke, es wird Jahre dauern, bis ich das alles verarbeitet habe.«

War ihm denn nie eine innere Stimme der Warnung gekommen über die Zustände bei PTL? Oder war es wirklich die große Überraschung?

»Ich wußte, daß in den Gemeinden Bakker und seine PTL-Gruppe immer für Leute gehalten wurden, die den Mund gern zu voll nehmen. Als man mich dann wegen einer möglichen Mitarbeit ansprach, fühlte ich ein Unbehagen bei dem Gedanken, mich ihnen anzuschließen. Nun ist es augenscheinlich geworden, daß ich damals dieser inneren Stimme lieber getraut hätte. Es ging mir nicht so sehr ums Geld, aber als ich mir vorstellte, Teil einer evangelistischen Arbeit im Fernsehen zu sein, die 30 Millionen Haushalte erreichte, vielleicht für 50 Millionen Zuschauer sendete, nun, wer hätte da nicht mitmachen wollen? Welcher Prediger hätte diese Gelegenheit nicht beim Schopfe gepackt? Es war eine einmalige Gelegenheit, die ich mir nicht entgehen lassen konnte.«

Eine Gelegenheit, die er sich nicht entgehen lassen konnte?

Ich glaube, der Herr hält noch eine Reihe sehr produktiver Jahre für unseren Bruder Richard Dortsch bereit. Ich bin deshalb so sicher, weil Richard sich gedemütigt und um Vergebung gebeten hat.

Während ich dies schreibe, lebt Dortch fernab von jedem Rampenlicht. In seiner persönlichen »Wüste« – ganz in der Stille – sucht er Heilung für seine Persönlichkeit.

Auch Jesus hatte es sich zur Gewohnheit gemacht, sich in die Wüste zurückzuziehen, um zu beten und sich selbst zu regenerieren.

Paulus verschwand nach seiner Bekehrung in der arabischen Wüste für eine lange Zeit des Wachstums im Herrn. Ebenso erging es auch Mose. Der große Befreier – Sie werden sich erinnern – hatte einen Ägypter im Zorn erschlagen. Der Arm des Gesetzes erreichte ihn aber nicht, denn er floh in die Wüste Sinai, wo er 40 Jahre lang als Hirte lebte. Doch dabei wurde er in der Einsamkeit und Stille der zerklüfteten Bergwelt stark im Herrn.

Beten Sie für Ihren Bruder Richard Dortch. Ich bete, daß er bald wieder in einer geistlichen Gemeinschaft sein wird, in der sein Vertrauen zum Herrn zunehmen kann.

Öffentlich in Ungnade zu fallen, ist noch lange nicht die Endstation. Wiederherstellung ist die Antwort. Wir müssen unsere gefallenen Geschwister wieder so aufrichten, daß sie in den Schoß der Gemeinde zurückkehren können – Schritt für Schritt.

Behutsamkeit ist angesagt, und wir müssen mit Weisheit und einem feinen Gespür herangehen. Wer aber soll entscheiden, wann die Zeit der Erneuerung und Wiederherstellung vorüber ist? Die Geschwister, die gefehlt haben, können das sicher nicht selbst tun. Sie müssen sich der Autorität guter christlicher Ältester unterstellen.

Die Wiederherstellung der eigenen Glaubwürdigkeit geschieht jedoch nicht über Nacht. Ob wir es mögen oder nicht, wir müssen uns erst vor den Menschen wieder beweisen, bevor sie uns erneut ihren Zehnten und ihr geistliches Wachstum anvertrauen oder sogar nur ihre Aufmerksamkeit schenken.

Irgendwann in dieser Zeit der Wiederherstellung werden wir uns mit dem Herrn in die Wüste zurückziehen. Ich habe beobachtet, daß dies auf zweierlei Weise geschieht:

Gott sondert uns für eine Zeit der Einkehr und des Gebetes ab. Dabei können durchaus die eigenen vier Wände unsere »Wüste« sein. Es kann durchaus auch die Armee oder die Bibelschule sein. Ich habe beobachtet, daß der Herr manche Geschwister für eine Zeit der Zubereitung von Freunden und von der Familie trennt und oftmals dorthin schickt, wo der Betreffende sich mit seiner Hoffnung, mit seinen zwischenmenschlichen Beziehungen und mit seinem körperlichen Überleben nur noch auf Gott werfen kann.

Ein andermal bringen wir uns selbst in die Wüste durch Ungehorsam oder Trotz, vielleicht auch durch Korruption, Stolz, skandalöses Verhalten oder deshalb, weil wir übertreten haben, was wir selbst predigen. Auf einmal sind wir in der Wildnis – allein, von allen verlassen und auf Gott geworfen.

Mose erschlug einen Ägypter und verbannte sich sozusagen selbst für 40 Jahre in die Wüste. Aber er kehrte zurück als großer Befreier Israels.

Jesus dagegen wußte, daß er sich in die Wildnis zurückziehen mußte, bevor er seinen Dienst antreten konnte. Er mußte erst Zeit mit dem Vater verbringen. Er fastete dort und betete 40 Tage lang, er wurde versucht und kam hervor mit Macht und Stärke.

Paulus verschwand kurz nach seiner Bekehrung in der arabischen Wüste. Man weiß sehr wenig über diese Zeit, außer daß der Herr ihn auf ein vollkommen neues Leben vorbereitete, nämlich das eines Missionars, eines Ermahners der Brüder und eines Autors von einem Großteil der biblischen Bücher.

Elia zog sich in die Wüste zurück, um einem mordgierigen König zu entfliehen. Dort lernte er es, seine Nahrungsversorgung ganz Gott anzuvertrauen.

Johannes der Täufer verschwand in der Wildnis, bevor er die Aufgabe in Angriff nahm, den Weg für den Messias zu bereiten.

Weiter oben habe ich davon berichtet, daß einer der großen Evangelisten von David Wilkerson angesprochen wurde, er möge doch seinen Dienst eine Weile ruhen lassen und Zeit mit Gott in der Wüste verbringen. Der Evangelist antwortete, er würde es ja tun, wenn er nur könnte. Doch er befürchtete, daß sein millionenschweres Unternehmen nicht mehr existieren würde, wenn er zurückkehren würde. Traurig ließ Wilkerson ihn stehen.

Wochen später sorgte ein handfester Skandal dafür, daß dem Evangelisten nun doch alles genommen wurde. Er ging jetzt zwar in die Wüste, aber eben nicht mehr freiwillig. Und doch geschah offensichtlich alles nach Gottes Plan.

Wie sieht aber die Wiederkehr aus der Wüste aus? Der Herr muß die neue Geburt einleiten. Er muß den Weg für die Wiederkehr bereiten. Wenn Sie aus eigener Stärke zurückkehren, dann sind Sie selbst Verursacher einer Frühgeburt, und Sie werden schwächlich und unvorbereitet sein. Deshalb ist es so notwendig, sich der Autorität eines christlichen Bruders zu unterstellen, der sich um Sie kümmert.

Wie wird dann das Ergebnis aussehen? Es wird eine vollkommene Wiederherstellung sein, wie ich sie bei Fred Berry, einem Bruder, erlebt habe. Er befand sich plötzlich in einer finsteren persönlichen Wildnis, aus der viele niemals mehr zurückkehren. Fred war die komische Figur in einer bekannten Fernsehserie. Ich begegnete ihm eines Abends, als ich eingeladen war, auf einer Veranstaltung des christlichen Drogenprogramms in Los Angeles zu sprechen. Er gab sein Zeugnis an jenem Abend.

Mir schwirrte der Kopf, als er all die Drogen aufzählte, von denen er schon abhängig gewesen war: Kokain, Heroin, Amphetamine und Ammo-Nitrate. Er hatte Drogen ausprobiert, von denen ich selbst noch nie etwas gehört hatte. Er hatte Spirituosen konsumiert, die nur in exklusiven Geschäften verkauft werden, und alles geraucht, was der Markt hergab.

Irgendwann war er diesen Zustand leid. Er wollte mehr. Er suchte ein christliches Zentrum für Dogenentzug auf und bat um Hilfe. Und genau dort legte ihm ein Bruder namens Craig die Hände auf, und die Kraft Jesu erfüllte ihn. Satan war natürlich nicht allzu erfreut, einen Klienten zu verlieren. Wenn also Drogen und Alkohol nicht mehr ihren Zweck erfüllten, dann würden es vielleicht Geld und Ruhm schaffen. Fred hatte gerade das Programm hinter sich gebracht und gerade wieder an seiner Karriere zu arbeiten begonnen – diesmal ohne Drogen und Schnaps –, da erhielt er ein geradezu unglaubliches Angebot von einer großen Brauerei.

»Wir brauchen Sie«, hieß es von seiten der Werbeagenten. »Wir haben bei unserer neuen Serie von Werbespots an Sie gedacht. Es soll eine ganz spektakuläre Kampagne werden. Nennen Sie uns nur Ihren Preis.«

Eine ganze Reihe von Schauspielerkarrieren sind erst durch eine erfolgreiche Arbeit in der Werbung in Schwung gekommen oder sind so wiederbelebt worden. Als der Vertreter der Brauerei Fred seine Pläne darlegte, wurde dieser immer betrübter. Man wollte, daß er sich zum ausgeflippt tanzenden und jazzenden Spaßvogel machte. Das wäre eine Chance für ihn gewesen, seine besten Fertigkeiten vorzuzeigen. Aber Fred wußte nur zu gut, daß alles darauf ausgelegt war, Bier an junge Leute zu verkaufen. Deshalb bat er sich Bedenkzeit aus. Er dachte darüber nach, und er suchte ein paar Pastoren der Drogenrehabilitation auf und bat sie um Rat.

»Bete darüber«, sagten sie ihm. So machte er es. Und da wußte er, daß es keine Möglichkeit für ihn gab, an etwas teilzunehmen, was darauf abzielte, Tausende junger Menschen zum Trinken zu verleiten. Als die Werbeleute anriefen, verkündeten sie: »Wir haben uns für Sie entschieden. Sie sind es. Sie sind genau der Richtige.« »Vielen Dank«, antwortete Fred, »aber nicht mit mir.« Er legte auf und flüsterte: »Vielen Dank, Gott.«

Fünf Minuten später rief man noch einmal an: »Fred, wir wollen Sie wirklich in dieser Werbung haben. Wir meinen es ernst, so ernst, daß wir bereit sind, Ihnen 60 - 70000 Dollar für den ersten Werbespot zu zahlen!«

»Du liebe Zeit, das hört sich ja gut an«, sagte Fred. »Aber der Herr ist mein Versorger. Deshalb vielen Dank, aber nicht mit mir.«

Und obwohl alle seine Freunde meinten, er habe seinen Verstand verloren, sagte Fred, es sei ihm keine andere Wahl geblieben. Er glaubt, von Gott die besondere Gabe zu haben, ein Vorbild zu sein. Andere berühmte Leute sind nur an Geld interessiert, aber Fred sagt: »Ich wollte es nicht machen, weil Kinder – und besonders Kinder – auf mich schauen werden. Sie werden nachmachen, was ich ihnen vormache. Und das ist nicht die Richtung, in die ich sie verleiten möchte.«

So wie Jesus damals in der Wüste die Schliche Satans durchschaute, so tat es auch Freddie.

Jesus, der schon länger als einen Monat gefastet hatte, wurde von Satan versucht, Steine in Brot zu verwandeln. Freddie wurde versucht, seine Karriere zu sichern und mit einer Bierreklame viel Geld zu verdienen. Jesus wußte, daß der Mensch nicht vom Brot allein lebt. Und Freddie wußte, daß sein Vater ihn versorgen würde.

Er konnte einfach sein Zeugnis nicht für schnödes Geld aufs Spiel setzen. Seitdem arbeitet Fred bei einem christlichen Missionswerk, das sich um die Verlorenen kümmert. Zum Abschluß ein Gedicht, das Fred mir zukommen ließ:

Über das Gras, das grünt, und den Wind, der weht, über Sonne und Wolken, bringst Du mich zum Staunen. Du umfängst mich vollkommen, bist in mich gekommen, bist Freund mir, auf immer und ewig. Drum weiß ich's, lieb Jesus, hinter allem stehst Du.

». . . DASS IHR MEINE JÜNGER SEID«

Während ich dies schreibe, verklagen sich bekannte, gottesfürchtige Lehrer gegenseitig und erklären, daß Leiter in gehobenen Positionen vom Hindu-Mystizismus, vom babylonischen Okkultismus und von New-Age-Zauberei verführt worden seien.

Wie sollen wir uns in dieser Situation verhalten? Wir mögen es doch so machen wie die Mütter im amerikanischen Bürgerkrieg. Überall in den Grenzstaaten wie Maryland, Tennessee und Missouri wurden Familien zerrissen, weil Väter und Söhne entweder für die Union der Nordstaaten oder für die Konföderation der Südstaaten kämpften. Doch die Mütter erkannten darin absolut keinen Sinn. Die Rechte der Sklavenstaaten und der Stolz, zu dem einen oder anderen zu gehören, verloren an Bedeutung angesichts der Vorstellung, daß Brüder auf Brüder schießen würden.

Väter töteten Söhne, so wie wir es noch heute mit anderen Mitteln machen. Mütter und Ehefrauen blieben zurück und weinten und beteten. Zuweilen zogen auch sie aufs Schlachtfeld und forderten ihre noch halben Kinder auf, den Irrsinn zu beenden.

Wir müssen es ihnen nachtun, denn wie damals sind wir in vergleichbarer Lage – es herrscht der Bürgerkrieg der Christen. Es ist Zeit, zu fordern, daß unsere Geschwister damit aufhören, aufeinander zu schießen. Doch unbeeindruckt kontern sie: »Unsere Sache ist gerecht, heilig und ehrenwert!«

Die Kämpfenden bringen Indizien gegen ihre Mitchristen vor. Sie nennen bestimmte Symbole in Briefköpfen – ein Regenbogen, Pyramiden und Sterne z.B. – oder den Einsatz von Methoden, derer sich auch die Welt bedient, oder vermeintliche Irrwege bei Seelsorgetechniken. Sie selbst haben solche Anklagen sicher schon gehört, und Sie haben die sich gut verkaufenden christlichen Bücher gelesen, die dieses Glaubenswerk oder jenen Wohltätigkeitsverein anklagen.

All das bringt wiederum die andern auf die, die man angeklagt hat. Sie beschuldigen ihre Beschuldiger des Mangels an Liebe, eines unterentwickelten Verständnisses der Gnade, der Verleugnung von Wundern und pharisäischer Gesetzlichkeit. Viele der christlichen Kämpfer scheinen entrüstet, wenn nicht gar wütend über die Glaubensüberzeugungen der anderen Seite zu sein.

Kostbare Zeit geht verloren, während man sich über die verschiedensten Themen streitet: über die Entrückung, über das Zungenreden, die große Trübsal, das Tausendjährige Reich, über Wohlstand und Techniken des positiven Denkens.

Dieser Kleinkrieg zerreißt unsere sich ständig auseinandersetzende Bruderschaft so weit, daß großartige Lehrer sich weigern, zusammen öffentlich aufzutreten oder in derselben Zeitschrift mit einem Artikel abgedruckt zu werden. Wie kann das weitergehen, da uns doch eine nichtchristliche Welt zuschaut und sich ins Fäustchen lacht? Was ist denn bloß aus jenem freudigen Refrain geworden: ». . . daran (an der Liebe) wird jeder erkennen, daß ihr meine Jünger seid«?

Ich glaube, das Streiten und Fingerdeuten, das Denunzieren und Anklagen ist satanische Strategie, damit wir nicht voneinander ablassen. Was ist das dämonische Ziel? Wir sollen unsere Zeit vergeuden; wir sollen immer nur auf uns selbst schauen, damit wir unseren Blick nicht auf Jesus richten können; wir sollen so in Atem gehalten werden, daß wir gar nicht mehr dazu kommen, geistliche Schlachten zu schlagen und Dornenhecken und Feuerwände gegen dämonische Mächte zu errichten.

Wir sollen abgehalten werden von der wichtigen Aufgabe einer mit vereinten Kräften betriebenen Evangelisation unserer Nachbarschaft, unserer Länder und der Welt.

Die Dämonen der Hölle müssen sich vor Vergnügen gegenseitig auf die Schulter klopfen, wenn die Medien sich wieder einmal im Detail mit einem aktuell ausgebrochenen »Heiligen Krieg« befassen. Sie müssen sich in der Hölle nicht mehr halten können vor Lachen, wenn wieder ein Buch herausgegeben wird, das bei Gläubigen wegen irgendwelcher Mitchristen Angst auslöst.

Die schlimmen Zustände in der Gemeinde sind leider sehr real, wobei dies gar nicht einmal etwas Neues ist. Lesen wir, was Johannes schon sehr früh der Gemeinde schrieb:

> Ihr Lieben, glaubt nicht einem jeden Geist, sondern prüft die Geister, ob sie von Gott sind; denn es sind viele falsche Propheten ausgegangen in die Welt (1. Joh. 4,1).

All die Zeit haben wir uns also mit Problemen herumgeschlagen. Man hat manchmal den Eindruck, als habe schon Paulus es nur mit Schwierigkeiten zu tun gehabt, als er die noch jungen Gemeinden besuchte. Die meiste Zeit verbrachte er damit, theologische Flächenbrände zu löschen, die von dem einen oder anderen selbsternannten geistlichen Superstar entzündet worden waren. Das Problem blieb durch die Geschichte hindurch bestehen. Die Inquisition gegen die Juden im Mittelalter gehört nun wahrlich nicht zu den Sternstunden unserer Glaubensgeschichte, genausowenig die Eroberung der neuen Welt, als Eingeborene mit dem Schwert im Nacken zur »Bekehrung« gezwungen wurden.

Doch jetzt haben wir es mit etwas Neuem zu tun; und wir sind sogar gewarnt worden, daß es kommen würde. Diese Art, andere mit Schmutz zu bewerfen, bedroht unsere Fähigkeit, dem Missionsbefehl zu gehorchen. Ankläger und Gegenankläger weinen sich öffentlich aus und berufen sich beide auf 2. Petrus 2,1-3:

> Es waren aber auch falsche Propheten unter dem Volk, wie auch unter euch sein werden falsche Lehrer, die verderbliche Irrlehren einführen . . . Und viele werden ihnen folgen in ihren Ausschweifungen; um ihretwillen wird der Weg der Wahrheit

verlästert werden. Und aus Habsucht werden sie euch mit erdichteten Worten zu gewinnen suchen . . .

Wie sollen wir uns also verhalten? Fangen wir nun etwa auch an, die Gemeindeverkläger, einen nach dem andern, bloßzustellen? Soll ich mit diesem Buch fortfahren und eine Art heiliges Branchenbuch verfassen, die »Gelben Seiten« mit Guten und Bösen? Soll ich Prediger, Glaubenswerke und Wohltätigkeitsvereine auflisten, denen ich das »Nicky-Cruz-Glaubensgütesiegel« zugestehe, um dann eine schwarze Liste der Agenten des Antichristen nachzureichen? Die Lektüre wäre sicher ungemein spannend, und so mancher Leser wäre begeistert. Die Bestseller der Vergangenheit sprechen jedenfalls dafür.

Statt sich auf ihr eigenes Urteil, ihr persönliches Bibelstudium oder auf die Führung des Herrn zu verlassen, bevorzugen es manche Christen, einen Schriftsteller mit ausgeprägter Überzeugungskraft die Hexenjagd für sie erledigen zu lassen.

Es ist ja so bequem, eine Liste zur Verfügung zu haben, der zu entnehmen ist, daß dieser Wohltätigkeitsverein sauber, jener aber schlecht ist, oder dieses Glaubenswerk einmal Begriffe des New Age in einem Traktat verwendet hat und deshalb dämonisch sein muß. Oder wir erfahren, daß ein gewisser Leiter schon mit einem Moslem öffentlich aufgetreten ist, so daß er nicht einen Dollar Unterstützung mehr bekommen darf. Ein ganzes Spektrum frommer Publikationen ist damit befaßt, christlichen Horror auszuspinnen. Statt die sonst so verkaufsfördernden Schauerromane abzudrucken, veröffentlichen sie »wahre« Schreckensszenerien und thematisieren hier eine Bedrohung und dort eine Verschwörung. Sie nennen hier ein schlimmes Sozialwerk und dort einen fehlgeleiteten Bruder. Die Leser werden in Angst und Schrecken versetzt und zum Haß selbst gegen Mitchristen verleitet. Einige dieser nur so von Anklagen strotzenden »Nachschlagewerke« haben gutes Geld eingebracht. Es ist ja so spannend, sich ein Taschenbuch zu besorgen, das Organisationen und Führungspersönlichkeiten auflistet, die – wie die Autoren meinen – mit Satan unter einer Decke stecken, ob scheinbar relativ harmlos auf einem Stellvertreterposten oder als listige Agenten und willige Verschwörer in dubiosen politischen Organisationen, die nur darauf warten, die Erde zu regieren und Jesu triumphale Wiederkunft zu verhindern.

Ich bete darum, daß ich in Ihren Augen nicht genauso schuldig werde, meine Geschwister anzugreifen, während ich diese Zeilen schreibe. Ich bete, daß nicht der Eindruck entsteht, ich stellte irgend jemand, der wie ich Lehrer ist, an den Pranger, damit er verspottet und ruiniert wird. Meine Absicht ist es jedenfalls, Prinzipien und Praktiken unter die Lupe zu nehmen, nicht aber Personen. Ich gehe dabei sogar noch einen Schritt weiter und sehe zu, daß Personen, die sich etwas zuschulden kommen ließen, von mir unkenntlich gemacht werden. Sie als Leser werden sich dann nur mit dem Fehlverhalten gedanklich auseinandersetzen und nicht mit dem Verursacher selbst. Man hat mir natürlich den Rat geben wollen, daß sich ein Buch, das prominente Leiter mit Namen anklagt, viel besser verkaufen läßt als eins, das nur eine große Verdorbenheit beklagt. Ich weiß zumindest von einem christlichen Autor, der sich auf diesen Rat einließ, als man bei seinem ersten Konzept meinte, es sei ohne saftige Anklagen kaum zu vermarkten. Die überarbeitete Version wurde dann in großen Stückzahlen verkauft.

Damit hat dieser Mann sich zu jenen gesellt, die Zwietracht säen. Mir geht es sehr nahe, wenn ich an all jene Mitchristen denke, die ihre Herzen gegen Brüder und Schwestern verhärtet haben, von denen sie glauben, sie seien im Irrtum. Wo wir auch hinschauen – überall begegnen wir Herzlosigkeit und die Bereitschaft, einander zu richten. Lassen Sie uns doch die Sünde hassen, den Sünder aber lieben!

Ich danke Gott, daß ich nicht jedesmal, wenn ich gesündigt habe, gerichtet und in die finstere Grube geworfen worden bin. Ich kann ja gar nicht leugnen, an so mancher schrecklichen Sache teilgenommen zu haben, bevor ich den Herrn fand.

Und doch habe ich den Schmerz am eigenen Leib erfahren, von einem Mitchristen geschnitten zu werden, nur weil wir beide eine etwas andere Theologie vertreten. Es tut einfach weh, wenn man nicht in der Lage ist, mit einem, der genauso für den Herrn arbeitet, ein Gespräch zu führen, bloß weil wir bestimmte Dinge wie die Taufe, das Zungenreden oder die Abtreibung unterschiedlich beurteilen.

Sind diese Unterschiede denn so schwerwiegend, daß wir Jesu Gebot, es sei keine Zerstrittenheit unter uns, übertreten dürfen? Sind solche Unstimmigkeiten so groß, daß wir die ernste Warnung unbeachtet lassen dürfen, ein entzweites Haus werde mit Sicherheit zu Fall kommen? Natürlich nicht. Wir müssen einfach zur Kenntnis nehmen, daß wir unterschiedlicher Meinung sind, und uns dann daranmachen, das Geschäft des Vaters trotzdem gemeinsam zu erledigen. Die Zerstrittenheit unter uns ist nur die erfolgreiche satanische Strategie, uns zerstückelt und wirkungslos zu belassen. Hier nun die Gedanken des Apostels Paulus über die sich streitenden Christen in Korinth:

> Denn wenn Eifersucht und Zank unter euch sind, seid ihr da nicht fleischlich und lebt nach Menschenweise? (1. Kor. 3,3).

Ich möchte eine Voraussage machen: Dieses Buch wird einigen Christen bedrohlich erscheinen, und ihre Antwort darauf wird der Angriff auf mich sein. Sie werden sich irgend etwas heraussuchen, was ich nicht leugnen kann, z.B. meine Überzeugung, daß Gott auch heute noch Wunder wirkt.

Möglicherweise kritisieren sie meine Lehre, daß wir den jahrhundertealten Kampf Christen gegen Christen endlich beilegen müssen. Vielleicht wird sogar behauptet, ich sei vom Teufel, weil ich meine, wir sollten auf jeden Fall auch zu jenen Christen Kontakt haben, die solch ungewohnte Dinge tun, wie Gottesdienste am Samstag feiern, die Jungfrau Maria verehren, in Zungen reden oder in religiöse Kommunitäten eintreten.

Ich möchte aber eins entgegenhalten: Dieser zersplitterte Zustand der Gemeinde muß der Grund dafür sein, daß Satan so stolz tun kann. Ich vermute doch sehr stark, daß er überall noch seine Stützpunkte hat, die sein abscheuliches Handeln absichern. Das gehört zu seiner Strategie.

Ich bitte Sie inständig, doch wenigstens für einen Augenblick von Menschen wegzusehen. Richten Sie Ihren Blick auf Jesus. Verschließen Sie Ihre Ohren vor allem Gerede, das Zerstrittenheit bewirkt, und konzentrieren Sie sich ganz auf das Wort – Gottes inspirierte Schrift. Lesen Sie mit mir Lukas 11,14-23:

Und er trieb einen bösen Geist aus, der war stumm. Und es geschah, als der Geist ausfuhr, da redete der Stumme. Und die Menge verwunderte sich. Einige aber unter ihnen sprachen: Er treibt die bösen Geister aus durch Beelzebul, ihren Obersten. Andere aber versuchten ihn und forderten von ihm ein Zeichen vom Himmel. Er aber erkannte ihre Gedanken und sprach zu ihnen: Jedes Reich, das mit sich selbst uneins ist, wird verwüstet, und ein Haus fällt über das andere. Ist aber der Satan auch mit sich selbst uneins, wie kann sein Reich bestehen? Denn ihr sagt, ich treibe die bösen Geister aus durch Beelzebul. Wenn aber ich die bösen Geister durch Beelzebul austreibe, durch wen treiben eure Söhne sie aus? Darum werden sie eure Richter sein. Wenn ich aber durch Gottes Finger die bösen Geister austreibe, so ist ja das Reich Gottes zu euch gekommen.

Wenn ein Starker gewappnet seinen Palast bewacht, so bleibt, was er hat, in Frieden. Wenn aber ein Stärkerer über ihn kommt und überwindet ihn, so nimmt er ihm seine Rüstung, auf die er sich verließ, und verteilt die Beute. Wer nicht mit mir ist, der ist gegen mich; und wer nicht mit mir sammelt, der zerstreut.

Man muß nicht Jahre im theologischen Seminar gesessen haben, um diese Stelle zu verstehen. Sie gibt uns eine Art Test an die Hand, mit dem wir jeden, der beschuldigt ist, die Sache Satans zu vertreten, beurteilen können.

1. Trägt die Lehre, Person oder Gruppe zum Bürgerkrieg Christen gegen Christen bei?

2. Wird Zwietracht und Zorn in die Gemeinde gebracht?

3. Wird Satan aus seinen befestigten Stellungen vertrieben, oder ist man auf dem Weg zur Sünde und Rebellion, indem man beispielsweise lehrt, wir können kleine Götter werden oder über unsere Lebensregeln selbst bestimmen?

4. Ist man bereit, alles Jesus Christus hinzugeben, als dem einzigen Weg zu unserem Frieden mit Gott?

5. Leugnet man, daß Jesus Gottes Sohn war?

6. Werden harmlose, aber eher sinnlose Aktivitäten vorangetrieben, die nichts für die Ausbreitung des Evangeliums bewirken, dafür aber die Christen in Atem halten und sie am wahren geistlichen Kampf hindern?

Satan meint es mit seinem Kampf gegen uns ernst. Indem er seine Waffen — Verwirrung, Zank, Streit und falsche Anklagen – sprechen läßt, sorgt er dafür, daß einer nur noch an der Kehle des andern hängt. Am Ende hat er es dann tatsächlich geschafft, daß wir voneinander glauben, wir seien Agenten der Hölle! Er hat uns dazu gebracht, daß wir uns gegenseitig bekriegen.

Werfen wir einen Blick nach Nordirland. Dort sind Christen dabei, andere Christen aus dem Hinterhalt zu ermorden, sich gegenseitig zu verwunden, zu verstümmeln und sich den Tod zu wünschen. Das nahe England ist offiziell protestantisch und die Republik Irland katholisch.

Vor Jahrhunderten versuchte ein englischer König seine Kriegsbeute in Nordirland zu sichern, indem er englische Protestanten und presbyterianische Schotten in Irlands nördlichster Provinz Ulster ansiedelte. Bei ihrer Ankunft kam es zu einem fürchterlichen Blutvergießen, weil sich die Entrüstung der Einwohner auf brisante Weise mit Nationalstolz und religiösem Eifer verband. Die Katholiken schworen, ihre Insel von den Ketzern und Rebellen gegen die Autorität des Papstes zu befreien. Die Protestanten schworen dagegen, alle »Papisten« zu töten, die sie als unloyal der Krone gegenüber erklärten und als Agenten des Antichristen bezeichneten, die nichts anderes als den Scheiterhaufen verdienten.

Jahrhunderte später, als Irland das Recht zugesprochen wurde, die Unabhängigkeit von Großbritannien zu erklären, stimmte nur die protestantische Mehrheit in Ulster dafür, britisch zu bleiben. Radikale irische Katholiken schrieben es sich auf die Fahnen, die jahrhundertealten Bemühungen fortzusetzen, die Protestanten zu vertreiben, ohne dabei zu berücksichtigen, daß bereits viele Generationen von ihnen in Ulster geboren wurden und daß die Presbyterianer und Protestanten inzwischen eine irische Heimat besaßen.

Der Krieg ist noch immer im Gange. Es gibt keine gerechte Seite bei diesem furchtbaren Morden. Schlüsselfiguren des protestantischen Klerus stoßen genauso Todesdrohungen aus und rufen zum Mord auf wie ihre Gegenspieler in der IRA. Dieser Krieg nach dem Motto »Auge um Auge, Zahn um Zahn« – dieses niemals enden wollende gegenseitige Vergelten – kommt manchmal zum Erliegen und bricht erneut aus.

Das einzige, worauf sich die beiden Seiten einigen können, ist ihr Haß den Friedensinitiativen gegenüber, die das Kämpfen zu unterbinden versuchen.

Unterscheiden wir uns aber so sehr von jenen verwirrten und irregeleiteten Christen in Nordirland? Jahrhundertelang haben sie sich gehaßt und einen Krieg ohne Ende geführt und dabei so getan, als befolgten sie nur Gottes Weisungen, wenn sie den Gegner vom Angesicht der Erde ausradieren würden.

Währenddessen jubeln Satan und seine gefallenen Engel vor Freude über jede Seele, die in die Grube fährt. Man ist glücklich über das Gemetzel, über den Haß, die Zerstörung und die Schande, die Jesus Christus gemacht wird.

Was treibt uns denn auseinander? Häufig sind es die belanglosesten Kleinigkeiten. Können Sie sich vorstellen, was drei der größten Gemeinschaften bibelgläubiger Christen in Amerika trennt? Mit ihrer Theologie unterscheiden sie sich fast gar nicht. Was man lehrt, beruht auf jahrzehntelangem, fundiertem Bibelstudium.

Aber Satan hat es geschafft, diese Gemeinschaften wegen zwei unglaublicher Belanglosigkeiten in sich bekriegende Lager zu spalten: Einmal geht es darum, ob Musikinstrumente im Gottesdienst eingesetzt werden dürfen, und des weiteren ist die Frage ungeklärt, ob Missionare für ihren eigenen Lebensunterhalt sorgen müssen oder von der zentralen Organisation, der »United Christian Missionary Society« finanziell getragen werden sollten.

Diese drei Gruppierungen, die alle während der großen Erweckungsbewegung unter Alexander Campbell gegründet wurden, gehen sich nun aus dem Weg.

Was für eine Tragödie! In vielen winzigen Orten überall in Amerika gibt es jeweils eine Kirche der Katholiken, der Methodisten, der Presbyterianer, der Baptisten und der drei Gemeinden aus der Erweckungsbewegung.

Manchmal gibt es Krieg, aber meistens nimmt man sich gegenseitig nicht zur Kenntnis, obwohl der Glaube und die Wurzeln doch allen gemeinsam sind. Und man wird feststellen, daß die lieben Christen in allen drei Gemeinden gar keine Vorstellung mehr davon haben, wie es einmal mit den Problemen angefangen und wer zuerst Anklage erhoben hat.

DER DÄMON DES FROMMEN SCHEINS

Michael hatte eines Nachts einen Traum: Er befand sich in einer riesigen Kirche. Von der Kanzel predigte sein Pastor. Doch gleichzeitig waren der Chorleiter und der Orchesterleiter dabei, sich lautstark auf ihre Weise zu betätigen. Der Jugendleiter erzählte Witze und trieb seine Späße.

Doch die allgemeine Aufmerksamkeit galt keinem von ihnen. Jeder in der Versammlung tat, was ihm gefiel, ohne sich darum zu kümmern, was ringsumher geschah. Verschiedene Leute führten in dem allgemeinen Chaos irgend etwas vor, wobei sie den großen Tumult anscheinend gar nicht bemerkten. Andere gaben überschwenglich Zeugnis, kündigten atemberaubende Dinge an oder berichteten von großen Wundern in ihrem Leben.

Plötzlich gewahrte Michael oben auf der Bühne eine Kreatur, wie er sie schrecklicher noch nie gesehen hatte. Es war ein massiges Wesen, das eine Kreuzung zwischen einem Flaschengeist und dem Jabba aus dem Film »Krieg der Sterne« gewesen sein konnte.

Michael erkannte, daß diese böse Kreatur die Aufmerksamkeit auf sich lenkte. Die Menschen aus der Versammlung versuchten sogar mit aller Macht hinaufzukommen zu diesem gefräßigen Wesen, um ihm auf silbernen Tabletts Opfergaben darzubringen, die es sich schnappte und sofort in sich hineinschlang.

Für jeweils einen kurzen Augenblick wandte sich dieses Wesen jedem Anwesenden herablassend zu, doch dann war schon der Nächste von denen dran, die sich mit ihren Opfergaben nach vorn drängten. Und auch diese Gaben ergriff das Wesen sogleich und verschlang sie.

Als die verzweifelten Menschen dann anfingen, ihm auch noch ihre Kinder darzureichen, wurde es Michael zuviel.

»Wer bist du?« fragte er. »Warum machen die Leute das?«

Das Wesen wandte sich ihm träge zu und sagte: »Ich bin der Prinz all derer, die sich religiös zur Schau stellen«, antwortete es. »Sie sind gekommen, mich anzubeten.«

In diesem Augenblick erwachte Michael mit einem Ruck. Er verstand. Ganz erschüttert fühlte er sich von seiner eigenen Sünde überführt. Er erkannte den schlimmen Zustand seiner Gemeinde, in der er 15 Jahre lang Ältester gewesen war. Er hatte sich schuldig gemacht, das Rampenlicht als etwas Begehrliches zu empfinden. Er erinnerte sich an all die Male, da ihm die Ehre zuteil geworden war, ein paar Augenblicke auf der Kanzel zu stehen, um die Abkündigungen zu verlesen oder bei einer Kindessegnung mitzuwirken.

Er war getrieben von dem Verlangen, immer als der »Renner« zu gelten, und er tat alles dafür, daß er die Lacher auf seiner Seite hatte und die Menschen vor Rührung dahinschmolzen.

Er dachte daran, wie oft er verstohlen zum Pastor hinübergeschaut hatte, um dessen zustimmendes Lächeln zu erhaschen. Und wie wunderbar war es doch immer gewesen, wenn der Prediger seinen Arm um Michael und seine Frau gelegt hatte und, für alle vernehmbar, dem Herrn für Michaels selbstlose Opferbereitschaft und seine tiefe Demut gedankt hatte.

In höchster Erregung dachte Michael an all die anderen in seiner Gemeinde:

Da war der Pastor, der es nicht wagte, über Sünde und Selbstaufgabe zu predigen, um ja nicht seine Beliebtheit aufs Spiel zu setzen. Er verteilte viel lieber Streicheleinheiten an die Leute, indem er ihnen versicherte, Gott liebe sie und wolle nur, daß es ihnen materiell gut gehe.

Da war die Herausgeberin der Gemeindezeitschrift, die sorgfältig abwägte, wer in ihren monatlichen Artikeln erwähnt und wer ignoriert werden würde. Ihre eigene, immer auffällig plazierte Kolumne diente nur dazu, ihre persönliche Stellung ins rechte Licht zu rücken.

Da war die Kassenwartin der Gemeinde. Sie machte die Arbeit ihres Mannes, der eigentlich offiziell Schatzmeister war. Sie hielt die Fäden in der Hand, wenn es um die Finanzen ging. Damit sorgte sie für ihr eigenes Ansehen und stellte die hervorgehobene Stellung ihres Mannes sicher.

Da war der Leiter der winzigen und weitgehend wirkungslosen Kinderarbeit der Gemeinde, der immer nur darauf aus war, vom Pastor Applaus zu bekommen. Und er bekam ihn letztlich auch, denn in des Pastors Interesse lag es ja, daß sich die Gemeinde als produktive, gut geschmierte Maschinerie darstellte, die jeden Zehnten und jedes Opfer der Herde wert war.

»Herr!« schrie Michael auf. »Was muß ich tun?« Und tief in seinem Herzen empfing er die Antwort: »Prüfe deine eigenen Motive. Dienst du mir oder dir selbst?«

»Vergib mir, Vater«, flüsterte Michael und schaute hinüber zu seiner schlafenden Frau. »Vergib mir. Was soll ich nur tun?«

Michael erinnerte sich an eine Situation in seiner Teenagerzeit. Man hatte ihn gebeten, ein Solo in einem Musical der Gemeinde zu übernehmen. Er hatte viel geübt. Doch als der Auftritt näherkam, wurden ihm seine Motive klar: Er hatte sich für das Solo bereit erklärt, weil er dann im Rampenlicht stehen würde. Alle würden klatschen und feststellen, was für ein netter Junge er doch sei und wie talentiert!

»Herr«, betete er, »laß sie nicht mich vor Augen haben. Laß sie Jesus sehen.«

Gestärkt und innerlich gefestigt trat er ans Mikrofon. Und dann, als er einsetzte, ließ er einen total schiefen Ton hören. Er hatte eine falsche Note erwischt. Es war schrecklich. Er stolperte die Tonleiter rauf und runter und versuchte, die richtige Tonart zu bekommen. Er sang seinen Part und trat dann zurück in den Chor.

Da bemerkte er, daß nicht einer ihn auslachte. Vielmehr sah er in den Gesichtern nur Lobpreis und Anbetung. Die Menschen erhoben ihre Hände, weil sie die Gegenwart ihres herrlichen und majestätischen Gottes spürten. Michael erkannte, daß Gott sein

Gebet auf wunderbare Weise geehrt hatte. Niemand hatte sein so peinliches Quietschen vernommen, alle hatten Jesus geschaut.

Jetzt aber, in der Dunkelheit der Nacht, betete Michael: »O Herr, mach mich ganz neu. Fülle mich neu mit dem Verlangen, nicht mich, sondern nur dich zu erheben.«

Die Evangelistin Corrie ten Boom war solch eine selbstlose Dienerin des Herrn. Er hat sie über alle Maßen gesegnet. Nicht ein einziges Mal hat sie um Spenden gebeten, und doch bekam sie immer die Fernsehzeiten, die sie brauchte. Man hieß sie auf Tausenden von Kanzeln willkommen. Ein Film – »Die Zuflucht« – wurde über ihr Leben gedreht und weltweit verbreitet. Die Verleger rissen sich darum, jede ihrer Äußerungen abzudrucken. Der Herr segnete sie, weil sie treu war. Sie gehorchte den inspirierten Worten des Apostels Paulus, daß wir uns mit den Umständen abfinden sollen, in die der Herr uns stellt.

Sie ließ es nicht geschehen, daß der Ruhm und ihre Beliebtheit sie verderben konnten. Sie hielt ihren Blick immer auf Jesus gerichtet.

Manche schauen aber lieber aufs Geld. Es wird sie im Stich lassen, auch wenn sie noch so fest entschlossen sind, den Dienst am Wort Gottes fortzuführen. Andere werden durch die Machtposition, die sie im Lande einnehmen, korrumpiert, durch den Applaus der Millionen und die Anbetung der Gläubigen.

Doch das alles vergeht. Es macht nicht glücklich, und es bedeutet auch keinen Erfolg. Es bringt nur innere Leere und die Gier nach mehr.

Ich weiß, wovon ich rede. Ich hatte ja selbst den Ruhm und den Applaus.

Kurz nachdem ich Jesus kennengelernt hatte, ging ich zur Bibelschule in La Puente, Kalifornien. Als ich den Abschluß in der Tasche hatte, bekam ich meinen ersten Job in einem Restaurant in Oakland. Ich mußte ein paar Monate – fünf waren es, um genau zu sein – überbrücken, bis ich mit meiner Braut zu neuen Ufern aufbrechen würde. In der Zwischenzeit arbeitete ich nun als Reinigungskraft. Ich säuberte die Tische, wischte den Boden und wusch in der Küche ab. Das Restaurant gehörte zu den vornehmsten in Oakland und lag direkt am Jack London Square.

Trinkfeste Reiche und viele Berühmtheiten kamen dorthin, um ihr Geld zu verjubeln. Die Atmosphäre war – weder moralisch noch geistlich – nicht besonders gesund für einen jungen, unerfahrenen Christen, der direkt von der Bibelschule kam.

Die Umstände dort bedeuteten eine Infragestellung all dessen, was ich gelernt hatte, und so bemühte ich mich um jedes bißchen geistlichen Schutz, den ich bekommen konnte. Ich danke Gott, daß er bei mir war, denn ich wußte auch, daß er mich dort für eine Weile haben wollte, auch wenn ich tief in meinem Herzen spürte, daß er mich in der Zukunft in einen konkreten Dienst rufen würde.

Ich hatte einen Kollegen, der auch aus Puerto Rico kam. Roberto beobachtete mich ständig. Oft setzten wir uns zur Pause in einen kleinen Nebenraum, wenn der Andrang zur Mittagszeit nachgelassen hatte. Das bedeutete für uns eine kleine Verschnaufpause. Eines Tages, als ich Gott für das Essen dankte, fing Roberto an zu lachen.

»Warum führst du denn Selbstgespräche?« fragte er. Ich hörte mitten im Gebet auf und erklärte ihm, daß ich für alles dankbar sei, was Jesus mir gibt. Und so würde ich ihm auch für das Essen und alles andere danken. Ich sagte ihm, daß ich Jesus persönlich kennen würde und daß er auch jetzt bei uns sei. Ich machte ihm klar, daß ich es sehr ernst mit meinem Glauben nahm.

Roberto saß da und schaute ganz verblüfft drein. Ich wußte, daß er sich schon vorher über mich lustig gemacht hatte. Für ihn war es eine komische Vorstellung, mit jemand zu reden, der nicht anwesend war. Der Gedanke, Jesus könnte direkt bei uns im Raum sein, erschütterte Roberto regelrecht. Es verschlug ihm die Sprache.

Roberto hörte nicht auf, mich auf Schritt und Tritt zu beobachten. Wohin ich im Restaurant auch ging, was immer ich tat, ich spürte Robertos Blick in meinem Rücken, und ich wußte, daß ihm einiges zu denken gab. Ich machte Roberto zu meinem Herzensanliegen beim Gebet, und ich sprach mit ihm über das, was ich von Jesus wußte, sooft es irgend ging. Ich erzählte ihm von früher, von Zauberei und Angst in Puerto Rico, von der Zeit in der Straßenbande in New York und davon, was Christus für mich getan hatte und noch immer täglich für mich tat. Roberto schaute mich immer nur schweigend an und hörte zu.

Und schon nach einer Woche kam er mit mir in die Gemeinde. Zum Ende des Gottesdienstes, als man einlud, nach vorn zu kommen und Christus anzunehmen, da kniete Roberto am Altar nieder und übergab sein Leben dem Erlöser.

Aber das war nur der Anfang. Die meisten Puertoricaner haben große Familien, und wenn man bei Roberto alle Angehörigen zusammenzählte, dann kam man auf 15. Durch Robertos neu gefundenen Glauben nahm auch das letzte Mitglied seiner Familie, seine Großeltern eingeschlossen, Jesus an. Drei Tage nach Robertos Bekehrung verließ ich meinen Arbeitsplatz, um meinen eigenen geistlichen Dienst anzutreten. Gleichzeitig ging auch Roberto fort, um die Bibelschule zu besuchen. Heute ist er Pastor, und er bringt alles ein, um anderen Jesus nahezubringen.

Was für einen Segen Roberto mir gebracht hat! Es spielte damals keine Rolle, daß ich völlig unbekannt war, ein Niemand für all die Leute – denn für die Gäste war ich kaum mehr als ein Roboter, der Essensteller bewegte –, trotzdem wußte ich schon damals, daß ich etwas von ewiger Bedeutung getan hatte. Meine Arbeit hatte ich als forscher Christ angetreten, der Jesus liebte. Ich war zur rechten Zeit am richtigen Platz, und ich ging wieder fort, als die Zeit dafür gekommen war. Ich fing an, in spanisch sprechenden Gemeinden jener Gegend zu predigen, und fand viele Herzen vor, die es nach dem Wort hungerte. Es gab dort eine große Zahl ernsthaft suchender Menschen, die wie Roberto auf meine schlichte Botschaft von Jesus, seinem Leben und seiner Macht hörten.

Das innere Drängen, anderen von ihm zu erzählen, nahm immer mehr Raum in mir ein. Ich wurde in jenen Jahren des Wachsens und Austeilens immer lebensfroher. Ganz allmählich wurde aus dem Niemand ein Jemand, zumindest in den Augen der Öffentlichkeit. Gott öffnete eine Tür nach der anderen, und der Name Nicky Cruz wurde Gesprächsstoff.

Wenn man einen gewissen Bekanntheitsgrad erreicht, vergißt man sehr leicht, wie alles einmal angefangen hat. Wie schafft man es, bescheiden zu bleiben, wenn man den eigenen Namen wie den eines Filmstars überall in der Stadt lesen kann? Wie bleibt man dann noch den eigenen Überzeugungen treu, wenn einem Unrecht getan wird und man öffentlich vergeben muß, wenn einem gar nicht danach zumute ist? Dies sind Fragen, auf die ich nie leicht eine Antwort gefunden habe.

Das Gebet ist eine Notwendigkeit, um nicht in Versuchung zu geraten und stolz zu werden. Es ist so leicht, die Last, die Gott einem auferlegt hat, aus den Augen zu verlieren, den Blick für die Berufung zu verlieren und zu vergessen, daß der Herr einen soweit gebracht hat. Es ist so nötig, Jesus jeden Tag ein Stückchen näherzurücken und ihn niemals aus dem Blick zu verlieren.

Gott ist mir immer treu gewesen. Ich habe viele gute Erinnerungen, wenn ich an all das zurückdenke, was Jesus für mich getan hat.

Ich denke an all meine Freunde, die für mich beten. Solche Leute suche ich, wohin ich auch immer komme. Sie sind Teil meines Lebens.

Ohne sie und Jesus könnte ich nichts tun. Ich setze alles daran, bei der Arbeit diese Partner – ihre Liebe und ihre Gebete – nicht zu vergessen. Die Leute fragen mich oft: »Nicky, wie bist du dahin gekommen, wo du heute bist?« Im Grunde ist es ohne mein Zutun geschehen. Was immer ich unternommen habe, ist Zeichen der Anerkennung für Jesus und meine Gebetspartner. Aber ich möchte folgendes betonen: Als ich zur Bibelschule ging, wollte ich Missionar in Südamerika werden. Es schien mir nur allzu natürlich, daß auch Gott dies von mir wollte. Ich spreche Spanisch, ich komme aus dem spanischen Kulturkreis und aus einem lateinamerikanischen Land. Was sollte Gott also anderes von mir wollen?

Ich teilte meinen Entschluß dem Leiter der Schule, Pastor Estevan Camarillo, mit, und ich werde niemals vergessen, was er darauf erwiderte: »Nicky, der Wille Gottes richtet sich nicht immer nach unseren Wünschen oder nach unserer Überzeugung, was recht sein muß. Die beste Art und Weise, seinem Willen in deinem Leben nachzukommen, ist, ihm jeden Tag ganz zu dienen. Vielleicht will Gott dich nach Südamerika senden. Aber vielleicht will er dich auch hier in Kalifornien haben. Ich habe das Gefühl, daß er einen großen Dienst für dich vorbereitet hat. Aber schon vor langer Zeit habe ich gelernt, daß die Wege des

Herrn höher sind als unsere Wege und oft weit über das hinausgehen, was wir uns vorstellen und erträumen können. Laß es weiterhin die Mitte all deines Strebens sein, ihm jeden Tag deines Lebens all deine Kraft zur Verfügung zu stellen. So wird er dich dorthin führen, wo er dich haben will.«

Wie sehr sich doch die Worte dieses weisen Gottesmannes bestätigt haben! Es war immer mein Bestreben, dem Herrn jeden Tag nach bestem Vermögen zu dienen, tagtäglich und jeden Augenblick. Und Gott hat für mich mehr getan, als ich es mir je hätte erträumen oder erbitten können.

Es ist so leicht, hier zu versagen. Wir neigen immer dazu, unseren Blick vom Himmel fort auf den Schmutz um uns herum zu richten. Niemand sollte jemals anfangen, den Wert der Berufung Gottes in seinem Leben geringzuachten, diese Berufung selbst zu beschränken oder sich zum Fanatismus verleiten zu lassen.

Wir müssen uns selbst und Gott kennenlernen, und während wir es zur Mitte all unserer Bemühungen machen, ihm zu dienen, sorgt er für alles Weitere.

Es ist leicht, von den grünen Auen jenseits der Mauer zu träumen. Die Leute schreiben mir sehr oft sinngemäß: »Wenn ich nur diese Arbeit (oder die Frau oder den Mann oder das Problem) nicht hätte, dann würde ich ja so gern wie du dem Herrn dienen.«

Brüder und Schwestern, laßt eure Berufung nicht verfallen. So wie Gott mich damals als Reinigungskraft arbeiten ließ, so hat er auch euch dorthin gestellt, wo ihr gerade seid. Wenn ich damals nicht treu gewesen wäre, wäre nichts von den wundervollen Dingen geschehen, die gefolgt sind:

Roberto würde heute nicht Männer und Frauen und Jungen und Mädchen zu Jesus führen, und so viele gute Gelegenheiten für Gott wären sinnlos verstrichen.

Gehorchen Sie, und Sie werden große Dinge sehen.

Ich kann viel darüber erzählen, wie in Kühnheit und in in der Kraft des Heiligen Geistes Zeugnis gegeben wird. Ich denke z.B. an junge Christen, die vor Rock-Konzerten Traktate verteilen. Ich konnte beobachten, wie wirkungsvoll dieser Dienst sein kann, vorausgesetzt allerdings, daß das Team vorher den Herrn gesucht hat, damit er sie führen soll zu den Einsamen, den Verletzten, den Leeren und den Verzweifelten, die von solchen Konzerten ja gerade angezogen werden. Sie müssen aber eben auch seiner konkreten Weisung gehorsam sein, mit diesem zu sprechen und jenem ein Traktat zu überreichen, selbst wenn der Betreffende grüne Haare, einen kahlgeschorenen Schädel oder einen Totenkopf auf der Stirn tätowiert hat.

Ich denke an die Hausfrau, die die Herausforderung angenommen hat, jene Mormonen und Zeugen Jehovas hinüberzuretten, die alle 14 Tage bei ihr vor der Tür stehen. Wenn Sie für solche Leute eine Last haben, dann sollten Sie lieber auf die Knie gehen, bevor Sie unbewaffnet in den Kampf ziehen. Die andern wissen sehr genau, wie man zurückschlägt. Sie können in Ihr Herz soviel Verwirrung und Zweifel säen, daß Sie vor jedem weiteren Versuch zurückschrecken. Doch wenn der Herr Ihnen versichert, daß dies tatsächlich sein Weg für Sie ist und Ihnen die Wochen des Bibelstudiums, des Gebets und des Fastens salbt, dann können Sie sich getrost daranwagen. Es sind nicht wenige verführte Christen, die aus diesen zwei Sekten herausgerettet werden konnten.

Machen Sie sich ans Werk, aber fangen Sie es mit seiner Kraft an. Hören Sie auf seine Weisung. Hören Sie nämlich auf seine Stimme, so wird Abenteuerliches auf Sie warten: der Dienst an heidnischen Eingeborenen, an Drogenabhängigen und an Hexen, ja, auch an Hexen. Ihre Zahl wächst. Aber wir müssen uns nicht vor ihnen fürchten. Sie sind geradewegs auf dem Weg zur Hölle und nehmen viele Betrogene mit.

Mit Gottes Hilfe können Sie derjenige sein, der dafür sorgt, daß Luzifer mit ein paar weniger Hexen seine Ewigkeit des Schreckens verbringt. Gehen Sie aber immer nur in der Kraft Gottes.

INS REICH DER FINSTERNIS

Sind Sie eigentlich schon einmal einer richtigen Hexe begegnet? In der dritten Welt sind Hexen und Zauberer gar nichts Besonderes, und sie tauchen dort keineswegs nur im Kinderfernsehen am Sonntagvormittag auf.

Weltweit gibt es über 100 Millionen Anhänger des Spiritismus, berichtet Andreas Resch, Leiter des Instituts für Para-Wissenschaften in Österreich. Zentrum des Spiritismus ist Brasilien, wo es 11 Millionen Anhänger gibt. An zweiter Stelle steht Großbritannien, und auch in Deutschland hat das allgemeine Interesse stark zugenommen. Dort hat die Bischofskonferenz der EKD erst kürzlich eine deutliche Warnung vor dem Okkulten ausgesprochen. Auch Gott selbst hat uns klare Leitlinien an die Hand gegeben:

> . . . der Geist der Wahrheit . . . wird . . . euch in alle Wahrheit leiten . . ., und was zukünftig ist, wird er euch verkünden (Joh. 16,13).

Was bedeutet dieser Vers? Er besagt doch, daß nur Gott berechtigt ist, uns einen Blick in die Zukunft zu gestatten. Nur einigen wenigen Propheten und anderen Männern Gottes hat Gott dieses Privileg verliehen. Wenn wir es leid sind, auf Gott zu warten, daß er uns die Zukunft zeigt, und uns entschließen, solche Geheimnisse von den Mächten der Finsternis zu bekommen, dann bringen wir uns in große Schwierigkeiten. Wenn wir also keinen Wert mehr darauf legen, Gottes Wege zu gehen, dann gibt es eine Alternative, nämlich Satans Wege. Und dessen bin ich sicher: er ist der Urheber all dessen, was mit dem Okkulten zu tun hat. Und die Beschäftigung damit ist wahrlich kein harmloses Freizeitvergnügen.

Es ist nichts Gutes daran. Karibische Wodu-Königinnen, südafrikanische Medizinmänner und zentralamerikanische Stammeshäuptlinge, die Kaziken, behaupten oft von sich, gut zu sein. Aber sie sind es nicht. Sie streuen enorm viel von der Macht des Bösen unter die Massen. In Europa sprechen ihre Brüder davon, es handle sich um die wahre Urreligion, und sie zeichnen ein nostalgisches Bild von freundlichen Druiden und lebenspendenden Naturkräften. In den Urwäldern Südamerikas geben sie vor, die einheimischen Zivilisationen der edlen Wilden zu schützen, die noch unberührt von der Religion des weißen Mannes geblieben sind. Im zivilisierten Japan, in Birma und Indien schickt man Gebete, Weihrauch und Opfergaben zu Götterbildern mit ihren Fratzen, die die Bevölkerung fürchtet und verehrt. Und selbst im zivilisierten Amerika werden Handlesen, astrologische Gutachten und spiritistische Beratung angeboten, wobei oft so getan wird, als sei das alles ganz christlich. Aber es gibt keine »weißen« Hexen, auch wenn man das immer wieder von den falschen Propheten im Frühstücksfernsehen hören kann.

Der deutsche Evangelist Reinhard Bonnke brachte ein riesiges Erweckungszelt nach Südafrika. Nachdem ortsansässige Hexen und Medizinmänner von den Zehntausenden hörten, die bei Bonnkes Veranstaltungen in Afrika geheilt und gerettet worden waren, fingen sie an, seinen Erweckungsfeldzug mit Flüchen zu belegen. Sie riefen dämonische Mächte herbei, die sein Zelt zerstören sollten, das das größte seiner Art in der Welt war. Und tatsächlich, eines Abends kam ein mächtiger Sturm auf und riß es in Stücke.

Vom Freudentanz der Medizinmänner um das, was davon übriggeblieben war, berichteten alle Zeitungen in Südafrika. Das Ganze sei ihnen, den Medizinmännern, zu verdanken gewesen. Und sie brüsteten sich ihrer Macht über den Gott des weißen Mannes.

Aber der Schöpfer läßt sich nicht spotten. Er ist so viel mächtiger als Satans geifernde Rebellen. Nachdem man den

Heiligen Geist bestürmt hatte, wußten Bonnke und die Organisatoren am Ort, daß sie die Evangelisation trotzdem abhalten sollten. Sie wußten, ihr Jahwe-jireh, ihr Versorger, würde zu gegebener Zeit ein neues Zelt bereitstellen.

Es versammelten sich also Zehntausende unter dem stählernen Skelett, das von dem Zelt übriggeblieben war. Und trotz kalter Winde und einem unangenehmen Regen rings um das Areal, blieben die Teilnehmer der Evangelisation doch warm und trocken, geschützt vor den Elementen durch einen gewaltigen geistlichen Schirm. Fürbitter am Ort baten den Herrn immer wieder, doch ihren monatelangen harten Arbeitseinsatz für die Evangelisation und ihr Gebet um Tausende, die den Herrn finden sollten, zu ehren. Und er war treu. Wie schlimm die Hölle sich auch gebärden mag, er ist nicht zu besiegen.

Sollten wir uns vor den Mächten der Finsternis fürchten? Niemals! Aber ein gesunder Respekt kann nicht schaden. Es ist immer gut, den Feind zu kennen. Ich flog einmal von Denver nach Cleveland. In dem Flugzeug war auch eine Hexe. Sie war sehr gesprächig und erzählte viel. Sie fragte mich, warum ich fliegen würde. Ich erzählte ihr von der Veranstaltung, an der ich teilnehmen wollte. Dann erwähnte ich auch Bücher, die ich geschrieben habe. Ich nannte »Flieh, Kleiner, flieh« und »Der Teufel ist los«, das, so bemerkte ich, von Hexerei handelt.

»Das ist doch mein Thema!« rief sie erregt. »Es ist übrigens mein Problem, daß die Leute mich eine Hexe nennen. Dreimal habe ich Menschen verflucht, und alles, was ich sagte, wurde wahr.« Sie fing an, in allen Einzelheiten ihre okkulten Erfahrungen auszubreiten. Sie prahlte damit, daß ein Mann tot umgefallen sei, nachdem sie ihn wegen schlechter Behandlung verflucht hatte. Einen anderen Fluch hatte sie auf ein großes Geschäft gelegt, weil sie einen Mann, der Verbindungen dorthin hatte, nicht leiden konnte. Sie verfluchte diesen Ort, daß er in zwei Monaten zerstört sein sollte.

Natürlich, so verkündete sie stolz, geschah genau dies in der angegebenen Zeit, und der Mann versank in tiefer Armut. Es erstaunte mich, wie sehr alles, was sie erzählte, einen unglaublichen Egoismus zutage treten ließ. Das dritte Mal verfluchte sie ein Restaurant, als man ihr dort nicht den bestellten Hummer bringen konnte. Sie fluchte, alles solle bis auf die Grundmauern niederbrennen. Und nur Tage später geschah es so.

Ich fing an zu beten. Der Herr sagte mir, daß ich ihr kein Zeugnis geben sollte. Sie war ausgesandt worden, um mich durcheinanderzubringen und mein Zeugnis zu vereiteln. Sie gehörte Satan mit Haut und Haaren. Ich schaute sie an und sprach ganz leise zum Bösen, der in ihr war: »Ich kenne dich und weiß, woher du kommst. Du bringst mich nicht zum Schweigen, Satan. Ich werde ausführen, wozu ich berufen worden bin. Ich werde dein Territorium mit Gottes Kraft nicht mehr in Ruhe lassen und dir mit der Auferstehung Jesu und mit den Milliarden Engeln entgegentreten. Wir werden jede Erscheinungsform des Bösen in die Luft sprengen, mit der du kommst, zu betrügen, zu zerstören und dein Reich zu festigen.«

Ich verabschiedete mich dann höflich von der Frau. Und wie Sie sich denken können, hatte sie mir während des restlichen Fluges kaum noch etwas zu sagen.

Ich schloß meine Augen, und ich dachte daran, warum ich damals mein Buch »Der Teufel ist los« geschrieben hatte. Ich hatte den Eindruck gewonnen, daß das Okkulte zu den zerstörerischsten Kräften in der heutigen Welt geworden war.

Die Faszination an der dunklen Seite des Übernatürlichen greift in jedem Land und in jedem Lebensbereich um sich. Früher beschränkte sich das Interesse auf Wahrsager in dunklen Straßen, die für ein paar Dollar arbeiteten, und auf spiritistische Sitzungen in kleinen Hinterzimmern, wo Männer und Frauen, die verzweifelt nach irgend etwas auf der Suche waren, Kontakt zu jemand aufzunehmen versuchten, den sie durch Tod verloren hatten. Das hat sich inzwischen geändert. Heute ist Okkultismus das große Geschäft. Bücher, Filme, Spiele, Schulen – jedermann scheint an dem enorm gestiegenen Interesse am Okkulten mitverdienen zu wollen.

Was für eine Tragödie! Was für ein Missionsfeld für uns! Was für eine Herausforderung für jeden Gebetskämpfer!

DAS ÜBEL IN UNSERER MITTE

Ich konnte es kaum glauben, als der frühere Finanzminister und Sprecher des Weißen Hauses, Donald Regan, von einem seiner vorrangigsten Probleme sprach, die er hatte, wenn er irgend etwas in der Regierung Ronald Reagans in Angriff nehmen wollte. Es ging um Nancys zwanghafte Bindungen an die Astrologie.

»Nahezu jeder größere Schritt und jede Entscheidung, die die Reagans während meiner Zeit als Verantwortlicher im Weißen Haus trafen, wurde zuvor mit einer Frau in San Francisco abgesprochen, die Horoskope erstellte, damit man sicher sein konnte, daß die Sterne für ein bestimmtes Unternehmen günstig standen.« Das schrieb er in seinem Buch.

Was für ein Tiefschlag für die Sache Christi! Ich glaube, daß diese Enthüllung über Frau Reagan den Mächten der Finsternis mehr öffentliche Aufmerksamkeit verschafft hat als irgendeine andere Nachricht in vielen Jahrhunderten. Im Kampf gegen die Drogen hatte sie sich eigentlich Verdienste erworben. Ich wünschte, sie hätte auch zu den Astrologen nein gesagt. Statt dessen hat Satan sie dazu benutzt, eine Erweckung für Hexerei und alles Okkulte in den Vereinigen Staaten herbeizuführen, die ihresgleichen sucht.

Die Ironie liegt vor allem darin, daß Präsident Reagan sich zum ersten Fürsprecher vieler christlicher Anliegen gemacht hat – das Schulgebet, die Abschaffung der Abtreibung, die Legalisierung des Schöpfungsglaubens im Biologieunterricht, um nur ein paar zu nennen.

Doch jetzt erfahren wir, daß Nancy seit 1940 tief in dieses alte Übel verstrickt gewesen ist, das lehrt, die Sterne würden unser Schicksal bestimmen. Es war die Angst vor den Sternen, die den Zeitplan für Reagans exzentrische Amtseinführung zum Gouverneur von Kalifornien diktierte. Sie fand um 00.10 Uhr, also zehn Minuten nach Mitternacht statt.

Als Don Regans Buch den Mann auf der Straße erreichte, erfuhren wir, daß Nancys intensive Beschäftigung mit der Astrologie bis dahin ein wohlgehütetes Geheimnis gewesen war, das aber trotzdem mehrere Male durchsickerte, auch damals, als der Präsident 1980 eingestand, die Wahrsagerin Jeane Dixon konsultiert zu haben. Eine Abordnung des Bundes amerikanischer Wissenschaftler, zu der auch fünf Nobelpreisträger gehörten, schrieb an Reagan einen Brief, mit dem sie protestierten und ihre tiefe Besorgnis über sein Eingeständnis, Dixon getroffen zu haben, zum Ausdruck brachten. Des weiteren sei man über die Enthüllung beunruhigt, er lese täglich sein Horoskop:

»Nach unserer Meinung kann man niemanden, dessen Willensbildung auch nur zum Teil auf offensichtlichen Phantastereien beruht, damit betrauen, Entscheidungen – manchmal über Leben und Tod – zu treffen, wie es von einem amerikanischen Präsident erwartet wird.«

Der Präsident soll die Sternenkunde bis zum Attentatsversuch von John Hinckley nicht so ernst genommen haben. Danach wurde auf Nancys Druck hin eine Astrologin ständig konsultiert. Don Regan schreibt, daß er gezwungen war, einen Terminkalender mit farbigen Tagesmarkierungen zu führen, um immer genau über die »guten«, »schlechten« und »mit Vorsicht zu genießenden« Tage des Regierungschefs im Bilde zu sein. Es gab immer wieder Tage, an denen die genaue Befolgung des Horoskops die Absage von Gesprächen und Beschränkungen der Aktivitäten im Weißen Haus erzwang. Das Gipfeltreffen mit der Sowjetunion 1985 wurde sorgfältig mit Blick auf Reagans Horoskop geplant, liest man in Regans Buch.

In den Wochen nach dessen Erscheinen waren die Zeitungen voll von Interviews mit Astrologen. Nachrichtenmagazine und die Boulevardpresse stürzten sich ganz neu auf dieses »interessante Phänomen«. Allenthalben fragte man: »Funktioniert es wirklich?« Und wie mit einer Stimme tönten im Chor alle Medien, Wahrsager und New-Ager: »Ja, es funktioniert!«

Neue Bücher über den Spaß am Okkulten überfluteten die Zeitungsläden. Während eines Fluges von Tucson nach Dallas saß neben mir eine Frau, die in ein Buch über Astrologie vertieft war. Als sie bemerkte, daß ich ihr Buch fixierte, schaute sie mich an und sagte: »Sie sehen so aus, als seien Sie Steinbock.«

»Da mögen Sie recht haben«, erwiderte ich, »aber ich habe etwas Besseres als Astrologie.« Dann erzählte ich ihr, daß ich es nicht nötig habe, herauszufinden, welchen Einfluß die Sterne auf mein Leben haben mögen, denn ich würde immerhin den kennen, der sie alle in seiner hohlen Hand hält.

Man sah es der Frau an, daß sie sich unwohl fühlte, als ich über Jesus sprach. Ich habe immer wieder feststellen müssen, wie wahr die Worte von Paulus sind:

> Zieht nicht am fremden Joch mit den Ungläubigen. Denn was hat die Gerechtigkeit zu schaffen mit der Ungerechtigkeit? Was hat das Licht für Gemeinschaft mit der Finsternis? Wie stimmt Christus überein mit Beliar? Oder was für ein Teil hat der Gläubige mit dem Ungläubigen? (2. Kor. 6,14-15)

Genau hier müssen wir besonders achtsam sein! Der Teufel liebt es, gerade diese Wahrheit zu verdrehen und damit Uneinigkeit unter Geschwistern zu entfachen. Deshalb können wir diesen Vers auch nicht unbeachtet lassen.

Wir müssen auf der Hut sein. Amerika wurde von frommen Männern gegründet. Lesen Sie einmal die Schriften von Christoph Columbus, George Washington und Abraham Lincoln, und Sie werden erfahren, woher sie ihre Stärke nahmen.

Auch heute gibt es noch gläubige Politiker. Wer aber gehört dazu? Sie werden es vielleicht nicht glauben, aber Pat Robertson ist nicht der einzige Politiker, der an Gott glaubt und Jesus als Herrn annimmt. Im Kongreß gibt es viele Christen.

Es gibt aber noch einen weiteren guten Christen, der mit Gesetzgebung befaßt ist, auf den Sie vielleicht gar nicht kommen. Es ist die englische Premierministerin Margaret Thatcher. Ja, ausgerechnet Englands eiserne Lady, der man es zuspricht, dem Vereinigten Königreich wieder Wohlstand und Hoffnung gebracht zu haben, bekennt sich offen zu Christus.

Es folgt ein Auszug aus einer ihrer bemerkenswerten öffentlichen Reden:

> Das Alte Testament gibt uns im 2. Buch Mose die Zehn Gebote, wie sie Mose übermittelt worden sind, und im 3. Buch Mose die Anweisung, unsern Nächsten zu lieben wie uns selbst, wobei es immer die Wichtigkeit herausstellt, einem festumrissenen Gesetzeswerk zu gehorchen.
>
> Das Neue Testament ist der Bericht von der Auferstehung, den Lehren Christi und der Gründung des Gottesreiches. Und wieder liegt die Betonung darauf, daß wir unseren Nächsten wie uns selbst lieben sollen und ihm tun, wie er uns tun soll.
>
> Ich glaube, wenn wir diese Schlüsselelemente des Alten und Neuen Testaments zusammennehmen, bekommen wir Einblick ins Universum und eine rechte Einstellung zur Arbeit und zu bestimmten Prinzipien, um damit unser wirtschaftliches und gesellschaftliches Leben zu formen.
>
> Uns wird gesagt, daß wir arbeiten und unsere Talente einsetzen müssen, um Wohlstand zu schaffen. »Wer nicht arbeitet, soll nicht essen«, schrieb Paulus an die Thessalonicher. Und es ist tatsächlich so: Nicht Armut, sondern Überfluß erfährt Legitimität durch das Wesen der Schöpfung.
>
> Aber dessen ungeachtet, erkennt das zehnte Gebot – Du sollst nicht begehren – an, daß die Mehrung des Geldes und der Besitz von Dingen zum Egoismus führen kann. Aber nicht die Schaffung von Wohlstand an sich ist verkehrt, sondern die Liebe zum Geld als Selbstzweck.
>
> Es ist die hinzutretende geistliche Dimension, die darüber entscheidet, was wir mit dem Wohlstand anfangen. Wie könnten wir denn auf so viele Hilferufe reagieren oder für die Zukunft investieren oder die großartigen Künstler und Handwerker unterstützen, deren Werk genauso Gott verherrlicht, wenn wir

nicht zuerst hart gearbeitet und unsere Talente eingebracht hätten, um den dafür notwendigen Wohlstand zu schaffen?

Dies sind bemerkenswerte Worte aus dem Mund einer Politikerin, aber es ist tatsächlich Frau Thatchers Art, sich so zu äußern. Natürlich wird sie auch kritisiert, und nicht jeder unterstützt ihre Politik. Aber sie besitzt eine innere Stärke, und Nancy Reagan täte gut daran, hierin ein Vorbild zu sehen, statt sich nebenbei mit verbotenen finsteren Künsten zu beschäftigen.

Es beeindruckt mich immer, wie tief die Kluft zwischen Christus und Satan ist und wie klar wir die Trennlinie ziehen müssen, wenn wir auf der Seite Gottes stehen wollen.

Lois Hoadley Dick of Newton aus New Jersey erzählte von ihrer Freundin Janet, die eine Zusammenkunft von Spiritisten besuchte. Janet tat es sehr schnell leid, daß sie gekommen war, denn eine schwere Bedrückung legte sich auf sie. Da fing sie an, im stillen die Verheißung von 1. Johannes 1,7 immer wieder aufzusagen: ». . . und das Blut Jesu, seines Sohnes, macht uns rein von aller Sünde.«

Mehrmals versuchte der Leiter erfolglos die Seance zu beginnen. Schließlich verkündete er: »Es ist jemand im Raum, der die Sitzung stört. Ich kann nichts tun, solange derjenige nicht gegangen ist.« Da stand Janet auf und ging hinaus. Sie erkannte, daß sie an einem Ort war, an dem sie nicht berechtigt war zu sein, und offensichtlich konnten auch die Spiritisten nicht mit dem Blut Christi zusammen existieren.

Vor zwanzig Jahren war der Film »Der Exorzist« ein schockierendes Portrait der satanischen Besessenheit eines zwölfjährigen Mädchens. Dieser Film hatte Schrittmacherfunktion für ein neues Genre ähnlicher Filme voller Scheußlichkeiten.

Die Sprache und das Verhalten der jungen Heldin des Films wurde ausgesprochen abstoßend auf der Leinwand, als der Teufel bei ihr die Herrschaft über Körper und Seele gewann.

Ich muß hier wohl nicht im einzelnen die lange Liste ähnlicher Filme aufführen, die darauf folgte. Aber das Okkulte begann sich in der Folge explosionsartig auszubreiten. Die Kinogänger schienen es geradezu schön zu finden, zu Tode erschreckt zu werden von Dämonen, Teufeln, mordenden Sektierern und all dem Stoff, aus dem die Alpträume sind. Der Wahnsinn hat inzwischen die Zeichentrickserien am Samstagvormittag erreicht.

Zunehmend läßt sich unsere Generation vom Übernatürlichen faszinieren, und das hauptsächlich wegen der sehr behutsam durchgeführten Indoktrination zum Thema Hexerei und Zauberei, der die Fernsehgeneration ausgesetzt ist. Eins ist ganz sicher dabei herausgekommen: Christen in den USA haben Mühe damit, die Tatsache anzuerkennen, daß Magie, Zauberei und unchristliche Mystik nicht als faszinierende, spaßige und spannende Freizeitbeschäftigung akzeptabel ist.

Magie ist eben immer verkehrt, auch wenn sie nur als klassische Disney Produktion daherkommt oder als mit einem Oscar gekrönter Film von Steven Spielberg über die Außerirdischen. Ganz schlimm ist es durch die Kinderserien mit ihren »Superhelden« am Samstagvormittag oder in der Zeit nach der Schule geworden.

Die Bibel verbietet strikt alle übernatürlichen Fertigkeiten, die nicht vom allmächtigen Gott kommen. Und doch überlassen wir unsere Kinder dem Fernsehen als eine Art Kindermädchen, das ihnen durch Spannung und Zeitvertreib den Umgang mit der Finsternis schmackhaft macht! Liebe Freunde, es ist einfach eine Lüge, daß wir die Phantasie und Kreativität unserer Kinder steigern, wenn wir ihre Seele mit magischem Gedankengut füttern. In einem christlichen Haus ist kein Platz für brummige Zauberer, tapfere Geisterjäger, gute Hexen, hilfreiche Bärchen und Drachen, für Puppenmonster, lustige Teenagerwerwölfe und freundliche Gespenster.

Auch wenn es uns erst einmal verunsichert, so müssen wir doch die Filme, die wir unseren Kindern zeigen, erneut kritisch unter die Lupe nehmen: »Die unendliche Geschichte« mit guten und bösen Wesen, die großen Klassiker von Disney und Spielberg mit guten Feen, übernatürlichen Gremlins und außerirdischen »Heilsbringern«.

Opfern Sie Ihre Kinder nicht auf dem Altar des Fernsehens! Ich werde nicht aufhören, mich über Eltern zu wundern, die ihre Kinder einem solchen schandmäuligen und todbringenden Kindermädchen überlassen. Wenn die Freundin von nebenan ihren Kindern beibringen würde, wie man böse Geister beschwört, mit Toten redet und »gute« Magie betreibt, dann würden Sie ihr wahrscheinlich Hausverbot erteilen. Doch zu den Luxusgütern eines Hauses, die immer als erstes repariert werden, gehört der Fernseher. Da kann die Spülmaschine schon eher warten und der Toaster auch, aber auf keinen Fall der Fernseher, denn der macht ja die Kinder glücklich.

Gebannt starren sie in sein hypnotisches Auge und lernen alles über eine Welt der Mythen, in der es keinen Gott gibt, keinen Jesus und keinen Heiligen Geist, nur wundersame Geister und Kobolde und freundliche Monster, die niedliche Zaubersprüchlein so lustig aufsagen, um zu bekommen, was sie wollen.

Die Welt des Okkulten hat viele Gesichter, aber alle gehören sie einem, nämlich Satan.

Treiben Sie keine Späße mit Magie und Astrologie, mit Wiedergeburtsphantastereien, mit Gurus und Spiritismus, mit mystischen Auren, Astralreisen, Hexerei und mit all diesen Dingen. Sie alle sind von unten, nicht von oben – vom Teufel, und nicht von Gott.

Verbannen Sie sie aus Ihrem Haus. Säubern Sie Ihre persönliche Bibliothek von Büchern über Hexen, Zauberei und magische Künste. Und schalten Sie vor allem den Fernseher aus.

Verbringen Sie mehr Zeit mit Ihren Kindern. Das kostet am Anfang vielleicht Überwindung. Aber setzen Sie sich ruhig einmal ohne sie hin und schauen Sie sich Zeichentrickserien an. Sie werden abgestoßen sein von dem, was Sie da sehen, und vielleicht kommen Ihnen sogar die Tränen.

Eine ganze Generation wächst mit diesem dämonischen Schund auf. Noch nie zuvor war mir so bewußt, wie die Mächte des Bösen sich gegen die Mächte Gottes aufbauen. Ich sage voraus, daß in der kommenden Zeit der Okkultismus immer weitere Bereiche unserer Gesellschaft durchdringen wird. Die Grundlagen dafür sind schon geschaffen. Um ihre Probleme zu lösen, haben sich die Menschen von Gott abgewandt und der Wissenschaft geöffnet. Und nun, mit wachsender Instabilität unserer Volkswirtschaft und angesichts der wissenschaftlichen

Errungenschaften, die uns zu zerstören drohen, fangen wir an zu begreifen, daß selbst die Wissenschaft unsere Probleme nicht lösen kann.

Weiter oben in diesem Buch sprach ich von den Hexen, die fasten und beten, um die christliche Welt zu Fall zu bringen, und dabei haben sie es ganz besonders auf das Familienleben in unserer christlichen Gemeinschaft abgesehen. Sie haben auch zu Satan gebetet, daß führende Evangelisten in Ungnade fallen und ihre Familien zerstört werden. Da ich geradezu mit Zauberei aufgewachsen bin – meine Eltern waren beide praktizierende Zauberer in Puerto Rico –, weiß ich, wie dieses Übel auf die Seele wirkt.

In dem Film »Krieg der Sterne« werden Gut und Böse als hell und dunkel dargestellt. Da hat man es sich ein wenig zu einfach gemacht. Denn selbst das schlimmste Übel kann strahlend vor Güte und Helligkeit auftreten.

Die sonderbarsten okkulten Mächte winken. Und ich glaube, sie werden noch immer viele weitere Opfer in die Falle locken. Lassen Sie sich nicht auch noch einfangen. Um deutlich zu machen, worauf es mir ankommt, erzähle ich immer gern eine kleine Geschichte:

Es war einmal ein Katze, die setzte, als sie einen Vogel sah, ihr gewinnendstes Lächeln auf. »Was für wunderschöne Federn du hast«, schnurrte sie. »Wie schön sie schimmern, besonders die langen am Saum deiner Flügel.«

»Oh ja«, zwitscherte der törichte Vogel, »sie sind in der Tat großartig.«

»Da kann man richtig neidisch werden«, schnurrte die Katze. »Ich bin nur eine häßliche Katze, die niemals so graziös durch die Lüfte fliegen wird wie du.«

»Ja, ja«, stimmte der Vogel zu, »ich fliege wirklich sehr graziös.«

»Vielleicht«, flüsterte die Katze, »hast du ja Mitleid mit mir. Vielleicht würde ich mich ja hier unten auf dem Boden zufriedengeben, wenn du so freundlich wärst und mir ein paar von deinen schönen Federn schenken würdest.«

»Gewiß, gewiß«, zwitscherte der Vogel und zog sich die allerschönste aus. Jeden Morgen, wenn die Katze ihre liebenswürdigsten Schmeicheleien schnurrte, stolzierte der Vogel auf seinem Ast herum, zog sich Federn aus und gab sie der ach so dankbaren Katze.

Es war so um die Mittagszeit, da erhob sich die Katze, streckte ihre Klauen aus und grinste den Vogel gierig an. Vor Schreck spreizte dieser seine Flügel und sah – daß er vollkommen nackt war.

Es war zu spät. Die Katze machte einen Satz und schüttelte all die Federn ab, für die sie nun wahrlich keine Verwendung hatte. Sie wollte ja etwas ganz anderes.

An jenem Nachmittag sprach die Katze – ein wenig fetter geworden – zu einem dummen Rotkehlchen: »Du liebe Zeit, was hast du für schöne Federn . . .«

Geschwister, laßt euch nicht locken. Verkauft eure Heiligkeit nicht für einen Kompromiß, den die Welt vorschlägt.

». . . und habt nicht Gemeinschaft mit den unfruchtbaren Werken der Finsternis; deckt sie vielmehr auf«, heißt es warnend in Epheser 5,11. Wie decken wir sie aber auf?

WIR STELLEN UNS DEM KAMPF

Wie führt denn nun aber der einfache Christ Krieg gegen den Herrn der Finsternis? Ein guter Freund von mir, Bobby Cruz, ist Pastor der stetig wachsenden Gemeinde »House of Worship« in Miami. Gegenwärtig kommen dort jeden Sonntag 2000 Menschen zusammen.

Bobby ist mit mir nicht verwandt, wenngleich er mein Bruder im Herrn ist und mit mir zusammen in der Straßenbande von New York war. Er tut einen wichtigen Dienst in Miami unter Menschen, die von einer schrecklichen Sekte namens »Santeria« gefangen worden sind. Vielleicht haben Sie von der Hollywood-Verfilmung gehört, die in Amerika unter dem Titel »The Believer« lief. Dort gab es eine Szene, in der ein kleiner Junge ermordet und auf einem satanischen Altar als Menschenopfer dargebracht wurde.

Diese grausame Sekte existiert wirklich, sagt Bobby. Man spricht von ihr als der kubanischen Form des Wodu, aber in Wirklichkeit ist sie viel schlimmer. Sie stellt ein dämonisches Zerrbild der katholischen Kirche dar. Menschen, die von Santeria eingefangen wurden, glauben, daß die Heiligen sie schützen werden, wenn ihnen Opfer dargebracht und wenn ihre Standbilder auf absonderliche Weise verehrt werden. Einige dieser Leute haben lebensgroße Statuen überall im Haus verteilt, um die herum ausgesuchte Nahrungsmittel und andere Opfergaben stehen.

Wie bereitet sich nun Bobby für die Schlacht gegen Santeria vor?

»Ein Soldat muß ständig einsatzbereit und darauf vorbereitet sein zu sterben«, sagt er. Man muß den Feind und das Wort Gottes kennen. Zusätzlich hat Bobbys Gemeinde eine Gebetskette, die täglich 24 Stunden im Einsatz ist. Mehr als hundert Teilnehmer sind jede Woche dabei und stellen damit sicher, daß immer gleich mehrere Mitglieder in der Fürbitte für ihren Pastor rund um die Uhr eintreten.

Er sagt: »Es ist eine Religion der Angst. Diese Menschen sind davon überzeugt, daß die Heiligen sie strafen würden, wenn sie Santeria verließen. Ferner glauben sie, daß sich die Heiligen ihrer bemächtigen würden, wenn sie die Statuen, die gewöhnlich mit Gold und Juwelen belegt sind, beiseite schafften.«

»Wenn wir ihnen dienen, dann treten wir nicht gegen Santeria selbst auf, sondern fragen sie, ob sie an Jesus glauben. Das tun sie natürlich. Dann frage ich, ob Jesus stärker ist als die Heiligen. Das sei er, so meinen auch sie. Können die Heiligen Jesus besiegen? Auch das wird selbstverständlich verneint. ›Nun‹, so sage ich ihnen dann, ›vertraut doch auf Jesus, und er wird euch vor den Heiligen schützen!‹«

Selbstverständlich wachsen die Bekehrten schließlich im Herrn, und sie sprechen dann darüber, wie töricht ihr Aberglaube gewesen sei. Aber gegen diejenigen, die noch bei Santeria sind, muß man mit gewichtigeren Dingen aufwarten. Indem Bobby den Propheten Elia zum Vorbild nimmt, verspottet er die Heiligen, so wie dieser die Propheten des Baal verspottete.

»Es ist schon einige Zeit her, da kam eine Frau vorbei und brachte mir ihre zwei Statuen in einem Sack vorbei, damit ich sie an ihrer Stelle zerstören sollte«, erinnert sich Bobby. »Sie sagte mir, ich solle die Figuren ja nicht anrühren, weil sie sich um meine Sicherheit sorgte. Ich schaute in den Sack und nahm darauf in jede Hand eine. Ich hielt sie hoch und fragte: »Welche sollte ich denn nicht anfassen, diese oder jene hier?« Sie fiel fast in Ohnmacht. Die eine schlug ich dann gegen den Schreibtisch, und sie zerbrach in tausend Stücke. »Nun, ich fühle mich immer noch ganz gesund«, sagte ich. »Wir wollen doch mal sehen, was passiert, wenn ich der hier den Kopf abschlage.«

Und genau das tat er. Während die schreckensbleiche Frau auf ihn starrte, traf Bobby kein einziger Blitz. Und er fiel auch nicht tot um, noch bekam er die Beulenpest. Er streifte sich den Staub von den Händen und fragte, ob sie noch mehr Santeria-Götzen hätte.

»Ich käme allerdings niemals auf die Idee, solche Dinge zu tun, wenn ich nicht wüßte, daß Menschen für mich beten, und ich mein eigenes Leben nicht in Ordnung hielte durch das Wort Gottes und mit Hilfe des Gebets.«

Bobby ist eine richtige Kämpfernatur. Ich freue mich, daß ich ihn meinen »geistlichen Sohn« nennen kann, obwohl wir uns altersmäßig gar nicht so sehr unterscheiden. Er und sein Freund Richie Ray sind vielleicht einigen Lesern bekannt, die lateinamerikanische Salsa-Musik mögen. Vor nicht allzuvielen Jahren brachten die beiden eine Reihe von Hits heraus.

Als sie Jesus kennenlernten, brachten sie ihren einzigartigen Musikstil mit. Und so haben sie ihre Stimmen, ihre Gitarren und ihre Keyboards als wirkungsvolle Waffen gegen den Teufel eingesetzt.

Ich habe noch eine andere Waffe – den gerechten Zorn.

Ich weiß, was der Teufel meiner Familie angetan hat. Wir lebten jahrhundertelang unter einem schrecklichen Fluch. Mein Vater und meine Mutter betrieben Hexerei. Ich wuchs unter Leuten auf, die zu ihnen kamen, um geheilt zu werden und andere Menschen verfluchen zu lassen. Ich weiß, wie grausam real Satan als Individuum ist. Er ist mein ärgster Feind, und er haßt mich bis aufs Blut.

Doch durch das Blut Jesu brach ich sein Joch, das auf meiner Familie lastete. Ich weiß, wie schlecht er ist. Aber ich weiß auch, wie man ihn besiegen kann.

SATAN AUF GOODWILL-TOUR

Viele Menschen geraten in einen eigenartigen Spannungszustand, wenn man ihnen gegenüber von Satan spricht. Die Erwähnung dieses Namens läßt sie an ein Wesen mit Hörnern, Schwanz und Pferdefuß denken. Aber ich spreche über keine Phantasiegestalt. Der Teufel ist eine Realität.

Um ihn zu verstehen, muß man zu den Anfängen zurückgehen. Bibelstellen lassen erkennen, daß Satan einmal der höchste und schönste Engel im Himmel gewesen ist. Er stand Gott sehr nahe. Und dann muß es auf einmal sein Wunsch gewesen sein, Gott zu überflügeln. Irgendwann, bevor die Erde geschaffen wurde, wuchs sein Stolz ins Uferlose, und er tat sich mit anderen Engeln zusammen, um Gott zu stürzen und seinen Thron einzunehmen. Natürlich mißlang der Anschlag.

Als Gott den üblen Stolz bei diesem mächtigen Wesen sah, warf er es mitsamt den anderen gefallenen Engeln kurzerhand aus dem Himmel.

Gott hatte die Engel geschaffen, damit sie ihm dienen sollten. Und er gab ihnen einen freien Willen. Offensichtlich hatte aber keiner von ihnen je zuvor seine Autorität in Frage gestellt. Auch wenn wir nicht allzuviele Einzelheiten über die Geschichte des Himmels wissen, so gibt uns die Bibel doch einige ganz interessante Hinweise:

Luzifer war der Thronwächter des Allerhöchsten, und er wurde »Lichtträger« und »schöner Morgenstern« genannt.

Möglicherweise war er der Oberste aller anderen Engel, nur Gott unterstellt.

Er hat die Sünde erdacht. Das wird einem erst klar, wenn man begreift, daß sich nie zuvor ein Engel dem großen Schöpfer widersetzt hatte. Es war reine Torheit, denn welche Chance hatten denn niedere Geschöpfe überhaupt gegen einen allmächtigen, allwissenden und allgegenwärtigen Schöpfer? Doch Luzifer war neidisch auf Gott. Jesaja spricht von ihm wie folgt:

> Wie bist du vom Himmel gefallen, du schöner Morgenstern! Wie wurdest du zu Boden geschlagen, der du alle Völker niederschlugst! Du aber gedachtest in deinem Herzen: »Ich will in den Himmel steigen und meinen Thron über die Sterne Gottes erhöhen, ich will mich setzen auf den Berg der Versammlung im fernsten Norden. Ich will auffahren über die hohen Wolken und gleich sein dem Allerhöchsten.« Ja, hinunter zu den Toten fuhrest du, zur tiefsten Grube! Wer dich sieht, wird auf dich schauen, wird dich ansehen und sagen: »Ist das der Mann, der die Welt zittern und die Königreiche beben machte, der den Erdkreis zur Wüste machte und seine Städte zerstörte und seine Gefangenen nicht nach Hause entließ?« (Jes. 14,12-17).

Seine Rebellion, der sich Legionen von Engeln anschlossen, wurde von Gottes treuen Engeln niedergeschlagen, angeführt vom Erzengel Michael. Die Rebellen wurden aus dem Himmel verbannt und verurteilt, bis zum Ende der Zeit in der Hölle zu sein, um dort in Ewigkeit ihre Strafe zu erleiden.

Kurz nach der Erschaffung des Menschen versuchte Luzifer, sich an Gott zu rächen, indem er dafür sorgte, daß seine Rebellion auch auf diese neue Kreatur übergriff. Er betrog den Menschen durch seine Lügen und überzeugte schließlich Eva davon, daß, wenn sie Gottes einziges Gebot mißachten würde, nicht vom Baum der Erkenntnis zu essen, sie so klug wie der Herr werden würde.

Seit dieser Zeit haben Luzifer und seine Rebellen nicht nachgelassen, die Beziehung des Menschen zu Gott zu zerstören, indem sie lächerliche Lügen über den Allerhöchsten verbreitet haben. Sie haben immer wieder Alternativen zum geraden Weg in den Himmel schmackhaft gemacht, die noch nicht einmal zum angestrebten Ziel führen und den Menschen nur dazu verleiten, seine Zeit auf der Erde zu vergeuden, bis er mit der Hölle bestraft wird.

Ein schlagender Beweis für Satans Anwesenheit heute ist seine mit allem Nachdruck vorangetriebene Goodwilltour. Satan ist so voller Stolz, daß er uns glauben machen will, sein schlechter Ruf sei völlig ungerechtfertigt, und wir sollten doch lieber ihm als Gott nachfolgen. Es ist ihm sogar gelungen, uns mit einer Reihe von Philosophien heimzusuchen, die jede eine völlig andere Sicht von seiner Herkunft vertritt.

Schauen wir doch einmal, was Gruppierungen wie die Freimaurer, die nach außen den Eindruck der Wohlanständigkeit machen, über Satan lehren. James D. Shaw, ein früherer Logenbruder und Autor des Buches »The Deadly Deception« *Tödliche Täuschung,* schreibt, daß die Freimaurer davon überzeugt sind, Satan sei zwar real, aber eben kein Feind Gottes, der uns versucht, betrügt und zerstört. Dies habe die Menschheit immer nur *»geglaubt«.*

In Wahrheit – so wird den Anhängern weisgemacht – sei Luzifer, der Lichtträger, in Wirklichkeit gut, und er weise den Weg zur Freiheit. Er werde allgemein mißverstanden und schlechtgemacht. Shaw zitiert eine Reihe freimaurerischer Texte wie »Morals and Dogma« von Albert Pike. In dem Abschnitt, der den Logenbrüdern Anweisungen für das Studium zum dritten Grad gibt, lehrt dieses Handbuch:

> Der wahre Name Satans, so sagen die jüdischen Mystiker, ist JAHWE rückwärts gelesen; denn Satan ist nicht ein schwarzer Gott . . . Für die Eingeweihten ist er überhaupt keine Person, sondern eine Kraft, zum Guten geschaffen, aber zum Bösen zu nutzen. Sie ist das Instrument der Freiheit oder des freien Willens.

Im selben Buch lesen wir für das Studium zum 19. Grad:

> Luzifer, der Lichtträger! Welch sonderbarer und geheimnisvoller Name, der dem Geist der Finsternis gegeben wurde! Luzifer, der schöne Morgenstern! Ist er es, der das Licht trägt, das mit

seiner unermeßlichen Strahlkraft schwache, sinnliche und selbstsüchtige Seelen blendet? Daran zweifelt nicht!

In der Lehre für den 32. Grad lesen wir dann:

> Es gibt keinen rebellischen Dämon des Bösen, keinen Fürsten der Finsternis, neben Gott, dem Fürsten des Lichts, der ihm auf ewig zuwider wäre . . .

Eine andere Gruppe, die eine merkwürdige und unbiblische Sicht von Satan eingenommen hat, sind die Zeugen Jehovas. Ihnen bringt man bei, Jesus sei keineswegs Gott, aber Jehova habe zwei Söhne, Luzifer und Michael. Der zweite sei für kurze Zeit als der Mensch Jesus auf die Erde gekommen. Nach der Lehre der Zeugen gibt es auch keine Hölle und keinen Teufel.

Auch die Mormonen verbreiten die Lehre, Luzifer sei Jesu Bruder, der zweitgeborene nach ihm in der Schöpfung.

Was lehrt aber die Bibel über Satan?

Satan ist der Vater der Lüge, der Ankläger der Brüder, Betrüger, Versucher und Herrscher über das Reich der Finsternis. Er haßt besonders das Geschöpf nach Gottes Ebenbild – den Menschen. Er blendet die Verlorenen, daß sie das herrliche Licht des Evangeliums nicht schauen können, und er sucht für sich die Anbetung, während er gleichzeitig alles daransetzt, zu rauben, zu töten und zu zerstören.

Er ist der Feind, dem wir uns zu widersetzen haben und dessentwegen Jesus gekommen war, um ihn zu besiegen.

Was wird mit ihm am Ende geschehen? Johannes, der das Ende der Zeiten geschaut hat, schreibt in Offenbarung 12,9-10:

> Und es wurde hinausgeworfen die alte Schlange, die da heißt: Teufel und Satan, der die ganze Welt verführt, und er wurde auf die Erde geworfen, und seine Engel wurden mit ihm dahin geworfen. . . . der Verkläger unserer Brüder ist verworfen . . .

Satan ist also schon lange verurteilt, und er weiß, daß er die Ewigkeit in der Hölle verbringen wird, gepeinigt ohne Ende. Als Rache gegen Gott hat er geschworen, so viele wie möglich mit sich zu nehmen.

Er hat sogar versucht, Jesus zu täuschen und damit Gottes Opfer für die Vergebung des rebellischen Menschen ungültig zu machen.

Jesus aber, voll heiligen Geistes, kam zurück vom Jordan und wurde vom Geist in die Wüste geführt und vierzig Tage lang vom Teufel versucht (Lk.4,1-2).

Doch uns sind alle möglichen Verheißungen gegeben worden, daß er uns nicht wirklich ein Leid antun kann, wenn wir Gottes Anweisungen, ihn betreffend, befolgen:

Widersteht dem Teufel, so flieht er von euch (Jak. 4,7).

Zieht an die Waffenrüstung Gottes, damit ihr bestehen könnt gegen die listigen Anschläge des Teufels. Denn wir haben nicht mit Fleisch oder Blut zu kämpfen, sondern . . . mit den Herren, . . . die in dieser Finsternis herrschen (Eph. 6,11-12).

Die Lüge und der Betrug sind seine wichtigsten Methoden.

. . . den Ungläubigen, denen der Gott dieser Welt den Sinn verblendet hat, daß sie nicht sehen das helle Licht des Evangeliums von der Herrlichkeit Christi, welcher ist das Ebenbild Gottes (2. Kor. 4,4).

Wie sollen wir uns dem Kampf stellen? Als ich noch ziemlich klein war, habe ich einmal Unkraut im Garten meines Vaters gejätet, und, wie ich mich erinnere, dachte ich damals, meine Sache gut gemacht zu haben. Einen ganzen Streifen hatte ich vom Unkraut befreit. Ich war das Bohnenbeet entlanggegangen und hatte alles Unkraut abgeschnitten. Als ich eine Reihe geschafft hatte, hielt ich inne und schaute zurück. Dabei war ich sehr stolz darauf, daß nichts mehr vom Unkraut zu sehen war. Dann bemerkte ich meinen Vater, der mich beobachtet hatte. Er kam zu mir herüber, stützte sich auf meine Hacke und fragte: »Bist du fertig, Nicky?« »Ja, klar«, sagte ich. »Guck mal, Papa, das ganze Unkraut ist weg!« »Nein, Nicky. Sieh mal.« Er kniete nieder und grub mit dem Finger im Boden. »Siehst du die

Wurzel? Solange du die im Boden läßt, wird das Unkraut weiterwachsen. Es reicht nicht, nur oben abzuschneiden. Du mußt tief in den Boden gehen und die Wurzeln beseitigen, wenn das Unkraut nicht mehr wachsen soll.«

Wie werden wir das Böse also für immer los? Wie wäre es denn, wenn wir uns an die Wurzeln machten?

Manche glauben, es sei mehr oder weniger ein Zufall, daß es so viele Korrupte in der Welt gibt. Sie meinen, das gehöre einfach zur menschlichen Natur oder es sei eher Zufall, daß so viel Gutes von so vielem Bösen zerstört wird – durch Stolz, Habgier und Gewalttätigkeit. Es ist aber doch so: wenn Unkraut als ganzes Büschel wächst, dann weiß man, daß alles aus ein und derselben Wurzel kommt. Und wenn man dieselbe Art von Verderbtheit beobachtet, die schon über die Jahrhunderte in allen Teilen der Welt Blüten treibt, dann muß es auch hier nur eine Wurzel geben.

Ich möchte ein anderes Beispiel geben: Als mehrere Frauen in Boston auf dieselbe Art erdrosselt wurden, schloß die Polizei daraus, daß alle Morde von ein und derselben Person begangen worden waren. Und so war es dann auch. Wenn also Menschen überall auf der Welt auf dieselbe Art und Weise moralisch und geistlich zugrunde gerichtet werden, müßte doch jeder mit einem Minimum an Spürsinn darauf kommen, daß dieses Zerstörungswerk nur einen einzigen Urheber hat. Die Bibel sagt, dieser Urheber sei der Teufel, der größte Verderber aller Zeiten.

Wie stellen wir uns dem Kampf? Durch Heiligkeit. Brüder und Schwestern, dieses Buch beschäftigt sich zum großen Teil mit den treulosen Hirten, aber meine Hoffnung hier an dieser Stelle ist, daß ihr eine neue Sehnsucht nach dem Denken und Trachten Jesu Christi in euer persönliches Leben mitnehmt. Denn von ihm ging Liebe aus, die ungeheuchelt, ganzheitlich und lebensnah war.

Als heiligem Volk kann uns keine Waffe, die Satan sich ausdenken mag, etwas anhaben, selbst wenn er uns mit dem Schlimmsten kommt.

DAS BÖSE DRINGT NICHT DURCH ZU UNS

Auf einer Hauptstraße in Colorado Springs stand ein Kombiwagen auf der Abbiegespur nach links, und die Fahrerin wartete darauf, daß die Ampel Grün zeigen würde.

Als es soweit war, nahm sie ihren Fuß von der Bremse, trat aufs Gaspedal und fuhr in die Kreuzung, so wie sie es hundertmal zuvor getan hatte.

Doch plötzlich ging die Welt für sie mit Krachen und in einem Hagel zerberstenden Glases unter. Es wurde schwarz um sie, als ein Lastwagen ihr zerdrücktes Auto herumwirbelte. Die Fahrerin des Kombis lag bewußtlos über ihrem Steuer.

Dann war es still. Zeugen trauten ihren Augen nicht bei diesem schrecklichen Anblick. »Lieber Gott!« – »Ist sie tot?« – »So holt doch Hilfe!«

Ein junger Mann versuchte, die Tür des Kombis aufzuhebeln. Es roch stark nach Benzin und Öl. Ihm war klar, daß er sie herausholen mußte, bevor alles in Flammen aufging.

Aber die Frau rührte sich nicht über ihrem Steuer. Ihr Gesicht war voll Blut und von Glassplittern übersät.

Ohne lange nachzudenken, holte sich der Mann einen Zuschauer aus der Menge, der ihm helfen sollte, das Sonnendach aufzureißen. Als sie von oben auf die Frau hinunterschauten, bemerkten die Männer, daß sie nur noch schwer atmen konnte. Einer von ihnen hob vorsichtig ihren Kopf an.

Ich war auf dem Weg zu meinem Büro, wo ich noch ein paar Briefe unterschreiben wollte, bevor ich den Flug zu einer zweitägigen Vortragsserie nehmen sollte. Ich bereitete mich auf eine Reise nach Holland vor, wo ich mich einer großen Gruppe von Satanisten stellen wollte, die Kontakt zu mir aufgenommen hatten. Teufelsanbetung ist besonders in den Niederlanden ein offenkundiges Übel – gerade in dem scheinbar so friedlichen Land der Windmühlen, Tulpen, Deiche und eines Hans Brinker. Am Steuer saß John Arana, der Geschäftsführer meines Glaubenswerkes. Er bremste plötzlich. »Nicky, das sieht ja nach einem schlimmen Unfall aus«, sagte er. Ich nickte. »Ja, sieht ja schrecklich aus.«

Als wir näherkamen, schaute ich mir das demolierte kleine Auto an. Dann fiel es mir wie Schuppen von den Augen – es war ja mein Auto! Und da war ja auch Gloria, meine Frau – meine beste Freundin – meine einzige wirkliche Vertraute auf Erden. Für einen flüchtigen Augenblick hatte ich keine Hoffnung mehr, daß sie noch leben könnte.

»Bitte, Gott, laß sie nicht leiden«, betete ich. Auch John sah, was geschehen war. Er hielt an.

Ich stürzte aus dem Auto und lief zu dem Wrack. Der junge Mann auf dem Autodach fragte mich, wer ich denn sei, als ich vorsichtig versuchte, meine geliebte Frau mit der Hand zu berühren.

»Es ist meine Frau«, antwortete ich. Ich nahm ihren Kopf mit meinen Händen auf, und ich fing an, nachzudenken und zu beten. Alles in mir – meine Gefühle, mein Zeitempfinden und mein Wahrnehmungsvermögen für das, was um mich geschah – schien eingefroren zu sein. Ich konnte es einfach nicht glauben, daß meine Frau dort in diesem hoffnungslosen Zustand saß, während ihr das Blut übers Gesicht, aus dem Mund und über die Hände lief. Es war ein Aufschrei des Herzens, als ich den Herrn bekniete, das Leben meiner Frau zu retten.

Es war ja kaum ein paar Minuten her, als sie von unserer Autoauffahrt aufgebrochen war, um unsere Tochter Elena zur Schule zu bringen.

»Auf Wiedersehen«, hatte Gloria noch gesagt und mir einen Kuß gegeben. »In zwei Tagen sehen wir uns ja schon wieder. Ich wünsche dir, daß es bei deiner Evangelisation gut geht.«

Und jetzt lag sie da – eingequetscht und festgeklemmt von verbogenem Stahl, bewußtlos, dem Tode nahe, wie ich meinte. Einen so tiefen Schmerz und so große Besorgnis, wie es mich damals überkam, hatte ich niemals zuvor empfunden. Das war immerhin die Frau, die ich liebte, die Mutter meiner Kinder. Sie war mein bester Freund, meine Liebe, meine moralische Stütze, mein emotionaler Halt in wirren Zeiten. Da lag sie – gebrochen, blutüberströmt und schmerzverzerrt. Ich hörte ein Stöhnen. Sie versuchte, mich zu beruhigen, daß es ihr einigermaßen ginge. Aber sprechen konnte sie nicht. Sie litt Schmerzen und versuchte doch tapfer zu sein.

Das war so ganz typisch für sie: mir immer noch helfen zu wollen, wo sie es doch war, die mit dem Tode rang. Ganz leise betete ich über ihr. Dabei merkte ich, daß sie meine Stimme erkannte, und mein Herz tat einen Freudensprung.

Ich hatte Blut schon früher gesehen, oft sogar, damals als Straßenkind. Meinen besten Freund Manny hatte ich in den Armen gehalten, als er verzweifelt das Leben festhalten wollte. Es hatte geschneit, der Himmel war grau. Ich kniete am Boden, drückte Manny an meine Brust und wiegte ihn verzweifelt in meinen Armen, weil ich wußte, daß der Krankenwagen nicht rechtzeitig kommen würde. Während das Blut aus seinen 32 Stichwunden den Boden um uns herum tränkte, seufzte er noch einmal tief und dann nie wieder. Ich war erfüllt von Zorn. Ich würde ihn rächen, würde alle töten, die ihn getötet hatten.

Ich schrie den kalten, grauen Himmel an: Warum hatte Gott es zugelassen, daß Manny sterben mußte? Wenn es wirklich einen Gott gab, dann war er nicht mein Freund. Er interessierte mich nicht, und im Grunde genommen hatte ich auch noch nie an ihn geglaubt. Als ich dort im blutigen Schnee kniete, wußte ich nicht mehr, wie es weitergehen sollte. Ich befand mich in einer seelischen, körperlichen und geistlichen Sackgasse.

Aber das hier war nicht Manny. Es war meine geliebte Gloria. Und ich war nicht mehr jener ruhelose, junge Löwe, der Rebell ohne Ziel, der überall und nirgends nach Lösungen und Antworten suchte. Jetzt war der Herr Jesus Christus bei mir.

Als ich behutsam ihren Kopf in Händen hielt und ihre Schmerzen mit ansehen mußte, hätte ich Gloria zu gern in die Arme geschlossen und ihr damit meine Liebe und mein Mitgefühl vermittelt. Aber das konnte ich ja nicht. Ich mußte zusehen, daß ich ihrem Kopf eine feste Stütze gab und ihren Hals schützte, damit sie nicht Lähmungen davontrug.

Mitten in meiner Aufgewühltheit hatte ich doch die Hoffnung, daß diese Gefahr nicht bestand. Ich konnte sehen, daß ihr Bein zertrümmert war. Es gab keine Möglichkeit, sie zu bewegen, weil all der Stahl sie an ihren Sitz fesselte. In diesem Augenblick wurde mir bewußt, wie sehr sich diese Situation von Mannys Tod damals unterschied. Diesmal war ich kein Widersacher Gottes. Diesmal war er mein Freund – der Schöpfer des Weltalls, auf den ich mich verlassen konnte.

Und Gloria kannte ihn ja auch. Im Gegensatz zu Manny war sie voller Glauben. Sie besaß einen Glauben, der durch viele Stunden der Fürbitte und durch Jahre vertrauensvoller Abhängigkeit gefestigt worden war.

Ich flüsterte ein Gebet und hatte plötzlich ein ganz sonderbares Gespür für die Gegenwart des Heiligen Geistes. Ich sah mich um und bemerkte John, der in Tränen aufgelöst war. Ich war verblüfft. So verzweifelt und verwirrt ich durch den Unfall auch war, so verspürte ich doch keine Angst. Ich hatte das erstaunliche Gefühl, als ob Gottes Kraft den Innenraum dieses kleinen zertrümmerten Autos ausfüllte. Ich beugte mich seiner Autorität. Ich dankte ihm. Ich pries ihn. Ich betete ihn an.

Und während ich meine Hände still hielt, um Glorias Kopf zu schützen, wußte ich, daß Jesus sie trösten würde, indem er in ihre Bewußtlosigkeit hineinsprach und ihrem ruhenden Geist ein Gefühl der Sicherheit gab.

Ganz sanft und voller Mitgefühl sprach er zu mir: Kümmere du dich um das Natürliche. Mach dir keine Sorgen, ich werde das Übernatürliche in die Hand nehem.

Ich sah auf. Und es war, als sähe ich den Ansturm der heiligen und mächtigen Armee Gottes. Engel des Herrn waren im Kampf mit den Mächten des Todes und der Zerstörung. Ich jubelte innerlich. Der Engel des Todes hatte keine Möglichkeit, sich unserem kleinen zusammengedrückten Auto zu nähern, denn es war umringt von gewaltigen, übernatürlichen Wesen. Als ich mir diese atemberaubende Szenerie anschaute, vernahm ich die Stimme Gottes: »Gloria gehört mir. Sie ist mir geweiht, und ich werde sie beschützen.«

Es war, als bewegte Gott Himmel und Erde für diese eine geliebte Frau. Im Geist begann ich zu jubeln über den Sieg, dessen Zeuge ich wurde. »Danke, Jesus«, murmelte ich. Ich fühlte mich wie ein kleines Kind, das seinem Papa dankbar für das allergrößte Geschenk ist, das es je erhalten hat.

Und genau in diesem Augenblick erlangte Gloria das Bewußtsein wieder, obwohl sie noch immer schwere innere Blutungen und fünf Knochenbrüche hatte. Sie nahm jetzt wahr, daß ich da war. Als sie wieder bewußtlos wurde, spürte ich ihr vollkommenes Vertrauen in den Herrn. Ich war so unsäglich erleichtert und dankbar.

Am meisten beeindruckte mich, wie rührend sich die Leute um uns bemühten. Eine Frau kam zu mir und gab mir ihre Visitenkarte. Sie war Zeugin des Unfalls gewesen. Sie sagte, der Lastwagen sei schuld. Sie wolle alles tun, um uns behilflich zu sein.

Dann kam der Krankenwagen, und Arbeiter schoben den Lastwagen beiseite. Als unser Kombi dabei ins Schwanken geriet, sah ich, daß Gloria von Schmerzen gepeinigt wurde. Doch gleichzeitig nahm ich auch die Gegenwart Gottes dort ums Auto wahr. Ich spürte, daß Gloria von einer unsichtbaren Macht umgeben war, die sie beschützte und auf sie acht gab, als man die verbogenen Stahlteile um sie entfernte.

Die Krankenwagenbesatzung nahm sich ihrer behutsam an. Schnell legte man ihr einen Schutzkragen um den Hals und bettete sie auf der Tragbahre. Ich hatte so viele Fragen. Ich brauchte Trost. »Wie steht es um sie?«, fragte ich. Und auch wenn die Antwort nicht sehr eindeutig war, so spürte ich doch die mir entgegengebrachte Freundlichkeit. Dieser Mann wußte, wie ich mich fühlte. Und doch hatte ich auch Frieden. Gott hatte mich auf übernatürliche Weise gestärkt. Er hatte mir einen kurzen Blick auf seine Macht und seine Heerscharen gewährt.

Die nächsten Stunden verbrachte ich in meinem Büro, wo ich – ganz alleingelassen – meine Seele vor dem Herrn ausschüttete. Ich weinte und bat Gott, alles in seine Hand zu nehmen. Ich hatte dazu nicht die Ruhe, ich konnte die Situation nicht beherrschen – zumindest nicht ohne seine Hilfe. Doch allmählich überkam mich eine Gelassenheit, die man nicht mit Worten beschreiben kann. Ich wußte einfach, daß es mit Gloria wieder aufwärts gehen würde. Ich glaubte und akzeptierte, daß der Herr mit ihr war.

Ja, sie hatte schon zahlreiche Wunder erlebt, einschließlich einer inneren Blutung, die auf unerklärliche Weise zum Stillstand kam, als sie bereits in der Notaufnahme war.

Ich fing an zu verstehen, warum ich schon zwei Wochen lang so unruhig gewesen war. Angefangen hatte es, als ich auf einem evangelistischen Kongreß predigte. Und ich spürte diese Unruhe wieder, als Gloria und ich über ein Buch sprachen, das ich zu schreiben beabsichtigte – ein Handbuch für die geistliche Kriegsführung für Gläubige. »Schreibst du wieder über Zauberei?«, fragte sie damals. Dabei erinnerte sie mich an mein Versprechen, daß ich keine Fortsetzung von »Der Teufel ist los« schreiben würde, in dem ich meine Jugend im ländlichen Puerto Rico beschrieb, wo meine Eltern und ich mit bösen Geistern Gemeinschaft pflegten und dämonische Heilungen mit Hexerei betrieben.

»Ich schreibe kein Buch über Hexerei mehr«, versicherte ich ihr. »In diesem neuen Buch möchte ich vor den Kräften warnen, die die Gemeinde und die Christen ins Verderben treiben.« Aber ich verstand ihre Besorgnis. Während ich am Buch »Der Teufel ist los« schrieb, war die Hölle über uns buchstäblich hereingebrochen. Wir hatten es mit allen möglichen dämonischen Attacken zu tun.

Ich erzählte Gloria, daß ich fest entschlossen war, mit diesem neuen Buch die Schliche des Feindes aufzudecken, mit denen er die Gemeinde unterminieren will. Sie signalisierte mir ihr Einverständnis. »Nicky, ich sehe doch, daß bei dir ein Wandel im Gange ist. Wir können es nicht zulassen, daß unsere Familie noch einmal das durchmacht, was wir damals erlebten.«

Ich beruhigte sie. Und doch war ich hin- und hergerissen. In den nächsten Wochen war eine Reise nach England geplant. Und wir erlebten dort zwölf Tage, in denen wir die Macht und Herrlichkeit Gottes sahen, wenn junge Menschen ganze Säle füllten und ihr Leben Jesus übergaben. Gleich anschließend sind wir dann nach Polen gefahren.

Dort war das Schönste, was ich erlebte, in Glorias Gesicht zu schauen, wie es vor Freude strahlte, als Tausende auf die Botschaft reagierten. In Warschau sind 2500 Menschen an einem Abend zum Herrn gekommen.

Sie hatten den Film »Das Kreuz und die Messerhelden« gesehen, in dem Erik Estrada mich und Pat Boone David Wilkerson spielte. Polnische Übersetzungen meines Buches »Flieh, Kleiner, flieh« waren vor der Evangelisation in großer Zahl in Umlauf gebracht worden.

Die Leute bestürmten mich deshalb, sie wollten mir die Hand schütteln und Gebet von mir. So manches Mal wurden wir fast erdrückt von der anstürmenden Menge. Gloria machte das richtig Angst. Sicherheitskräfte eskortierten uns zu unserem Schutz an Menschen vorbei, die mit Freudentränen in den Augen nach uns griffen und die Hände reckten. Diese Reise durch Polen hat mich sehr bewegt. Ich bemerkte dort ein gewaltiges Wirken durch den Geist Gottes. Zum ersten Mal war es uns gestattet, Literatur zu verteilen und Seelsorgematerial an jene auszugeben, die nach vorn zum Altar strömten. Es war eine geistliche Explosion. In diesen wenigen Tagen erlebten wir, daß 6300 Menschen zu Jesus kamen.

»Gloria«, sagte ich damals, »dies ist der Ort, wo wir beide hingehören. Diese Menschen sind noch jungfräulich in ihrem Herzen, sie sind noch nicht verdorben. Vor allem sind sie noch keine Materialisten und haben noch nicht das Lustprinzip entdeckt. Sie wollen noch keine Predigten zu Reichtum oder Gesetzlichkeit. Dafür hungern und dürsten sie nur nach Gott.«

Gloria nickte ehrfürchtig. Beide baten wir darum, bei unserem nächsten Besuch die Erlaubnis zu erhalten, 75000 Bibeln einzuführen.

In den darauffolgenden Monaten wurde das mein Ziel, mein Traum, mein Gebetsanliegen und meine Sehnsucht. Es wurde für mich zum leidenschaftliches Engagement, zu einem Bestreben, das mich ganz vereinnahmte.

Gleichzeitig bekamen wir es jedoch zunehmend mit Satanisten in Holland zu tun. Sie waren immer kühner geworden und hatten meine Evangelisationen gestört und sich mit ihrer das Böse verherrlichenden Satansanbetung in Szene gesetzt.

Satan werde verkannt, lehren sie in ihren finsteren Heiligtümern, in denen sich bis zu 500 ihrer nihilistischen Mitglieder versammeln. Gott sei gar nicht so gut und mächtig, wie es uns die Bibel weismachen wolle. Das behaupten diese zornigen, narzistischen und nach Befriedigung lechzenden Leute, für deren Versammlungen Sex, Tieropfer und unheilige Sakramente kennzeichnend sind.

Diese Praktiken nehmen zu. Und ich meine, dies ist ein weiteres Zeichen dafür, daß das Ende der Zeiten vor der Tür steht. Diese verwirrten, machthungrigen Menschen sind für die Wiederkunft ihres Messias, dem Antichristen, bereit.

Und diesen Leuten bin ich ausgerechnet in Holland begegnet, einem freien, kapitalistischen und demokratischen Mitglied der NATO, einem Land, das einen an Windmühlen, Tulpen, Holzschuhe und eislaufende Kinder auf malerischen Kanälen denken läßt. Es ist das Land Hans Brinkers, Corrie ten Booms und der guten Königin Juliana. Doch in der Gesellschaft holländischer Satanisten hat man das Gefühl, als sei man zurückversetzt in die Tage Noahs oder Sodom und Gomorrahs.

Doch unter den nach geistlicher Nahrung lechzenden Christen Polens fühlte ich mich, als durchwanderte ich die Apostelgeschichte. Diese Leute waren schon früher bereit gewesen, ihr Leben zu geben und für Christus in einem finsteren kommunistischen Land aufzustehen, in dem es nur Angst und Tod gegeben hatte. Sie erlebten wirklich Gottes Macht. Ich fand es so wunderbar, ihre Freude mit meiner lieben Frau an meiner Seite erleben zu können.

Aber was würde nun nach ihrem Unfall in dieser kritischen Situation geschehen?

Als ich zum Krankenhaus zurückfuhr, drängte mich Gloria, das Flugzeug zu nehmen und wie geplant mein zweitägiges Vortragsengagement wahrzunehmen. »Mach dich auf den

Weg!« ermunterte sie mich von ihrem Bett in der Intensivstation aus. »Nimm ein, was du kannst!«

Ich reiste also ab. In Denver mußte ich auf dem Flughafen auf meinen Anschlußflug warten. Dort erkannte mich ein Pastor. Er ergriff meine Hand und fing an, für mich und Gloria zu beten. Er machte mir Mut und bat den Herrn, mich mit Gelassenheit auszustatten.

Dort mitten in der Wartehalle müssen die Leute uns für zwei Sonderlinge gehalten haben, aber dieser Mann erhob einfach sein Herz gen Himmel. Ich kenne noch nicht einmal seinen Namen. Er sagte, der Herr habe ihn geführt, so daß er mir begegnen und für mich beten konnte. Er hatte vorher noch nichts von Glorias Unfall gehört.

Doch als ich ihm ein wenig davon berichtete, was vorgefallen war, dankte ich dem Herrn im stillen dafür, daß da jemand mit mir wartete, der eine Botschaft der Hoffnung für mich hatte. Das war kein Zufall.

Im Flugzeug dann unternahm die Finsternis einen letzten Versuch. Ausgerechnet neben mir saß eine praktizierende Hexe. Und das – wie Sie wissen – geschah ja nicht zum ersten Mal.

Doch diesmal war ich unerschrockener denn je. »Du kannst mir nichts anhaben«, sagte ich zum Bösen in ihr. »Ich gehöre nämlich Jesus.« Die Frau reagierte höhnisch, aber sie ließ mich mit meinen Gedanken allein.

Sechs Tage nach ihrem Unfall wurde Gloria aus dem Krankenhaus entlassen. Heute erinnert sie sich kaum noch an die Situation am Unfallort, außer dunkel an die Tatsache, daß ich da war. Aber ohne zu zögern, gibt sie Jesus alle Ehre. Er errettete sie vom sicheren Tod.

Als sie damals im Krankenhaus ankam, fand man keine Spur von irgendwelchen Schnittwunden in ihrem Gesicht, obwohl es doch blutüberströmt gewesen war. Jesus hatte ihr allen Schmerz und die Angst genommen.

Es gibt kaum noch etwas, was an damals erinnert, als Gloria dem Tod entrinnen konnte. Aber ich war dabei, und es wird mir im Gedächtnis bleiben. Ich erinnere mich an die Gegenwart Gottes und weiß nun, daß er immer die Oberhand behält. Ich erinnere mich an die Engel. Ich erinnere mich an den Frieden, und ich erinnere mich an den Sieg.

DER SIEG IST UNSER!

Ich sitze vor dem Fernseher. Ein Journalist befragt einen Evangelisten, der davon berichtet, was er alles schon lange über die Verstrickungen im Leben eines erst kürzlich in Ungnade gefallenen Berufskollegen gewußt hat. Er hält eine Tonbandkassette hoch, die angeblich seine Behauptungen untermauern soll.

Der Mann vom Fernsehen bittet ihn darauf, die Kassette den Zuschauern vorzuspielen. Doch der Gast versucht auf einmal, Zeit zu gewinnen; er weiß nicht so recht, was er sagen soll. Unruhig schaut er umher, und er grinst erleichtert, als sich ein weiterer Gast zu Wort meldet, indem er die Aufmerksamkeit auf einen weiteren Anklagepunkt lenkt. Ich denke mir, daß sich auf der Kassette wohl die schönsten Country-Songs oder ein Vortrag über Häuserfinanzierungen befindet und daß mein Mitstreiter beim Ausbreiten des Evangeliums, dieser Berufskollege mit der erhobenen Kassette, ein Lügner ist.

Aber der Schaden ist nicht mehr wiedergutzumachen. Ein weiterer Mann Gottes ist in den Schmutz gezogen worden, und das vor allen, die sich zufällig eingeschaltet haben und Zeuge des jüngsten Scharmützels in unserem immer schlimmer werdenden »Heiligen Krieg« geworden sind.

»Nein«, schreit meine Seele, »hört auf!« Wie ist es denn nur gekommen, daß die Gemeinde in diese schlimme Situation geraten ist? Aber die Schrift sagt ja schon alles voraus:

»Ich kenne deine Werke«, heißt es in der Offenbarung.

> . . . daß du weder kalt noch warm bist. . . . Du sprichst: Ich bin reich und habe genug und ich brauche nichts! und weißt nicht, daß du elend und jämmerlich bist, arm, blind und bloß (Offb. 3,15-19).

Mein Blick fällt drüben auf den Couchtisch. Dort lächelt mir das Gesicht eines angesehenen Evangelisten aus einer gut gemachten Farbbroschüre entgegen. Schreiende Überschriften und kurze Botschaften, die auf dem Umschlag verteilt sind, verkünden mir, daß ein großes Wunder Gottes auf mich wartet. Ich müsse nur vier Umschläge nehmen und vier Schlüsselwörter daraufschreiben. Dann seien vier Schecks auszufüllen, in die Umschläge zu tun und innerhalb der nächsten vier Wochen an das Missionswerk zu schicken.

Wenn ich das getan habe – so wird im Brief behauptet –, werde Gott mir das Wunder meiner Wahl zukommen lassen.

Mir bricht das Herz, wenn ich solche skrupellose Herabwürdigung des Evangeliums mitbekomme. Und während ich noch das hektische Verwirrspiel dort auf dem Fernsehschirm verfolge, wird mir klar, wie wir in diese Klemme geraten sind. Wir sind nie bereit gewesen, erst einmal vor unserer eigenen Tür zu kehren.

Wir sind nicht den biblischen Richtlinien dafür gefolgt, wie abgeirrte Geschwister wieder auf den rechten Weg gebracht werden müssen. Statt dessen haben wir gewartet, bis die Sünde so überhandgenommen hat, daß Gott Babylon unsere Arbeit machen ließ.

An einem Abend habe ich in drei christliche Sendungen hineingeschaut. Bei zweien ging es in der Hauptsache um den dringenden Bedarf an Finanzmitteln zur Fortführung der jeweiligen Gesellschaft.

Kern der Lehre war es jedesmal, daß der Zuschauer von Gott gesegnet werden würde, wenn er nur die Gebote zum Zehnten, zur Gebebereitschaft und zur Verbreitung des Evangeliums befolgen würde.

Der Evangelist und seine Frau lasen ein Protestschreiben nach dem andern von Leuten vor, die sich darüber beschwerten, daß diese Fernsehsendung nicht mehr von allen örtlichen Sendern übertragen wurde. Der Mann konnte deshalb seine Rechnungen nicht mehr bezahlen. Die Botschaft war klar und drängend: Schickt Geld! Sorgt dafür, daß wir weiter senden können, damit wir den armen, leidenden Menschen helfen können!

Es fiel mir auf, daß der Evangelist nur Briefe vorlas, die ihn in den Himmel hoben. Scheinbar hatten alle Briefschreiber nichts als Lob für diesen Mann übrig. Alle ergingen sich in detailreichen Berichten darüber, wie seine Botschaft von Glauben und Hoffnung das eigene Leben verändert hatte. Der Prediger schien seinen Zuschauern sagen zu wollen: Ich habe meinen Teil dazu beigetragen, daß es euch besser geht, warum tut ihr jetzt nicht das Eure, indem ihr das Geld schickt, das ich brauche? Beeilt euch! Zahlungsfristen stehen mir ins Haus!

Eine halbe Stunde später weinte sich der Sohn eines anderen Evangelisten darüber aus, wie sehr sein Vater mißverstanden werde. Und dann begann er aufzuzählen, welche wunderbaren Dinge ihr Glaubenswerk vollbracht hatte. Aber auch hier kam wieder die gleiche Botschaft: Schickt schnell mehr Geld. Der junge Mann hörte gar nicht auf, von dieser Evangelisation und von jenem Feldzug zu erzählen, von verwandeltem Leben und wiederhergestellten Ehen.

»Gott muß darauf bauen, daß Sie den Telefonhörer in die Hand nehmen und Ihre Spendenverpflichtung abgeben«, wiederholte der Mann. »Er kann ja selbst keinen Scheck ausfüllen, aber Sie können es.«

Ich zuckte zusammen, weil es mir so wehtat. Gott kann eben doch einen Scheck ausschreiben oder es zumindest direkt veranlassen. Er könnte mein Herz anrühren und mich davon überzeugen, daß es richtig ist, einen Scheck zu schicken. Das Gebet dieses jungen Mannes hatte den falschen Adressaten. Er bat mich, für ihn zu sorgen.

Er hätte viel besser daran getan, Gott zu bitten. Ich würde doch dem Herrn gehorchen, wenn er mir sagen würde, ich solle ihm einen Scheck ausschreiben. Ich vertraue nämlich meinem himmlischen Vater. Aber mein Geist wird es nicht zulassen, daß ich diesem jungen Mann, der auch nur ein Miterbe ist, mein Vertrauen schenke.

Ich stehe auf und laufe im Zimmer auf und ab, während sich der Mann vom Fernsehen mit einem ehemaligen Angestellten eines großen Missionswerkes unterhält. Weitere Einzelheiten über Begierden und Habsucht kommen nun über den Äther.

Ich bin traurig, und plötzlich habe ich meine Bibel in der Hand. Ich blättere nach dem elften Kapitel vom zweiten Brief des Paulus an die Korinther. Auch das Herz von Paulus war schwer. Lesen Sie doch einmal, wie er seine Gedanken hier entfaltet:

> Wollte Gott, ihr hieltet mir ein wenig Torheit zugute! Doch ihr haltet mir's wohl zugute. Denn ich eifere um euch mit göttlichem Eifer . . .

Ich bete, daß Sie den Schmerz des Apostels spüren, den er empfunden haben muß, als er die folgenden Gedanken niederschrieb. Der Bibelgelehrte Kenneth Taylor hat sie aus dem griechischen Original in die Sprache von heute übertragen. In der »Living Bible« lesen wir:

> Aber ich habe einfach Angst und fürchte, daß ihr auf die eine oder andere Weise von eurer reinen und schlichten Hingabe an den Herrn abgelenkt werdet, so wie Eva im Garten Eden von Satan getäuscht wurde. Ihr scheint so leichtgläubig zu sein: ihr glaubt alles, was man euch erzählt, selbst wenn der Betreffende von einem andern Jesus predigt, als den wir predigen . . .
>
> Ihr laßt euch mit allem abspeisen.
>
> Habe ich denn falsch gehandelt und mich selbst erniedrigt und euch auf mich herabsehen lassen, weil ich Gottes Frohe Botschaft gepredigt habe, ohne etwas dafür zu verlangen? Ich habe euch niemals um einen Pfennig gebeten, und ich werde es auch niemals tun! . . .
>
> Gott hat jene Männer niemals geschickt; sie sind vielmehr Schwindler, die euch dazu verleitet haben, sie für Apostel Christi zu halten. Aber das überrascht mich nicht einmal! Satan kann sich nämlich in einen Engel des Lichts verwandeln, so daß man

sich nicht wundern muß, wenn es seine Bediensteten auch können und den Schein frommer Diener des Wortes annehmen (nach 2. Kor. 11,3-15).

Lesen Sie, was Petrus der Gemeinde schrieb:

Und aus Habsucht werden sie euch mit erdichteten Worten zu gewinnen suchen. Das Gericht über sie bereitet sich seit langem vor, und ihr Verderben schläft nicht (2. Petr. 2,3).

Schauen Sie, was Judas im achten Vers seines Briefes schreibt:

Ebenso sind auch diese Träumer, die ihr Fleisch beflecken, jede Herrschaft verachten und die himmlischen Mächte lästern.

Zu vorgerückter Stunde schalte ich meinen Fernseher aus. Die Worte von Paulus an die Galater klingen mir im Ohr:

Mich wundert, daß ihr euch so bald abwenden laßt von dem, der euch berufen hat in die Gnade Christ, zu einem anderen Evangelium, obwohl es doch kein anderes gibt (Galater 1,6-7).

Ich falle auf mein Angesicht vor dem Herrn. Vergib uns, Vater. Wir sind Geldwechsler in deinem Tempel geworden, weil wir dein Volk mit Lug und Trug dazu bringen, daß sie uns ihre Zehnten und Opfer aushändigen.

Während ich diese Gedanken niederschreibe, schaut mir meine Frau Gloria über die Schulter.

»Nicky, Nicky«, warnt sie mich, »warum bist du so zornig? Sei nicht so brüsk. Wo ist deine Liebe? Entmutige die Menschen doch nicht damit, daß du ihnen sagst, wie schlecht es steht. Zeig ihnen lieber die Hoffnung durch Jesus.«

Da hat sie recht. Und ich bitte dafür um Vergebung. Zwar glaube ich, daß Sie meine warnenden Worte schon hören sollten, doch wäre ich auf dem falschen Weg, wenn mir nichts weiter gelungen wäre, als Sie zu entmutigen.

Wir werden die Schlacht auf jeden Fall gewinnen!

»Ist Gott für uns«, proklamiert Paulus in seinem Brief an die Römer, »wer kann wider uns sein?«

Und der Prophet Jesaja ruft aus:

Warum sprichst du denn, Jakob, und du, Israel, sagst: »Mein Weg ist dem HERRN verborgen, und mein Recht geht vor meinem Gott vorüber«? Weißt du nicht? Hast du nicht gehört? Der HERR, der ewige Gott, der die Enden der Erde geschaffen hat, wird nicht müde noch matt, sein Verstand ist unerforschlich. Er gibt dem Müden Kraft und Stärke genug dem Unvermögenden. Männer werden müde und matt, und Jünglinge straucheln und fallen; aber die auf den Herrn harren, kriegen neue Kraft; daß sie auffahren mit Flügeln wie Adler, daß sie laufen und nicht matt werden, daß sie wandeln und nicht müde werden (Jes. 40,27-31).

Wie wird dies geschehen?

. . . (wenn) dann mein Volk, über das mein Name genannt ist, sich demütigt, daß sie beten und mein Angesicht suchen und sich von ihren bösen Wegen bekehren, so will ich vom Himmel her hören und ihre Sünde vergeben und ihr Land heilen (2. Chron. 7,14).

Ich ergreife Glorias Hand. Ich preise Gott dafür, daß er mir eine so wunderbare Gefährtin geschenkt hat, die meine beste Freundin und Ratgeberin ist.

Durch sie hat er mich viel gelehrt und mir seine Wahrheit gezeigt, wie z.B. die Tatsache, daß die Bosheit Satans gar nicht zu uns vordringen muß und daß wir die Eroberer sind.

Geschwister, wir haben ein Problem. Wir haben vergessen, wer Gott ist. Wir haben Bibelstellen wie Psalm 82,6 und Johannes 10,34 falsch gedeutet. Wir meinen, selbst Gott zu sein, doch wir sind es eben nicht.

Diese Problematik hat einige der bekanntesten Diener Gottes mit Schimpf und Schande in den Abgrund gerissen. Unsere natürliche Gier nach Geld, Ruhm, Applaus, Macht und Zustimmung gehört nicht zu Gottes Plan für uns.

Wir haben Gottes Gesetze mit Füßen getreten. Deshalb müssen wir uns den Glauben unserer Vorväter wieder neu vergegenwärtigen. Wir müssen uns im Zerbruch demütigen und bereit sein, alles hinzugeben. Und wir müssen uns eingestehen, daß es nur einen Gott gibt, denn selber sind wir keine Götter, die sich eigene Spielregeln schaffen könnten. Er ist es, der sie festlegt. Er hat uns mitgeteilt, was wir tun sollen, nämlich nach seiner Heiligkeit streben, seinen Namen preisen und die Verlorenen gewinnen.

Wir sind seine vollkommenste Schöpfung, die einzige, die ihm zum Bilde geschaffen wurde. Wir sind Gottes ganze Freude und dazu bestimmt, die Ewigkeit mit ihm zu verbringen

Der Betrüger hat versucht, uns ihm abspenstig zu machen. Satan möchte die schreckliche Ewigkeit, die ihm bevorsteht, auch uns zum Schicksal machen.

Laßt uns Gottes Arbeit tun und aufhören, immer wieder in Satans Fallen zu tappen. Immerhin besitzen wir den Schlüssel dafür, um die Hölle in Angst und Schrecken zu versetzen. Indem wir auf unser Angesicht vor dem Herrn fallen, wollen wir unsere Ehrfurcht vor dem liebenden Gott erneuern und seine Wege für uns ausfindig machen.

Vielleicht verlieren wir die eine oder andere Schlacht, aber das ist nicht schlimm, sofern wir dadurch gezwungen sind zu lernen, uns auf Jesus zu verlassen.

Wir müssen auf seine Stimme hören. Wir müssen aufhören, uns über törichte menschliche Dogmen zu streiten. Wir müssen die christliche Superstarmentalität verachten und zum ersten Pfingstfest zurückkehren, als man noch mit gespannter Aufmerksamkeit das Kommende erwartete.

Ja, auch wir werden immer wieder einen Ananias und eine Saphira unter uns haben, die in unserer Mitte niedergestreckt werden, weil sie nicht nur versucht haben Gottes Volk, sondern auch den Heiligen Geist zu betrügen.

Es wird auch den einen oder anderen Simon, den Zauberer, geben, der versucht, Gottes Kraft für eigene Zwecke käuflich zu erwerben.

Aber auch Stephanus werden wir zu unserem Leidwesen immer wieder vor Augen haben, der von den Mächten der

Finsternis getötet wird, um sieghaft und in Herrlichkeit aufgerichtet zu werden.

So manchem Barnabas werden wir wieder begegnen. Das sind die schlichten Männer und Frauen, die die Aufgabe bekommen, solchen wie Saulus von Tarsus ein Zeugnis zu geben, die geschworen haben, sie zu töten.

Einen Paulus werden wir hier und da antreffen. Weil Barnabas treu und furchtlos gehorsam war, wurde Saulus in den Apostel Paulus verwandelt, den größten christlichen Missionar und Briefeschreiber.

Und – Gott sei Dank – wird es Menschen wie Timotheus geben – junge Männer und Frauen voller Glauben und Kraft, die bereit sind, die Frohe Botschaft in die nächste Generation hineinzutragen.

Geschwister, wir haben zwar ein Problem, aber wir werden diese dunkle Stunde überleben, und wir gehen gestärkt daraus hervor. Wir haben so manche bittere Lektion lernen müssen. Aber dabei sind wir nicht überwältigt worden, denn der Sieg ist uns gewiß.

Weitere Veröffentlichungen aus dem
VERLAG C. M. FLISS, Lütt Kollau 17, D-2000 Hamburg 61:

Glaube ist Gnade von Dr. Charles S. Price
Dieses Buch ist ein Klassiker der christlichen Glaubensliteratur. Der Autor gibt dem Leser eine völlig neue Vision des Glaubens!

Von Gott erwählt von Dr. Charles S. Price
Lesen Sie diese Autobiographie von Dr. Price. Sein Leben ist ein eindrucksvolles Zeichen des Wirkens Gottes im Leben eines Menschen, der sich Gott total zur Verfügung stellt!

Völlige Erlösung für Geist, Seele und Leib von Dr. Charles S. Price
Diese Veröffentlichung stellt eine Weiterführung und Vertiefung der Bücher GLAUBE IST GNADE und VON GOTT ERWÄHLT dar.

Von der Zinne des Tempels von Prof. Dr. Charles Farah
Ein Buch über die Souveränität Gottes, geschrieben für eine Generation von Gläubigen, die meint, daß Gesundheit, Wohlstand und Glück der Maßstab für echten Glauben ist.

Die Verheißung gilt Dir von Canon Michael Harper
Eine praktische Einführung in das Erleben der Kraft des Heiligen Geistes!

Wandelt im Geist von Canon Michael Harper
»Voll Heiligen Geistes« zu sein, ist erst der Anfang einer neuen Lebensdimension. Danach müssen wir es täglich lernen, »im Geist zu wandeln«.

Lobpreisstraße von Dr. Don Gossett
Für Sie ist in der Lobpreisstraße eine Wohnung reserviert. Ziehen Sie ein! Sie werden feststellen, daß der Lobpreis Gottes Ihr ganzes Leben verändern wird!

Berührt von Jesu Liebe von Dr. Don Gossett
Sie werden erfahren, wie man in einer Welt voller Einsamkeit und Verzweiflung Jesu Liebe ausstrahlen kann.

Engel in Aktion von Hope MacDonald
ist ein fesselnd geschriebenes Buch, das Sie daran erinnern will, daß Ihr Leben in Gottes Hand liegt.

Ein Mann nach dem Herzen Gottes: Smith Wigglesworth
von Albert Hibbert
Ein Buch, das uns helfen will, das Geheimnis des Dienstes, der Vollmacht und der Kraft von Smith Wigglesworth zu erkennen.

Unter schallendem Lachen von Dean Jones — Autobiographie
Die Geschichte einer Verwandlung. Aus einer vollkommen hoffnungslosen Person wurde ein neuer Mensch, reich in Gott.

Bestellen Sie bitte bei
C. M. Fliß, Versandbuchhandlung, Postf. 61 04 70, D-2000 Hamburg 61